U0138756

志願服務與志工管理
做快樂的志工及管理者

林勝義　著

五南圖書出版股份有限公司

序 言

　　這一本書是為關心志願服務的朋友而寫的，其撰寫的動機，正如書名的副標題所言，是希望能幫助有心擔任志工的人，做一個快樂的志工；而必須帶領志工的人，也可以做一個快樂的管理者。

　　至於書中內容，不必贅言，大家只要翻閱目錄或各篇前言，就知其梗概。現在，套用本土藝人阿亮不久前的饒舌作品「子曰」，嘮叨幾句，以與有心擔任志工及帶領志工的朋友共同勉勵：

　　志工的中心思想是個「愛」，愛的表現是：

　　愛自己的家人，也愛服務對象；

　　既問服務耕耘，也問服務收穫。

　　如果以「愛」為原則，表現在具體的服務上，

　　Come on, everybody, 一起來！

　　對弱勢要同情，對傾訴要聆聽，

　　對無心過失不批評，對自身付出要真誠。

　　志工管理者的中心思想是個「方法」，方法的表現是：

　　協助志工組織團隊，幫忙成員找到定位；

　　採取門戶開放政策，及時溝通給予回饋。

如果以「方法」為本體，表現在具體的管理上，

Come on, everybody, 一起來！

要以服務替代管理，要維護成員的權益，

要彈性地處理問題，要服務品質擺第一，

還要幫助志工能夠管理他們自己。

—林勝義 謹誌

目　錄

序　言

第一篇　入門篇　／1

1-1　做一個快樂的志工 ⋯⋯⋯⋯⋯⋯⋯⋯⋯⋯⋯⋯⋯⋯ **3**

1-2　志願服務經驗分享 ⋯⋯⋯⋯⋯⋯⋯⋯⋯⋯⋯⋯⋯ **14**

1-3　自我了解與自我肯定 ⋯⋯⋯⋯⋯⋯⋯⋯⋯⋯⋯⋯ **24**

1-4　志工生涯規劃 ⋯⋯⋯⋯⋯⋯⋯⋯⋯⋯⋯⋯⋯⋯⋯ **33**

第二篇　基礎篇　／49

2-1　志願服務的內涵 ⋯⋯⋯⋯⋯⋯⋯⋯⋯⋯⋯⋯⋯⋯ **51**

2-2　志願服務的倫理 ⋯⋯⋯⋯⋯⋯⋯⋯⋯⋯⋯⋯⋯⋯ **65**

2-3　志願服務法規之認識 ⋯⋯⋯⋯⋯⋯⋯⋯⋯⋯⋯⋯ **80**

2-4　志願服務的發展趨勢 ⋯⋯⋯⋯⋯⋯⋯⋯⋯⋯⋯⋯ **97**

第三篇　進階篇　／107

3-1　志願服務的方法及技巧 ⋯⋯⋯⋯⋯⋯⋯⋯⋯⋯⋯ **109**

3-2 志工對社會福利的認識 …………………………… **126**

3-3 志願服務與社會資源之運用 …………………… **145**

3-4 志願服務的主要理論 …………………………… **157**

第四篇　思辨篇　／169

4-1 志工與社工 ……………………………………… **171**

4-2 志工與義工 ……………………………………… **180**

4-3 志願服務與服務學習 …………………………… **190**

4-4 志工與志工業務承辦人 ………………………… **201**

第五篇　管理篇　／211

5-1 志願服務運用計畫 ……………………………… **213**

5-2 志工的招募及遴選 ……………………………… **223**

5-3 志工的教育訓練 ………………………………… **236**

5-4 志工團隊的經營 ………………………………… **244**

5-5 志工的督導 ……………………………………… **258**

5-6 志工的激勵 ……………………………………… **271**

5-7 個別志工的工作評量 …………………………… **287**

5-8 志工單位的績效評鑑 …………………………………… 296

第六篇　推展篇　／309

6-1 志願服務的推廣策略 …………………………………… 311

6-2 公部門運用志工之探討 ………………………………… 320

6-3 社會福利機構如何運用志工人力 ……………………… 330

6-4 志願服務與社會教育相輔為用 ………………………… 343

6-5 如何塑造志願服務文化 ………………………………… 354

6-6 志願服務與臨終關懷 …………………………………… 369

第七篇　國際篇　／383

7-1 美國的志願服務 ………………………………………… 385

7-2 英國的志願服務 ………………………………………… 390

7-3 法國的志願服務 ………………………………………… 395

7-4 德國的志願服務 ………………………………………… 399

7-5 西班牙的志願服務 ……………………………………… 403

7-6 日本的志願服務 ………………………………………… 406

參考文獻 …………………………………………………… 413

第 1 篇

入門篇

「歡喜做，甘願受」，或者「甘願做，歡喜受」，是許多志工朋友自我期許及相互勉勵的一句話。尤其，剛踏入志工行列的人，總是希望高高興興的加入之後，從此可以快快樂樂地服務。

其實，做志工是否快樂？是一種心理的感覺，也是一種漸進的經驗。我們必須讓快樂的經驗愈來愈多，從最初擁有一、二天的快樂，慢慢延長為一個星期、一個月的快樂，乃至於擔任志工的日子都很快樂。

本篇內容包括：做一個快樂的志工、志願服務經驗分享、自我了解與自我肯定、志工生涯規劃等四個單元，其目的在協助志工探討志工快樂與不快樂的因素，以便知所抉擇，做一個快樂的志工。同時，列舉一些志願服務的實例作為經驗分享，並了解自己適合於從事何種志願服務工作，進而妥善規劃自己的志工生涯，讓志工的快樂經驗愈來愈多。

1-1　做一個快樂的志工

一、前言

　　每個人都希望自己的一生是幸福而有意義，更希望每一天的生活都是快樂而充實的。相信，一般民眾參加志願服務工作，也是希望做一個快樂的志工。

　　事實上，有的人做了志工之後，樂在其中，樂此不疲；但是也有人做了志工之後，並不快樂，時常抱怨，因而悻悻然離去，中途流失。

　　無論如何，志工之所以快樂，或者不快樂，其背後都可能受到某些因素的影響，值得我們探討，而其最終目的是希望每一個有心參加志願服務的人，都可以做一個快樂的志工。

二、做志工為何快樂

　　在工作之餘，以志願的方式參加一、二種公共服務工作，已逐漸成為現代人日常生活的一部分。本來，一個人在工作之餘，正可好好休息，以便在休息之後可以走更長的路。但是有些人卻放棄休息或休閒，擔任志工，而且滿臉笑容，愈做愈快樂。我們不禁要問：做志工為何那麼快樂？答案大概有下列幾個：

　　1.施比受更有福：參加志願服務，能貢獻自己的力量，關懷社

會弱勢，幫助有困難的人群，本質上是有能力「給」人的人。換言之，服務是手心向下，求助是手心向上，有能力去服務他人，總比向別人求助來得幸福。凡是有過探病經驗的人，必然會覺得：人在福中要知福，不要等到失去健康，才知道健康的可貴，現在能夠安慰別人，總比躺在病床上被人家安慰來得幸福。同樣的道理，幫病人推輪椅，總比自己坐輪椅好。這就是：施比受更有福，予比取更快樂。尤其，志工面對「非親非故」的求助者，而能以同理心主動提供服務，幫助他們解決困難，度過難關。這樣的志工，即使不是「救人苦難的菩薩」，也是「給人快樂的天使」。這種透過志願服務所帶來的快樂，絕對不是金錢所能買得到的。

　　2.可以回饋社會：從小，我們受到父母的生育、養育；稍長，我們又受到師長的教導，以及朋友、同事、親戚和社會許多人的照顧、協助和栽培。如今，我們行有餘力，可以擔任志工，以時間、體能、勞力、知識、經驗、技術去關懷需要關懷的人，去幫助需要幫助的人，這不僅是對人的一種感恩，也是對社會的一種回饋。這種以志願服務作為回饋社會的方式，不盡然是「受人點滴，泉湧以報」，至少也可以安慰自己：是一個懂得「飲水思源」、「知恩、感恩、報恩」、「吃果子，拜樹頭」、「吃人一斗，還人一石」之類的人，因而感到心安理得，自得其樂。

　　3.可以結交志同道合的朋友：俗話說：「酒逢知己千杯少，話不投機半句多」。人生最快樂的事，莫過於找到知己朋友，促膝長談。一般而言，在同一機構參加志願服務的人，大多數是志趣相投，愛好相近的人。即使志工來自不同的領域，有著不同的專長和

能力，但是因為參加志願服務而結識，而成為服務的好夥伴、好朋友，雖然不一定有「他鄉遇故知」的感覺，至少也是「有朋自遠方來，不亦樂乎」。而且，這些志工夥伴，無論男女、不分老少，幾乎有一個共同的特質，那就是有愛心、耐心和熱心。更難能可貴的是，他們都能真心付出，誠懇待人，尤其對在志工夥伴，不會掩飾，沒有心機，反而相互包容、相互支持。試想：能在這樣的工作環境中，和志同道合的朋友共同從事有意義的服務工作、夫復何求？

4.可以豐富生活內涵：志願服務不是有閒人的一種專利，而是有心人的一種參與，它提供人們另一個生活的舞台，讓人們在本分工作之餘，可以透過服務人群而延伸生活的觸角，擴大生活的體驗。所以，有心投入志工行列的人，在參加服務的過程中，就有機會接觸各種不同的人、不同的事、不同的物，同時也幫助許多人解決各種不同的困難和問題。如果用心去體會，透過志願服務，志工可以在日常生活中增添許多不同的經驗，也可以在服務過程中留下許多值得回味的人、事、物。自然而然，志工的生活因參加志願服務而更加充實和快樂。

5.可以獲得自我成長：人生是一種繼續不斷的成長過程，追求自我成長也是人類共同的一種願望。通常，志工在參加志願服務的過程中，運用單位為了協助志工有效提供服務，必須定期辦理志工訓練，包括基礎訓練、特殊訓練及在職訓練，藉以協助志工了解志願服務的理念、方法和技巧。此外，運用單位為了提昇志工的服務品質和工作士氣，也經常提供機會讓志工參加相關的觀摩、研討、

研習、聯誼活動。透過這些活動，志工不但可以擴充視野、增廣見聞，而且可以汲取新經驗，學習新技能，從而帶給自己一種清新的活力和成長的喜悅。

6.可以肯定存在的價值：每個人生存在這個世界上，都希望自己成為一個有用的人，對社會有所貢獻。這樣，人生才會覺得有意義、有價值。其實，一個人在本分工作之餘參加志願服務，一方面就是對於服務對象存在價值的一種尊重和肯定，確信透過志工適切的服務，必能協助其發揮自助的潛能，成為一個有用之人。另一方面，參加志願服務也是對志工本身存在價值的一種肯定，肯定自己被社會所需要，而且自信有能力去幫助他人，不致蹉跎歲月，虛度此生。所以，參加志願服務，既利人又利己，可以從服務中找到自己的價值感，何樂而不為？

當然，除了上面所述，志願服務可能還有更多令人快樂的事。不過，志願服務有多少快樂，如人飲水、冷暖自如，端視志工如何去發掘，如何去體會。相信只要真誠擔任志工，熱心參與服務，「甘願做，歡喜受」，快樂就在其中。

三、怎樣的志工不快樂

大部分的志工都很快樂，甚至自己認為是「快樂的傻瓜」。相對的，也有少數志工原先高高興興地報名參加志願服務，後來慢慢感覺到做志工並不快樂，最後掛冠（志工衣冠）求去，一去不復返。這種人參與志願服務的情況，可以用八個字來形容：「乘興而

起，敗興而歸」。其實，我們也很想知道；怎樣的志工不快樂？

說不定，是這類的志工「太聰明」、「想太多」，譬如：

1.過於期待好心有好報：人，總是會為自己打算。本來，擔任志工，應該是心甘情願的付出，不求任何回報，但總是有少數志工認為服務他人是出於一片好心，「好心應該有好報」才是。舉例來說，有些人做了交通志工，會期待交通違規時可以免罰；在學校擔任愛心媽媽，會期待學校能將自己的孩子編入好班；值班全勤的志工，會期待督導優先推薦他接受獎勵。如果，做志工過於期待有所回報，可能會患得患失，寢食難安，一旦期待落空，難免感嘆「好心沒有好報」，因而失望、灰心、抱怨、不快樂。其實，好心不得好報是常有的事，有時在辦公室你誠心協助的新人，反而是在老闆面前打小報告的人。不過，就付出的人來說，待人好的時候，不要存有太多的幻想和期待，這才是純粹的付出，而不是交換。簡言之，志工如果少一點期待，比較不會覺得對方負心，也比較不會悶悶不樂。

2.自己給自己過多壓力：適度的壓力，可以激勵士氣，但過多的壓力，可能造成壓抑，使人透不過氣來，也快樂不起來。可是，有些志工的企圖心過於強烈，做了志工之後，儼然以正義的使者自居，除了運用單位安排的服務項目之外，還企圖替天行道，扭轉乾坤，作為改革的先鋒，促使運用單位或志工團隊脫胎換骨。畢竟，一個人的能力有限，志工也只是輔助者的角色，如果踰越本分，或者強人所難，可能引起機構反彈，或者造成同事不滿，自己也不快

樂。另外，有些志工同時在好幾個機構服務，因而有時間不夠用的壓力，連簽到或開會都要趕場。這樣，把志願服務變成煩惱的苦差事，何樂之有？其實，志願服務的本質，是行有餘力的付出，志工應該有自知之明，在時間、體力和能力上，能量力而為；對工作、休閒和服務，能妥善安排，適度付出，才能勝任愉快。

3.人比人氣死人：俗話說：心比心，更溫馨；人比人，氣死人。通常，一個人的快樂是來自於工作有成就感，而不快樂則來自於跟別人比較，擔心自己不如別人。偏偏有些志工就是喜歡跟別人比較，他們比較誰的服務時數最多？比較誰的工作最輕鬆？比較誰最得長官寵愛？比較誰的人緣最好？比較誰先得獎？比較誰得獎次數最多？也比較誰得獎最有價值？幾乎無所不比，而且不比出個高下，誓不甘休；比出高下之後，又不甘拜下風，不但氣別人，也氣自己，當然不快樂。其實，每一個志工的價值觀念和行為方式不盡相同，相互比較並沒有多大意義，應該是自己跟自己比，才可以看出有無進步？有無成長？況且，志願服務的精神，強調真心付出，不求回報，所以志工只要盡心服務，就可以安心自在，何必事事跟別人計較？處處跟別人比較？

4.為了小事抓狂：早期的志願服務，可以一個人默默行善，現代的志願服務，提倡有組織、有計畫的服務，乃逐漸發展出志工團隊及相關規範。但是，少數志工仍有一些似是而非的觀念，認為志願服務既然是出於自己的意願，個人應有充分的自由，不一定要接受團體規範的約束。有這種想法的志工，如果遇到一些不能盡如人意的小事，可能就會鬧情緒，起爭執。例如，有些志工對於請假之

後還要補班，相當不能諒解；另有有些志工對於臨時被要求支援其他志工，竟然看成是自己沒有受到尊重，簡直是把志工當成傭人使換，一下子叫過來，一下子又叫過去。其實，這些都是小事，假如能易地而處，或者換個角度思考，將補班和支援他人當作是服務機會增加，可以多做些事，多增加經驗，則退一步海闊天空，讓一步風平浪靜，不愉快的情緒可以因而降低，或者不發生。

就上述情況而言，志工之所以不快樂，似乎有一個共同的現象，就是未能真正體會志願服務的基本精神。如果，志工有這樣的想法：「凡事豈能盡如人意，但求無愧我心」，對自己或對別人，不斤斤計較，則心中的不愉快自然減少。

四、如何做一個快樂的志工

國者人之積，人者心之器。一個人快樂或不快樂，往往受到心理因素的影響。因而，要做一個快樂的志工，可能就要從自我的心靈改革或心理建設著手。其中，犖犖大者包括：

1.心中有愛：一個志工，如果心中有愛，不但會愛自己，也會愛別人。就「愛自己」而言，他對於志願服務，是「選擇自己所愛，愛自己所選擇」，無怨無悔，樂在其中。就「愛別人」而言，他對於服務機構、工作夥伴及服務對象，都會樂於接納，也樂於付出，一方面接納機構和夥伴，建立良好的關係，克盡自己的本分；另一方面接納服務對象的需求，真心誠意地提供必要的服務。這種志工的愛，正如德福克（De Hueck）所言，是一種「付出之愛」（林語

堂譯，年代不詳）：

直到你敲響它，鐘才是鐘。直到你吟唱它，歌才是歌。

在你心中的愛，不是放在那裡擱著的，

直到你付出它，愛才是愛。

我對你的愛，不是要取得，

而是要付出，再付出。

倘能如此，志工將心中的愛付出，再付出，社會的溫情就會常在。一旦，志工能夠隨時把愛心給有需要愛的人，把關懷給有需要關懷的人，把服務給有需要服務的人，相信這樣的社會一定變得比較祥和，而志工也會覺得比較快樂。否則，志工心中少了一些愛心，可能就多了一些怨氣或恨意。當一個人怨天尤人，「怨天上的星星為何那麼的擁擠，恨地上的人兒為何那麼的疏離」，則人與人之間有了隔閡，怎麼也快樂不起來。

2.心存感激：在社會工作領域，通常將服務的對象稱為「案主」（client），但是台灣慈濟功德會的志工，卻把服務對象稱為「感恩戶」。慈濟人認為做志工應該感激服務的對象，因為他們讓志工有機會服務，也讓志工有機會學習和成長。其實，志工能夠參與志願服務工作，要感激的地方還很多，至少包括：感激父母給我們健康的身體可以服務別人、感激機構提供服務的機會、感激資深志工分享服務的經驗、感激服務對象願意接納我們的服務。即使，

志工在服務過程難免會碰到一些挫折，仍然可以從心存感激之中得到成長的喜悅。正如劉墉（2014）在「抓住心靈的震顫」一書中所言：

感激傷害你的人，因為他磨練了你的心志。

感激欺騙你的人，因為他增進了你的智慧。

感激中傷你的人，因為他砥礪了你的人格。

感激鞭打你的人，因為他激發了你的鬥志。

感激遺棄你的人，因為他教導了你該獨立。

感激絆倒你的人，因為他強化了你的雙腿。

感激斥責你的人，因為他提醒了你的缺點。

志工如果參照上述這些理念進行服務，凡事心存感激，相信許多困難或挫折都可以變成轉機，讓服務成為一種快樂的事。

3.心境樂觀：俗話說：人生不如意事，十常八九。但是，台積電董事長張忠謀勸我們不要老是想那些不如意的八九，而應該多想還有一、二的部分。生命鬥士周大觀雖然少一隻腳，他卻樂觀地說：我還有一隻腳。像這樣，鼓勵人們凡事樂觀，積極進取的例子，還有很多。不記得在哪裡看過這樣一段話：

雖然，鬧鐘響的時候，我會懊惱，會拉棉被蓋住頭，

但是感謝上蒼，我聽得到，有好多人耳朵是聾的。

雖然，我還是閉著眼睛，討厭清晨的陽光，

但是感謝上蒼，我看得到，有好多人眼睛是瞎的。

雖然，我賴牀不想起來，很想再睡個回籠覺，

但是感謝上蒼，我有能力站起來，有好多人終生癱瘓在牀上。

雖然，這一天剛開始就一踏糊塗，襪子找不到，稀飯溢滿地，

但是感謝上蒼，我有一個家，有好多人到處流浪。

雖然，我們沒有像樣的早餐，總是拼拼湊湊，

但是感謝上蒼，我們有食物，有好多人三餐不繼。

雖然，我的工作枯燥乏味，常常是千篇一律，

但是感謝上蒼，我有一份工作，有好多人失業。

基本上，樂觀的人，凡事從正面去思考，比較能看到正面的效果，因而得到快樂；相對的，悲觀的人，從負面去思考，往往會看到負面的效果，當然比較不快樂。有鑑於此，志工既然有心投入志願服務，就應該常保樂觀的心境，凡事多往好處想，即使遇到不能盡如人意的事情，也能積極的想辦法解決，說不定「山窮水盡疑無路，柳暗花明又一村」，過程雖痛苦，結果卻快樂。

4.心情坦然：天下沒有白吃的午餐，任何事情不可能不勞而獲，也不可能永遠一帆風順。志工辛苦付出，努力服務，可能贏得肯定，獲得獎勵，但是得意不能忘形，最好以平常心坦然處之，否則鋒芒太露，容易遭人妒嫉、中傷，心情反而不覺得快樂。有時，志工在參與服務的過程中，難免會有挫敗、失望、生氣、抱怨等負面情緒出現，此時不妨坦然面對，並且設法自我調適，轉換心情。

通常，一個懂得情緒管理，具有高度EQ的志工，比較容易獲得快樂。以下是改編自劉墉（2014）在前揭書「抓住心靈的震顫」裡的一段話，可作為志工自我調適的參考：

你不能決定生命的長度，但可以擴充它的寬度。

你不能左右天氣，但可以調整情緒。

你不能改變面容，但可以展現笑容。

你不能約束別人，但可以控制自己。

你不能預知明天，但可以掌握今天。

你不能樣樣勝利，但可以事事盡力。

一言以蔽之，生命看似慢長，實則短暫，石光火中寄此身，蝸牛角尖爭何事？擔任志工應該樂觀進取，盡心盡力，至於服務之後，得失如何，則不妨坦然以對，泰然處之。有這樣的心情，自然輕鬆愉快。

五、結語

如何擁有一天的快樂呢？有人認為是放鬆心情睡個大覺；如何擁有一個月的快樂呢？有人認為是拋掉手機去二度密月；如何擁有一年的快樂呢？有人認為是沒有預期就中頭彩；那麼，如何擁有一輩子的快樂呢？有人認為是擔任志工，永遠關心別人，幫助別人。

不過，擔任志工，有的人起初快快樂樂的參與，後來慢慢不快樂的退出；也有人一路走來，始終快樂。可能，還有人做了志工之後，愈做愈快樂，甚至樂此不疲，樂不思蜀，不想從志願服務行列中退下來。

其實，上台要靠機會，下台要靠智慧，做官如此，做志工未嘗不是如此？一個人想做志願服務，通常要配合機構招募志工的機會，否則單方面要求服務，強人所難，可能造成雙方都不愉快。相對的，志工自己也應該知所進退，衡量自己的時間、體力、專長和興趣，在適當的時機，選擇適當的服務工作，也在適當的時機，調整服務的領域，或者功成身退，快快樂樂的離開，留下一些快樂的往事可以回憶，千萬不要等別人辭退，甚至逼退，不但尷尬，也是自討沒趣。

總之，擔任志工，如果有機會，就多做好事，多走正路；萬一沒有機會，就常存好心，常說好話。隨緣喜樂，永遠快樂。

1-2　志願服務經驗分享

一、前言

台灣在進入二十一世紀之後，有愈來愈多的有志之士，願意犧牲自己的時間，從事志願服務，關懷社會弱勢，推展公益活動。例如921震災發生之時，來自全國各地的志工，紛紛自動投入救災工

作，展現出強大的志工能量。這種犧牲、奉獻、服務、利他的精神，令人欽敬。

尤其，二○○一年一月，志願服務法公佈實施以來，台灣的志願服務逐步邁向普及化與制度化，參加志願服務的人愈來愈多，有關志願服務經驗的案例，在我們生活周遭並不缺乏，以下列舉數則，藉觀一斑：

二、終身志工—陳淑麗

人生走到半百，最大的心願是什麼呢？順利升官？努力賺錢？平平安安過日子？或者享受兒孫承歡膝下的天倫之樂？

現年六十出頭的陳淑麗，曾經是模特兒，走了十二年的伸展台；也曾經是名演員，演了十幾年的戲，她自己覺得「該看的、該穿的、該吃的，都有了」，反而不知道人生究竟要幹嘛？

一九八六年，陳淑麗所主演的電視劇「上錯天堂投錯胎」紅遍台灣。不巧，這一年也有兩個強烈颱風相繼侵襲台灣，造成嚴重災害，使她有機會和其他演員配合政府救災措施，而巡迴各地辦理公益活動。陳淑麗親眼看到許多家園遭到摧殘，有些同胞流離失所，這時她猛然發現：我們的社會竟然有這麼多人需要關懷和協助，因此她原本想洗盡鉛華嫁做人婦的生涯規劃有了些許改變，那就是在照顧家庭之餘，要終生擔任志工，一輩子投入公益活動。

起初，陳淑麗是抱著「享受快樂」心情參加聯合勸募協會的募款活動。也許是長期從事模特兒和演員工作的緣故，她當時最關心

的是自己的形象，每次參加公益活動都是穿得美美的。後來，她有一次回到故鄉澎湖參加公益活動，在與鄉親交談時，無意間知道澎湖縣第一所智障兒童發展中心是聯合勸募協會撥款補助而設立的，讓她的內心有一種說不出的感動和感激，萬萬沒想到她幫助聯合勸募協會募款，受益的竟然是自己故鄉的弱勢兒童。

從此，她參加志願服務的心情，由單純的「享受快樂」轉變為一種「社會責任」，連帶著身上的打扮，也由「亮麗」轉變為「儉樸」。以前，她非名牌不穿，不是Giorgio Armani、Emporio Armani、Toppy、Esprit，就是Hangten 、Giordeno；現在，在路邊攤有時也可以看到陳淑麗選購衣服的身影。尤其，她在服務窮人的時候，經常是一套便服，有時連手錶都不帶，為的是尊重窮人。她認為貧窮是一個最佳的禮物，因為快樂不是擁有的多，而是計較的少。

陳淑麗參加慈善募款活動已經十多年，她特別肯定聯合勸募協會所推出的「一日捐」活動，因為每一個人如果能夠在一年三百六十五天當中，選擇一天為一個不知名的人奉獻一份心力，那是一件美好的事，無形之中也為我們的社會培植了一顆善良的種子。這個社會多一個好人，相對的就少一個壞人。

她一再強調：志願服務是她一生的志業，從來沒有想過退休，即使年老住進養老院，也要繼續為其他老人服務；如果可以預約來世，她還是要當志工。

二、愛呆西非的志工—連加恩

　　布吉納法索（Burkina Faso）在哪裡？台灣可能還有很多人都沒有聽過。其實，這個國家早先叫做「上伏塔」，是距離台灣兩萬公里遠的一個非洲國家，而且台灣曾經有一個替代役男在那裡做志工，成爲當地知名度很高的「外國人」。

　　這個替代役男是六十五年次的連加恩，他是陽明大學醫學院的畢業生。本來，他已經考上預官，後來認爲到非洲服務比在國內當軍醫更能學到熱帶醫學及法語，也可以接觸到不同的風土人情，是具有高度挑戰性的工作，於是徵得家人同意，遠赴西非布吉納法索服務。

　　二〇〇一年十月，連加恩到了布吉納法索之後，舉目看到的是滿街垃圾，廢棄的塑膠袋掛滿樹上；應該在學校讀書的小孩，卻穿著破爛的衣服在街上叫賣小東西討生活，讓他深刻感受到這個國家的貧窮，這對於生長於富裕台灣的六年級生而言，是一個非常強烈的衝擊。

　　也許是出於憐憫或同情，連加恩除了參加原先安排的義診工作之外，總想多盡一份心力去幫這個國家，額外多做一些服務工作。首先，他利用電子郵件籲請台灣的父母、親戚、朋友、同學捐贈舊衣，以便送給當地窮人。這件事在台灣傳開之後，引起社會極大迴響，大家踴躍捐輸，總共捐出六十大箱衣服。當舊衣寄達布國之後，連加恩又趁著發放舊衣服的機會，舉辦「垃圾換衣服」的活動，每三包垃圾換一件衣服，藉此帶動當地居民自動撿拾垃圾，以

改善環境衛生。另外，連加恩還結合了當地跨國性的志工，為居民開挖深井，建造孤兒院，以及相關的救助服務。

前後經過十八個月的外交替代役服務，連加恩退役回到台灣，結婚成家。但是他打算暫時放下當醫生的工作，再度回到布吉納法索，待上一段時間，繼續協助孤兒院充實設備，並設法在當地找到能夠接棒的人，等到營運上軌道才回來。

連加恩告訴他的家人，自己從小讀書、參加升學考試，一路順利，並沒有因為重考而耽擱時間，他想把因此而「掙」出來的時間用來當志工。他認為當醫生是一輩子的事，「慢」一、二年沒有關係，但是助人的工作必須及時。他也認為：一個好命的孩子，應該比別人付出更多。這樣，好命才有意義。

三、重建災區的志工─王子華與陳芳姿夫婦

台灣發生九二一震災之後，有許許多多熱心人士進入災區當志工，協助救災與重建。其中，王子華與陳芳姿夫婦一直都在災區當志工，協助「長青村」照顧獨居老人的工作，陳芳姿還被推舉為「長青村」的義務村長。

地震之前，這對夫妻原本在埔里鎮上經營「高山野茱館」，王子華還是陶藝家，以陶藝結合美食，日子過得相當悠閒。九二一震災發生當天，他們的餐館和陶藝品都被震垮，暫時放下整理、重建工作，立刻投入救災工作。他們看到許多人忙著重建自己的家園，幾乎沒有時間和能力照顧家中老人，另外有些老人由於親人傷亡、

房屋倒塌而失去棲身之所，處境堪憐。所幸，當地「菩提園」的師父臨時騰出一些空屋，暫時安置這些孤獨無依的老人，並且邀請陳芳姿來幫忙。

他們夫妻商量之後，認爲自己的餐館什麼時候重新開業都可以，但是這些獨居老人的照顧工作是刻不容緩的，而且自己已經沒有父母，也沒有子女，於是志願留下來擔任長期志工，唯一的條件是不要任何薪資，純粹是義務幫忙。

當然，照顧七、八十個獨居老人並不是一件容易的事，他們透過自己的人脈關係，動員很多熱心人士，有錢出錢，有力出力，共同參與老人服務工作。其中，青商會、基督教女青年會、華僑銀行等團體，捐獻資金協助硬體設備的充實；台中榮總的醫生、護士與志工，每個週末都定期前來陪伴老人；附近中台禪寺的志工，不定期帶著食糧前來探望；埔里農會也經常提供蔬菜、水果，有一位婦人每隔數天就載來一些白米；有時，附近的大學生也組隊來帶老人活動，還教導老人們製作水果鬆餅。

他們夫妻對於這些志願前來幫忙的人，除了代替老人們當面向愛心人士表示感謝之外，還特別設計了一面「感恩牆」，將曾經幫助過老人的每一個人和每一個團體的名字寫下來，看著它越來越多，也促使他們夫婦及其他志工夥伴更加邁力地爲老人提供服務。

本來，這些老人所住的組合屋，每間都有一部洗衣機，在洗衣服的時候，難免會吵到隔壁，引起一些抱怨。於是陳村長跟老人們懇切協商之後，將洗衣機集中放在一起。這樣，老人要洗衣服，必

須走出戶外，無形中增加運動的機會，而且一塊兒洗衣服，可以聊天、「搏感情」，好像又回到早期在溪邊一面洗衣、一面閒話家常的場景，令老人懷念不已。

在災區擔任長期志工之後，王子華與陳芳姿認為這裡住的老人，無論是閩南人、客家人、外省人、原住民，他們在村子裡都能和睦相處，互助合作，快樂而有尊嚴地過自己的人生。他們每一個都像是自己的父母、爺爺、奶奶一樣，可以從他們身上學到了很多的人生體驗（陳芳姿，2003）。

四、退而不休的志工—曹桂嵩

曹桂嵩剛從公務機關退休，本想領取公務人員月退休金，在家裡含飴弄孫，頤養天年。但是經過一段短暫的退休蜜月期之後，開始感到終日無事可做，時間難以打發，而且時日一久，更覺心靈空虛。

這時，剛好看到報紙上刊載市立圖書館徵求志工的消息，他立刻報名參加。在接受志願服務基礎訓練十二小時之後，分發到住家附近的圖書分館，展開志工的服務生涯。

在圖書分館從事志願服務之後，曹桂嵩深深感受到精神有了寄託，不再閒散、無聊，尤其圖書館的職員對待志工，如同對待自己的同事一般親切，讓自己內心感到非常欣慰，心情特別愉快，身體也更加健康。正如有一位志工朋友所說的：「做志工，有事做，不閒散，得到的是身體健康，生活充實。」

曹桂嵩曾經在圖書館志工專刊上披露他的服務心得，與志工朋友分享。他表示，住家附近的這個圖書分館，歷史非常悠久，雖然空間不大，但是知道的人相當多，到圖書分館借還書的人經常絡繹不絕。可是，館員編制名額有限，正式職員除了負責圖書資訊的專業工作之外，還要處理一些庶務性工作，難免心有餘而力不足，所以非常歡迎志工加入服務行列。當時的圖書館主任相當年輕，可能認為退休人員年紀較大，不好意思叫這些年長志工做事。但是曹桂嵩的想法，認為擔任志工就是來幫忙，來「逗腳手」，而不是來吹冷氣，來「做頭家」，所以他只要看到有事情需要幫忙，就主動介入幫忙，其他志工怎麼做，他就怎麼做。

志工要協助館員什麼事情呢？曹桂嵩自己有一個原則，那就是遵守志工的本分，絕不喧賓奪主或越俎代庖，因為志工所從事的是輔助性工作，對於機構的政策，不便干預，也不便批評。

另外，曹桂嵩擔任志工之後，經常遇到許多有趣的事情，例如，附近的小學生來圖書館借書，很貼心的叫他叔叔。自己覺得都「坐六望七」了，還被稱為叔叔，感覺上，做志工愈做愈年輕，當然很高興，有時幾乎忘記所有的憂慮和煩惱，這是金錢買不到的。

曹桂嵩認為他擔任志工，盡心盡力協助館員和民眾，算是沒有白拿國家的月退休金。做志工仍然可以替國家做許多事情，在心裡上的感覺也比較踏實。雖然退休了，還可以繼續擔任志工，對社會有所貢獻，相信自己的子孫應該也會以這樣的長輩為榮。

五、修橋舖路的志工團隊─嘉邑行善團

每逢星期天，在台灣中南部的雲林、嘉義一帶，經常可以看到一群男女老少，頭戴斗笠，手拿鋤頭、畚箕和各式各樣的工具，穿梭在鄉村和林野之間，忙著修橋、舖路，他們不是政府單位派來的工程人員，而是民間自動自發的一群志工，那就是名聞中台灣的嘉邑行善團。

從一九七一年到現在，這個行善團已陸續為偏遠地區修築了三百多座大大小小的橋樑，至於維修的道路更是難以計數。

早先，行善團是以修補道路坑洞為主要工作，由當時的團長何明德私下邀約數位志同道合的親友，利用夜間在嘉義縣中埔鄉修補破損的路面，以免鄉人騎車摔傷。後來，中埔鄉石弄村有一對就讀小學的兄弟，因大雨之後涉水上學而慘遭溺斃，促使行善團成員決定在修路之外，再增加建造橋樑的工作。

但是造橋工程比舖路艱鉅，行善團必須擴大招募團員及勸募公德金，並且主動徵求具有工程專長的技師或技工，協助造橋的設計，施工的指導，以利安全。

實際上，嘉邑行善團並沒有固定的組織和團員。所有的「團員」平日都有自己的工作，有的是醫生、土木技師，有的是警察、老師，還有公務人員、農民、商人、攤販、家庭主婦。他們來自各行各業，不分年齡，不分地域，利用空餘或休假的時間，自動自發參加修橋舖路的工作。而且，無論颱風或下雨，不須通知或動員，

凡是有意願參與的團員，約好每個星期天的清晨，固定在嘉義市南門派出所前集合，一起搭卡車到工地，也有一部分團員自行開車或騎摩托車前往。另外，有些人的住處距離集合地點較遠，為了怕遲到「跟不上陣」，還會提早一天先到市區親戚朋友的家過夜，以便隔天能夠準時上工。

對於嘉邑行善團的團員而言，能夠利用有空的時間，到各處去修橋舖路，就像休閒和運動一樣地快樂，而且這是一種利人又利己的工作，何樂而不為？所以，三十多年來，他們樂此不彼，從不間斷，行善的日子過得既忙碌，又充實。

目前，嘉邑行善團的善行已逐漸將其服務範圍，擴展到全台各地，並於二○○○年起改制為中華民國嘉邑行善團，未來的行善方向將延續修橋舖路，並舉辦各種公益事業或愛心活動，讓人人有參加行善的機會。

六、結語

除了上述志願服務的案例之外，相信台灣各地一定還有許多類似或不同的志工故事值得拿出來分享。無論如何，從這些志工個人、志工夫婦、退休志工、志工團隊的服務經驗，我們不難發現：當今台灣，有很多人已經知道在工作、家庭、休閒之餘，開始尋求某些新的生活方式，藉以豐富生活，發展自我。其中，投入志願服務工作是許多人共同的選擇。因為做志工，可以讓他們在每天固定的生活之外，找到新的活力和成就感。

1-3 自我了解與自我肯定

一、前言

我適合參加志願服務嗎？我對自己了解多少？我能真誠關懷別人嗎？我能真正幫助別人？

這些，可能是有意參加志願服務的人，在正式擔任志工之前必須自我省思的課題。否則，隨興參加，可能敗興而歸。

再者，志願服務工作，不是有做就好，既然參加，就應該盡心盡力做好，如果只是趕流行而做志工，或者虛應故事，隨意應付，則不如不做。因此，在決定參加志願服務之後，必須對自己有信心，肯定自己所選擇的志願服務是值得去做的，也肯定自己有能力把志願服務做好，而不斷地追求卓越，使自己、機構及服務對象都感到愈來愈滿意。

二、自我了解

自我了解，是參加志願服務的起點。通常，一個人在準備參加志願服務工作之前，必須客觀地分析自己有何優點（strength）與劣勢（weakness），以便選擇比較適合自己的志願服務工作。

然而，志願服務並不是單方面的事，自己想服務，不一定就有服務的機會，還要看有沒有機構在招募志工？你是否屬於他們所需要的志工？所以，自我了解必須擴大範疇，從「人在環境中」

（person in the environment），去了解自己想要參加的志願服務有何機會（opportunity）？有何限制或威脅（threat）？這樣才比較周延，也比較切合實際。換言之，自我了解，最好是同時了解自己的內部因素與外部因素。

對於內外部因素的優劣勢分析（SWOT），在管理學上決定最佳策略時已廣泛加以運用。為了在志願服務方面有較佳的選擇，我們不妨採借這種方法，從裡到外對自己進行一番檢視，藉以找出自己所期待的志願服務工作。通常，進行SWOT分析，包括四方面：

1.優勢（strength）：主要在了解自己有什麼專長或有利條件可用以參加志願服務？理念上，志願服務是人人可參與、處處能展開、物物可捐獻、時時生作用（蔡漢賢，1996；陳武雄，2004），實際上，人人可參與，但未必人人能勝任。況且運用志工的單位不同，志工所需具備的條件也可能不盡相同。所以，我們在參加志願服務之前，有必要評估自己的優勢或長處，了解自己在志願服務所需的知識、體能、技術、經驗、勞力、時間等方面，有何優勢。然後，根據個人情況，列出自己喜歡的服務項目，以及自己的優勢所在，排出優先順序，作為選擇志願服務工作的依據。

2.劣勢（weakness）：主要在了解自己對於參加志願服務工作有那些不利的條件？其實，找出自己的劣勢或弱點，與發現自己的優勢或優點同等重要，因為這樣可以根據自己的優勢和劣勢做兩種選擇：一是努力去改善自己的劣勢或缺點，以提高自己的服務能力；二是放棄那些你不擅長的服務工作，調整服務的規劃。至於如何了

解自己的劣勢或弱點？可以參照前述評估自己優勢的方式，先行了解自己在志願服務所需的知識、體能、技術、經驗、勞力、時間等方面，有何劣勢。再根據個人情況，列出自己不是很喜歡的服務項目，以及自己的劣勢所在，依據較弱的項目排出順序，作為參加志願服務時必須加強或放棄的選項。

3.機會（opportunity）：主要在了解外在環境對於志願服務的需求有那些？依據我國志願服務法第四條，志願服務領域，涵蓋社會服務、教育、輔導、文化、科學、體育、消防救難、交通安全、環境保護、衛生保健、合作發展、經濟、研究等類。這些領域又可細分為若干次級領域，例如社會服務領域，可依其服務對象區分為兒童、少年、婦女、老人、身心障礙、低收入者、新移民者等類服務。如果這些領域有運用志工的需求，而且你對這些領域也有參與服務的意願和專長，那就是機會。也許，同時招募志工的機構不只一個，而你有意願服務的工作也有幾個優先順序，那麼可以選擇的機會就比較多。無論如何，找出這些外在環境的機會，將有助於找到一份適合自己的服務工作，這對於志工是非常重要的。因為，這個機會可能影響你的第一份志願服務工作，以及今後志工生涯的規劃及發展。

4.威脅（threat）：主要是了解參加某項志願服務時，相對會受到哪些威脅，或者相對剝奪了那些機會。如眾所知，凡事有所得，必有失，參加志願服務，固然有機會可以服務別人，成長自己，並且滿足自己預期的需求和目的，但是參加志願服務也必須付出時間和心力，或多或少都會影響自己的休閒生活，或者減少自己與家人

相處的時間。因此，在參加某種志願服務之前，必須事先找出它可能面臨的威脅或限制，並且認真地評估自己所能接受的程度，以使自己在參加志願服務之前多一些考量的機會，選擇忍受、克服、放棄，或者調整服務工作。

上述SWOT分析，可以採取表格的方式呈現，使之更加具體、簡明，如表1-3-1：

表1-3-1　志願服務SWOT分析

分析項目	優勢 （Strength）	劣勢 （Weakness）	機會 （Opportunity）	威脅 （Threat）
時間安排				
身體狀況				
興趣				
專長				
經驗				
適應能力				
家人意見				

資料來源：自編。

透過SWOT分析，仔細地對自己做過省思之後，就可以列出你最想參加的志願服務工作，一方面作為選填服務意願的依據，另一方面作為日後檢討改進的參考。同時你必須竭盡所能地發揮出自己的優勢，使之與外在環境所提供的志願服務機會密切結合，並且付諸具體的行動。

三、自我肯定

美國黑人的教科書上寫著：「黑」，是世界上最美的顏色，這就是一種自我肯定。自我肯定，是把志願服務做好的先決條件。當一個人了解自己參加志願服務的優勢、劣勢、機會、威脅，據以選定志願服務項目之後，接下來必須肯定自己所選定的志願服務工作是有意義，值得投入時間和心力，這樣才有信心把志願服務做好。這種自我肯定，可以從五方面略加分析：

1.肯定參加志願服務是對自己生命的尊重： 每一個人，生來都具有生命，每一個生命，都是無價的，都應該受到尊重。我們參加志願服務工作，一方面是對於受助者生命的肯定，相信每一個人都可能遇到困難，而我們的幫助是有用的。另一方面，參加志願服務，也是對志工自己生命的一種肯定，肯定自己有能力，也有意願去幫助他人，而不致於蹉跎歲月，虛度此生。否則，過一天，生命就少一天；過一年，生命就少一年。

2.肯定參加志願服務是自己對社會盡責任： 人是群居的動物，必須互助合作始能生存。依據法國社會學家涂爾幹（Durkheim）的說法，社會是一種有機的連帶關係，一如人體的四肢五官，緊密相連，倘若有一部分遭受到傷害或處於不利情況，其他部分必然連帶受到影響。因此，我們參加志願服務工作，用心去關懷弱勢，服務他人，這不僅是一種服務的美德，也是做為社會一份子應盡的責任。

3.肯定參加志願服務是自己對弱勢者的愛心： 「惻隱之心，人皆

有之。」人之所以為人，是因為人具有「愛心」。不過，一般人的愛心，包括父母對子女的慈愛、老師對學生的教育愛，通常有親疏之別，甚至會期待相對的回饋，唯獨志工的愛心，是沒有條件的去關懷陌生人，而且心甘情願地為有需要的人提供服務。可見，行善不是有錢人的專利，而是有心人的參與。我們參加志願服務，顯示自己對弱勢者有愛心。這種「愛人如己」的表現，顯得特別真誠可貴，也格外值得自我肯定。

4.肯定參加志願服務是自己對受助者的善行：一個人參與志願服務的動機，雖然不一定基於某種宗教信仰，即使是，其宗教信仰對於志願服務的看法也不盡相同，但是任何志願服務工作都具有行善的美德，應予肯定。換言之，我們無論是立基於佛教的慈悲為懷、道教的功德圓滿、基督教的博施濟眾、天主教的福音廣被，能夠參與志願服務，就好比是為人間拭去悲苦的淚水，為眾生披上溫暖的外衣。其實，社會多一個志工，等於多一個好人，相對的也就少一個壞人。

5.肯定參加志願服務是自我理想的具體實現：美國心理學家馬斯洛（Maslow）認為人類的需求有五個層次，依序為：生理的需求、安全的需求、愛的需求、自尊的需求、自我實現的需求。我們在基本需求獲得滿足之後，行有餘力，願意發揮愛心，服務他人，這不僅是對他人的一種尊重，也往往會受到別人的尊重。如果別人因為我們的服務，而得以克服困難、化解危機，則我們也可以感同身受，體會到自我奉獻的效果，進而實現自己當初投入志工行列的某種願望和理想。

上述五方面，都是有關志願服務的價值。其實，價值決定想法，想法影響做法，我們既然決定參加志願服務，必須肯定志願服務是有意義、有價值的工作，是值得去做的事情，這樣才會有信心把志願服務做好。有人說：人，活著，是一種權利，也是一種責任。基於權利，必須修養自己；基於責任，則必須關懷他人，並盡一己之力提供必要的服務。反之，一個人不能自我肯定，缺乏自信心，可能就無法給人信心，因為自己都不能肯定的事，當然也無法取得別人的肯定。

四、追求卓越

自我肯定，不僅肯定現在，也肯定未來，相信自己在參加志願服務之後，可以做好份內的工作，而且越做越好，讓服務對象的滿意度不斷提高，也讓自己的成就感日益增加。這種積極任事的企圖心，就是追求卓越。

畢德士（Peters）與華特曼（Waterman）於一九八二年出版《追求卓越》（In search of excellence）一書（胡瑋珊譯，2005），認為一個卓越的企業具有八項特質。其實，這八項特質也可以用來說明志工持續努力的方向。以下略加闡釋：

1.行動取向（a bias for action）：簡單的說，就是「坐而言不如起而行」。就企業而言，一個好的企劃案，必須採取行動，按照計畫逐步向目標邁進，才有成功的可能。同樣的道理，志願服務不是光說不練，而應身體力行，必須有實際的服務行動，才能看到服務

的效果，而且服務有效果，才有持續服務的動力。

2.接近顧客（staying close to the customer）：簡單的說，就是「以客為尊」。就企業而言，產品要有銷路，必須進行市場研究，知悉顧客的喜好，並迎合顧客的需求，不斷地推出新穎的產品或服務。同樣的道理，志願服務必須針對服務對象的需求，而提供必要的服務，並且經常接近服務對象，了解他們對於服務的滿意度和相關意見，據以創新服務內容或改善服務品質。

3.自治和企業精神（autonomy and entrepreneurship）：簡單的說，就是自動自發以追求競爭力。就企業而言，無論其規模大小，都必須重視員工發展，鼓勵員工在組織的共同目標之下，發展出個人目標，使組織與成員同步發展，從而增加競爭力。同樣的道理，志工加入志工團隊之後，必須自動自發，積極參與團隊的服務工作，透過團隊的分工合作，為服務對象提供更有效的服務。

4.生產力繫於人的因素（productivity through people）：簡單的說，就是激發每個人的潛力。就企業而言，員工是組織之中不可或缺的資產，唯有激勵員工盡其全力投入生產或服務工作，企業才有可能獲得豐碩的業績。同樣的道理，志工也是運用單位重要的人力資源，必須凝聚共識，促使每一個人在其服務崗位上，克盡其力，為有需要的人群提供服務。這樣，志願服務才能獲致績效。

5.以身示範並樹立價值觀（hands-on, value driven）。簡單的說，就是以身作則。就企業而言，主管必須樹立一套經營的價值體系，並且以身作則，積極朝著既定的價值體系去發展。換言之，

卓越的企業不光是賺錢，他們還會創造意義。同樣的道理，從事志願服務工作，不光是盡心盡力去服務，還要建立正確的價值觀。並且，人人以身作則，朝著這樣的價值觀去發展。

6.堅守本業（stick to the knitting）：簡單的說，就是做內行的事。就企業而言，經營本公司最熟悉的事業，在市場上往往較有競爭的優勢而獲取較多的利潤。同樣的道理，志工如果能夠本其專長來提供服務，而且堅守服務崗位，久而久之，自然可以駕輕就熟，得心應手，贏得亮麗的服務成績。反之，「滾動之石不生苔」，志工如果五日京兆，經常轉換服務機構或服務項目，其成就可能乏善可陳。

7.簡單的型態與精簡的人事（simple from, lean staff）：簡單的說，就是「單純化」。就企業而言，組織的架構簡明，員工的工作單純，上上下下都清楚應該怎麼做，則其營運自然順暢。同樣的道理，志願服務工作，越單純越好，就如同許多哲學家所說的：「簡單生活，就會快樂」。否則，志工的團隊組織，或者志工的服務項目，錯綜複雜，治絲益棼，反而礙手礙腳，難以成事。

8.寬嚴並濟（simultaneous loose-tight properties）：簡單的說，就是「鬆緊適中」。就企業而言，凡是經營得有聲有色的企業，大多數在決策層面有核心價值觀或財務指標，作為公司的最高策略，但是執行層面則是「寬鬆」的，讓員工享有極大的自由，可以依自己的意思去做事。同樣的道理，志願服務的運用單位通常也訂有一

些規範，要求志工遵守，但是志工只要不違背這些規範，仍有自由發揮的空間，可以盡情揮灑，創造佳績。

上述八項特質，本來是企業追求卓越的策略，用來說明志工持續努力的方向，難免有一部分會涉及志工團隊的組織。如果，純就個別志工而言，自我追求的特質，可以歸納為：行動取向、以客為尊、自動自發、盡其全力、以身作則、做內行的事、單純化、鬆緊適中。

五、結語

志願服務的基本精神是出於個人的自由意志，本誠心以奉獻社會。如果在參加志願服務之前，不能自我了解、自我肯定，可能就不知道自己到底適合從事何種服務工作？也可能就沒有信心做好自己份內的服務工作，更不敢期待服務會越做越好。

其實，經由自我了解，對於參加志願服務有了自知之明，也較能正確地評估自己、肯定自己，進而發揮自己的長處，避免自己的缺失，而在志願服務的生涯發展中，也可以勝任愉快，卓然有成。

1-4 志工生涯規劃

一、前言

擔任志工這一段時間的生涯，「需不需要」規劃？「能不能」

規劃？可能很多志工壓根兒就沒有想過這樣的問題。

對於志工生涯「需不需要」規劃的問題，有些志工認為必須做了一段時間的志工之後，才會慢慢想到規劃的問題。另外，有些志工認為從事志願服務只是單純地服務，將生活圈擴大，並沒有想那麼多，如果做得快樂，就繼續做（陳淑貞，1999）。

至於志工生涯「能不能」規劃的問題，有些志工認為志工必須配合機構的需要而提供服務，其自主性並不高，要規劃什麼？其實很難。另外，也有志工認為自己如果先做規劃，對志工生涯有一個非常美好的憧憬，後來發現事實上並不是如此，可能火花就會熄滅，而不再參加任何服務，所以就順其自然（陳淑貞，1999）。

無論如何，事豫則立，不豫則廢。求學生涯或就業生涯必須妥加規劃，從事志願服務工作的生涯，應該也是如此。本文分別說明志工生涯規劃的必要性、志工生涯的發展階段、志工生涯的規劃步驟、志工生涯的五堂必修課。

二、志工生涯規劃的必要性

雖然，志願服務工作是出於個人的自由意志，但這並不意味志工可以隨心所欲，為所欲為，想來就來，不想來就走。如果，從另一個角度來思考，志願服務既然是出於個人的自由意志，他就應該知道自己要做什麼？會做什麼？想完成什麼？這就是對於志工生涯的一種規劃，其必要性如下：

1.指引志工確定服務的方向： 我們小時候寫作文「我的志

願」，經常會提到：人生要有目標，否則就像船沒有舵，在茫茫大海中，不知要航向何處？同樣的道理，從事志願服務工作，也必須事先衡量自己的興趣、專長、時間、體力等情況，再配合運用單位的需求，妥善地規劃服務的時間、地點、項目，讓自己的服務工作有一個明確方向。否則，在志工生涯之中，迷糊過日，隨波逐流，不知為誰而戰？為何而戰？最後可能敗興而歸，無疾而終。

2.幫助志工合理地安排時間：我們都有本分的工作要做，即使是退休人員，也還要休閒、運動，保健身體。志願服務的前提是以自己的餘時、餘力，去幫助別人之不足。因此，志工對其投入志願服務的時間，必須事先規劃，妥善安排，過與不及，均非良策。舉例來說，有些志工在同一期間參加好幾個機構的志願服務，以致於每項工作都如蜻蜓點水，成效有限；有些志工對於志願服務投入過多的時間和精神，以致疏於照顧事業和家庭。如果做志工做到「走火入魔」、「家破人亡」，反而需要別人來為他服務，這就是本末倒置，有違志願服務的原意。

3.激發志工積極服務的動力：胡適有一句名言：「要怎麼收穫，先怎麼栽」。如果志工對於志工生涯有所規劃，知道所要追求的目標在哪裡？要過怎樣的服務生活？他就會未雨綢繆，事先做好準備工作，把自己的特質和潛能發揮出來。同時，對於志工生涯有周詳的規劃，一切都在自己的掌握之中，也有助於消弭不必要的憂慮，而積極、主動地為達成目標和理想而全力以赴。志工對於服務有信心，做起事來，才有動力、有效率、有成果。一旦志工對其服務有成就感，自然也會帶動滿足感，促使服務工作愈作愈起勁，甚

至無怨無悔，樂在其中。

4.促使志工整體生涯的圓滿：志工生涯是一個人整體生涯的一部分，志工生涯的規劃，必然影響其整體生涯的發展。舒伯（Super）認爲一個人的生涯發展可區分爲：成長（growth）、探索（exploration）、建立（establishment）、維持（maintenance）、衰退（decline）等五個階段，而且各個階段都有其相關的角色（張添洲，1997）。其中，大部分志工是成人，介於40歲到60歲之間，屬於維持階段，其相關的角色是工作角色逐漸減少，公民角色與休閒角色逐漸增加（陳淑貞，1999）。因此，成人志工利用工作之餘的一部分休閒時間，參加公共服務以略盡公民職責，如能適當地加以規劃，當可促使志工的整體生涯更加成熟與圓滿。即使兒童及青少年志工，及早規劃志工生涯，對其未來的生涯發展也是有益無害。

上面所述，是以志工的立場，來說明志工生涯規劃的必要性。事實上，志工的個人生涯規劃，與機構的志工管理息息相關。如果，志工對其志工生涯有妥善的規劃，能按部就班地從事志願服務工作，則其流失率可望降低，生產力則可望增加，連帶使得整個組織的效能大爲提高。目前，已有一些運用志工的機構，爲志工開授「志工生涯」、「生涯規劃」、「生涯管理」等類在職訓練課程，其目的乃在引導志工妥善規劃志工生涯，進而發揮志工人力資源的效能。

三、志工生涯的發展階段

生涯規劃是一種連續不斷的過程，通常隨著一個人的生活發展而有不同的規劃重點，因而「生涯規劃」（career planning）與「生涯發展」（career development）、「生涯管理」（career management）等名詞，經常被相提並論。

至於從事志願服務的這段生涯，依一般志工進入機構服務之後的心態變化，大致上可以區分為五個階段：

1.探索期：第一次擔任志工，是志願服務領域的「新鮮人」（freshman），對於志願服務的相關事務，都充滿好奇。有些志工，會默默地觀察其他志工的作為；有些志工，則藉機在機構中到處遊走，美其名是熟悉環境，其實是為了一探究竟。

尤其，剛開始擔任志工的時候，大多數是懷著「滿腔熱血」、「雄心壯志」，要「替天行道」、「扭轉乾坤」，不自禁地露出高度的服務熱忱。

2.平穩期：如同海水經過一段時間的衝擊之後，慢慢會歸於平靜。當志工從探索期之中逐漸熟悉機構的環境設施，也逐漸了解服務的項目及方式之後，新鮮感慢慢消失，心情慢慢平靜下來，而有一種安穩的感覺。此時，大部分的志工會按照排定的值勤時間，自動上下班，服務工作已經步上軌道，不太需要督導人員的督促或指導，可以說是一個相安無事的時期。

3.期待期：由於進入平穩期之後，各方面逐漸駕輕就熟，志工就

會有一種「不甘於平淡」，而期待「有所突破」的心態。此時，有些志工開始對機構有所要求，期待更多的參與、更寬的權限、更高的自主性、更大的成長空間，以及更有實質意義的獎勵。

4.不滿期：由於機構的資源有限，志工的期待無窮，有些志工認為自己犧牲、奉獻，對機構沒有功勞，也有苦勞，為什麼得不到應有的回報？機構似乎不太重視志工，因而感到失望、挫折、灰心，繼而產生不滿的情緒。此時，有人只是私底下抱怨，但是也有少數比較激進的志工，變得事事計較、處處比較，說話比做事還多，而且口口聲聲都是為機構好，為團隊爭一口氣，而不是為了個人一己利益。

5.調適期：那些心中有所不滿的志工，經過其他志工的勸導，或者與志工督導溝通之後，有些志工會慢慢調適自己的心態，繼續留下來服務。至於不能調適的志工，則可能離開原來的服務單位，轉到其他單位服務，或者從此退出志工行列。

其實，上述志工生涯的分期，只是一種理想類型，並不是每一個志工都會經歷這五個時期。有些志工，沒有不滿的階段；也有些志工，在探索期之後，發現志願服務工作不如原先的期待，就一走了之。因而，志工生涯的規劃，並沒有放諸天下皆準的模式可循，志工必須因應個別的情況，自我規劃，。

四、志工生涯規劃的步驟

生涯規劃，是一個人對其生涯過程的妥善安排。將這種概念用

於志工生涯規劃，就是準備參加志願服務的人，對於志工生涯的妥善安排。

通常，生涯規劃隨著個人不同的發展目標而不盡相同，但其規劃的步驟則大同小異。常見的步驟，包括（林勝義，1997a）：

1.確定參加志願服務的目標：基本上，參加志願服務的人，都具有服務利他的愛心，但是個別志工的動機和目標可能各有不同。如果準備投入志願服務工作，到底適合參加那一領域的志願服務工作呢？預期可以達成那些目標？這可能要費一些功夫（SWOT）去思考：

⑴優勢（strength）：自己有什麼專長或有利條件可用以參加志願服務？

⑵劣勢（weakness）：要擔任志工，自己可能受到那些不利條件的限制？

⑶機會（opportunity）：外在環境對於志工比較迫切的需求有那些？

⑷威脅（threat）：參加某項志願服務時，可能相對剝奪了那些機會？

2.探討達成目標所需的條件：在初步思考要參加哪一項志願服務工作之後，接著必須設法蒐集相關資料，據以探討從事此項志願服務工作所必需具備的條件。這些條件包括：

⑴先天條件：此項志願服務適合男性或女性？我的年齡、個性適合嗎？

⑵學、經歷：自己的教育背景和過去的經驗適合於參加此項志願服務工作？

⑶技術性能力：自己具備從事此項志願服務工作的技術或能力嗎？

⑷功能性能力：有些志願服務須有觀察、分析、企劃的能力，我具備幾項？

⑸適應性能力：是否具備與其他人溝通和面對服務問題的能力？

3.擬定生涯規劃的內容：如果確定自己已經具備所欲從事志願服務的條件，即可就下列三方面進行實質的規劃：

⑴領域規劃：依前項條件分析，在眾多志願服務領域中，選定某一項作為優先考慮的服務項目，以及一、二個候補的項目。例如以社會福利志工為首要考量，其餘依序為衛生保健志工、交通導護志工、環保志工等。

⑵時間規劃：參加志願服務需要犧牲休息的時間，所以對於自己一週可以撥出幾天做志願服務？一天可以奉獻幾個小時？在服務機構或某個服務領域準備做多久？都要事先加以規劃。

⑶成長規劃：很多人參加志願服務的動機之一，就是為了成長
　　自己；同時為了使服務做得更好，志工也需要不斷的成長。
　　所以，在心理上，準備抱持何種心情做志工？在知能上，預
　　定參加哪些志願服務訓練？在服務本身，如何累積工作經
　　驗，追求自我成長，都要事前加以思考和規劃。

4.推動執行的策略：志工的生涯規劃，如同一般生涯的規劃，可
以採取各種不同的執行策略。至於執行策略的選擇，主要是依據自
我的價值觀作為行動取向。常見的行動取向包括：

⑴興趣取向法：配合自己的興趣去做志願服務工作，覺得快樂
　　就好。

⑵能力取向法：善用自己的專長，肯定自己有服務他人的意願
　　和能力。

⑶市場取向法：針對社會的需求，使自己的志願服務做最有價
　　值的運用。

⑷遊走各地法：嘗試各領域的服務工作，藉以擴充視野，增加
　　生活體驗。

⑸順其自然法：不規劃，也是一種規劃。擇你所愛，愛你所
　　擇，既來之，則安之。既然決定參加志願服務，就一切隨
　　緣，能做多少就做多少，能做多久就做多久。 不過，既言生
　　涯規劃，最好是以積極的作為，就前面三種取向加以規劃。
　　至於遊走各地法和順其自然法，是比較消極的做法，對於志

願服務似乎較不適用。

5.自我評估及修正：在正式參加志願服務工作一段時間之後，譬如一期、半年或一年，不妨停下腳步，回頭檢視一下自己曾經做過的志願服務工作，是否符合自己原先的動機？是否達成預期的目標？對自己有哪些收獲？對服務對象有哪些貢獻？還有哪些不足的地方？有哪些需要改進的地方？這樣一一加以檢討和修正，然後調整未來繼續努力的重點和方向，再度出發。

五、志工生涯的五堂必修課

志工的生涯規劃貴在能夠確實執行，而且在執行的過程中必須隨時省思，隨時充實，使志工的生涯過得更有意義、更有價值。

如何用心去做志工？伊莉莎白與大衛（Elisabeth & David）在《用心去活─生命的十五堂必修課》（*Life Lesson*）一書中（張美惠譯，2006），對於真誠、愛、關係、失落、力量、愧疚、時間、恐懼、憤怒、遊戲、耐心、屈服、寬恕、快樂、生命等，作了深入的詮釋，充分表達出對生命的熱愛及對人類苦難的關懷。這些，對於以關懷生命及服務弱勢為己任的志工，頗具參考價值，特摘錄其中五則小故事，並略加闡釋，作為志工生涯的必修課：

1.真誠的功課：作者（伊莉莎白）提到，有些「好心人」會主動開車送我到演講場所，幫我推輪椅上講台，但後來我往往無法順利地回家。我發現這些人只是利用我來膨脹自我，真正好心的人會關切我是否安全到家（張美惠譯，2006）。作者這段話說得很坦誠，

也很能發人深省。我們當志工的人，不就是經常被稱爲「好心人」嗎？我們好心服務別人，是否就希望得到好報？有沒有利用志工的角色扮演來贏得別人的誇讚？或者只是單純的付出，眞心想幫助人？而且有始有終，幫人幫到底，送佛送到西天，功德圓滿？

2.愛的功課：作者（大衛）提到，某航空公司的空服員和我們分享一則故事：我和某機上的空服員是好朋友，有一天我打電話給她，沒人接聽，我在答錄機上留話請她回電，等了幾天還是沒有回音，我愈來愈生氣，於是我收回我的友誼，關閉我的心門。沒想到隔天她的飛機出事了，我非常懊悔沒能無私地付出，卻斤斤計較施與受是否等重（張美惠譯，2006）。由這則故事，我們直接聯想到的可能是：愛要即時說出來，否則機會稍縱即逝，徒喚「千金難買早知道，後悔沒有特效藥」，又奈何？。其實，人們之所以沒有或不願立即付出無條件的愛，最大的阻礙是害怕得不到相對的回報，殊不知最大的回報就在付出的過程。記得崔浩有一句座右銘：受施愼勿忘，施人愼勿念，也有類似的意思，值得我們志工三思。

3.寬恕的功課：作者（伊莉莎白）提到，一九四○年代末，印度正準備脫離英國獨立，卻捲入宗教戰爭，有一個印度教徒的兒子被回教徒殺害，這個印度教徒去見甘地：「我怎麼可能寬恕回教徒？他們殺了我的獨子，我心中充滿了恨，再也無一日平靜」。甘地建議他撫養一個敵人的孤兒。針對這件事，作者認爲，每一個人都受過傷害，大概也都傷害過別人，最大的問題不是傷害本身，而是我們不能或不願忘記，這才是無法癒合的傷害（張美惠譯，2006）。有時候，我們志工會碰到一些服務對象，是曾經嚴重傷害別人的

人，例如施虐孩子的父母、搶劫勒索的青少年、殺人放火的受刑人，我們能完全寬恕他們得過去，而且真心服務他們嗎？人生的旅程中難免有傷害，沒有人教我們如何釋懷，這正是我們需要學習的功課。

4.時間的功課：作者（大衛）提到，一個貧窮家庭的孩子，郵差按門鈴是他最不願意聽到的，因為寄來的帳單會讓父母心煩。反之，另一個小孩最歡迎郵差到來，因為他經常帶來父親的紅利支票和朋友生日派對的邀請卡。這兩個孩子長大之後，一個對郵差到來有一種模糊的緊張反應，另一個卻懷著快樂的心理期待。但兩者的反應都和今日的郵件內容無關，他們心理惦記的是以前的郵件（張美惠譯，2006）。由這個故事告訴我們，不要自陷於過去的牢籠，每天都可以是一個全新的開始。如果將這種想法用於服務上，我們志工對於服務對象，應該協助他們忘記過去不愉快的經驗，面對當下的生活，繼續往前走。否則，如同很多人天天洗澡，只是洗去昨天的塵埃，卻日日肩負著昨日遺留下來的負擔，秋天還在想著夏天的事，如何能專注於現在和未來呢？

5.耐心的功課：作者（伊莉莎白）提到，自己從來不是有耐心的人，好像總是忙得不得了，到處奔波，探視病人、演講、寫書、照顧孩子。後來因為生病的關係，只能靠別人推輪椅，這對於耐心是很大的考驗。自己也厭恨這個考驗，但人一旦生病了就不能不學習耐心（張美惠譯，2006）。這個故事給我們志工至少有兩個啟示：一是做志工要學習耐心，因為服務對象沒有難事不會找你，找上你的大概都是有一點麻煩，必須耐心處理；二是要鼓勵服務對象學習

耐心，事情不可能一下子就解決，否則也不必我們志工介入幫忙。

除了上述五門功課之外，在《用心去活》一書中的其他十門功課也有許多值得我們志工學習的地方。例如：作者在這些功課分別提到：

⑴關係的功課：如果你自己的船浮不起來，沒有人會願意陪你橫渡重洋。

⑵失去的功課：人生無法重來，沒有失去也就沒有成長。

⑶力量的功課：感恩就是力量的泉源。

⑷愧疚的功課：有時候愧疚感是一種警訊，讓我們警覺自己逾越了界線。

⑸恐懼的功課：試著去做原來不敢做的事，你會發現恐懼是不耐挑戰的。

⑹憤怒的功課：同時想想對方的好處，如此你的憤怒才能得到平衡。

⑺遊戲的功課：工作與玩樂不一定要完全分開，在工作中也能找到樂趣。

⑻屈服的功課：適時學會屈服，騎馬聽任馬跑的方向，游泳順著水的流向。

⑼快樂的功課：你只要一開始和人比較，就註定快樂不起來。

⑽最後一課：從前有一個心地善良熱衷行善的人，他也會犯錯，但那不重要，不僅是因爲他做了很多善事，更因爲他能從錯誤中學習。可惜的是他一心想到自己做了很多善事，變得愈來愈自滿。

這裡所述，可能只是斷章取義，未能窺其全貌，但是有心人仍然可以從中找到他需要的東西，成爲鼓舞自己「用心去做志工」的力量。即使，這些對志工生涯的鼓舞只有五分鐘熱度，但如同爬樓梯，只要願意往上爬，就算爬兩格，退一格，那也是一種長進。

六、結語

通常，志工生涯只有短短幾年，但就一個人的生涯發展而言，志工生涯仍然是其中重要的一部分，必須及早規劃，而且必須自行規劃。

由於每一個志工的內在需求與外在情況並不相同，因而對於志工生涯的規劃也可能有不同的考量。例如：

學生志工，其志工生涯規劃必須考量與學校課程的結合，以免影響功課；

主婦志工，其志工生涯規劃必須考量家庭事務的處理，以免影響家庭經營；

上班族志工，其志工生涯規劃必須考量事業或公務，以免影響本職工作；

　　退休人員志工，其志工生涯規劃必須考量體力和時間，以免影響休閒或養生。

　　總之，志工生涯規劃的基本原則是：因應志工個別的情況與需求，自行規劃、及早規劃、短期規劃，而且不斷地檢討及修正。

第 2 篇

基礎篇

　　志願服務工作，人人可以參與，但未必人人都能勝任愉快，因而必須接受志願服務的教育訓練，藉以充實服務所需的知識、能力和技巧。

　　通常，志願服務運用單位招募志工之後，為了提高志願服務的品質，維護服務對象的權益，會辦理相關的志工訓練。

　　本篇的內容包括：志願服務的內涵、志願服務的倫理、志願服務法規之認識、志願服務的發展趨勢等四個單元，都是屬於志願服務最基本的功課。這些功課的目的，在於協助志工了解志願服務的基本理念，使往後的服務工作可以順利進行，不致於偏離志願服務應走的軌道。

2-1　志願服務的內涵

一、前言

　　志願服務的內涵，是志工基礎訓練的課程之一，其主要目的在協助初任志工的人，或者準備參加志願服務的民眾，了解志願服務的意義、條件、內容、好處，以及從事志願服務應有的態度，以便投入志工行列之後，可以勝任愉快。

　　再者，志願服務運用單位的相關人員，對於志願服務也應該有一些基本的概念，以便在未來所作所為都能符合志願服務的真正意涵，並且與志工建立服務的共識，才不致於各行其是，影響志願服務應有的效能。

二、志願服務的意義

　　從事志願服務的志工，或者運用志工的單位，在接觸志願服務之前，必先了解志願服務的意義。

　　要為志願服務下定義，不是一件容易的事。因為志願服務在不同的年代、不同的範圍、不同的社會環境之下，往往有不同的定義。茲從三個面向舉例說明之：

　　1.早期與現代的定義：在中國與西方，志願服務的起源，都與宗教密切相關，後來逐漸脫離宗教，擴及社會公共利益。

⑴早期的志願服務：在西方，志願服務精神與基督教有關，
為宗教而戰的志願軍，就是早期的志願服務（呂朝賢，
2002）。在中國，志願服務與佛教有關，佛教「悲田勝敬
田」的觀念，就是強調對弱勢者的佈施，遠勝於供養佛、
法、僧。這種「悲田」的觀念，就是華人社會早期的志願服
務（劉淑芬，2001；張英陣，2003）。

⑵現代的志願服務：卡安等人（Cnaan et al, 1996）曾檢視有關
志願服務定義的文獻，認為志願服務的意涵可以歸納為四個
組成要素：自由選擇（free choice）、報酬（remuneration）、
結構（structure）、預期受益對象（intended beneficiaries）。
呂朝賢，2002）依此模式，將志願服務轉譯成：民眾在自由
意志下，於立案組織中，所從事之有益他人或社會的無酬行
為，但可貼補執事所需之支出。

簡言之，早期的志願服務是基於宗教信仰而提供服務，現代的
志願服務則為了社會公益而提供服務。

2.廣義與狹義的定義：志願服務有廣義與狹義兩種界定方式：

⑴廣義的志願服務：也稱為非正式的志願服務（informal
volunteering），是指個人在面對需要服務的人口群，能依自
己的認知，自動助人，而不考慮任何報酬的行為。例如，街
上行人自動扶助不認識的老人過街，或者看到馬路有坑洞而
自動修補，都是一種非正式的志願服務。

⑵狹義的志願服務：也稱為正式的志願服務（f o r m a l

volunteering），是指經由非營利組織或其他公共組織的志願
服務人員，為其服務對象所提供的各種志願服務工作。

簡言之，廣義的志願服務涵蓋個人單純的服務，狹義的志願服
務則是有組織的服務。

3.國外與國內的定義：國內外為志願服務下過定義的專家學
者，不勝枚舉，此處僅列舉較有代表性的定義，以觀一班：

1.聯合國志工團（United Nations Volunteers,1999）的定義：認為
志願服務對不同的人有不同的定義，但它至少有三個核心特質，分
別是：

⑴志願服務不應該為得到財物報酬而行動，雖然有時可以領取
一些津貼。

⑵志願服務的行動是服務者以個人自己的自由意志而採取的志
願行為，雖然有時會有灰色地帶，譬如學校要求學生參與志
願服務。

⑶志願服務應有利於他人或社會，雖然有時也會同時有利於志
工本身。

2.我國志願服務法的定義：志願服務法第三條指出志願服務
是：民眾出於自由意志，非基於個人義務或法律責任，秉誠心以知
識、體能、勞力、經驗、技術、時間等貢獻社會，不以獲取報酬
為目的，以提高公共事務效能及增進社會公益所為之各項輔助性服
務。

綜合這些定義，志願服務的意義有三個特質：

其一，在出發點上，志願服務是出於自己的自由意願，自動自發去服務有需要服務的對象，而不是因為個人有義務應該去做。例如家庭成員輪流到醫院去照顧親人；或者依據法律的規定，必須負起某種責任，例如向圖書館借書逾期，而在圖書館做志工來抵充罰款，後面這兩種情況，都不是志願服務

其二，在過程上，志願服務是利用自己的餘暇時間，以本其身所擁有的知識、技術、經驗、體能、勞力等，去服務他人，以協助別人解決困難問題，或者補充服務對象某方面之不足。

其三，在目的上，志願服務的目的，是為了協助他人，或者為了增進社會大眾的利益，而不是為了謀求志願服務人員本身的利益，或者從中得到金錢、財物的報酬。

一言以蔽之，志願服務必須出於「志願」，不能勉強，而且是為了「服務」他人，而不是圖利自己。

三、從事志願服務的先決條件

志願服務是出於自由意志，個人可以自由選擇服務領域、服務時間、服務地點。不過，在選擇之前，必須衡量自已的一些條件，包括：

1.行有餘力：原則上，志願服務是本自己之有餘，以補服務對象之不足的具體行動。如果依據前述志願服務法所下的定義，一個人

必須具有服務所需的知識、體能、勞力、經驗、技術、時間等，以便服務他人，貢獻社會。原則上，「燃燒自己，照亮別人」，固然可敬，但是「己立立人，己達達人」，則比較健康。換言之，必須自己生活無虞，行有餘力，始能放心參加志願服務。否則，自顧不暇，還要撥出時間和心力來服務別人，不但令人於心不忍，服務工作也可能做得很辛苦，而難以持久。

2.時間管理適當：雖然志願服務不是有閒有錢者的專利，而是有心人的參與，但是參加志願服務總是要付出一些時間。通常，一個人的時間可以大致區分為工作時間、必要時間、自由時間等三個區塊。除了退休人員不再工作而有較多自由時間之外，其他人的自由時間都非常有限。如果，用在志願服務的時間過多，相對的，就會影響到事業、學業、家務等工作時間，以及吃喝、拉撒、睡眠等必要時間，況且自由時間也還有其他用途，例如休閒、運動、訪友、看病、終身學習。這樣加加減減，可以投入志願服務的時間不多，對於全部時間的運用必須適當的規劃及管理，避免因為志願服務而不當地壓縮了其他應有的時間。

3.身體健康：健康的身體是事業成功的基礎，也是從事志願服務的必要條件之一。如果身體不健康，不但沒有體能服務他人，對於服務對象也可能造成感染或其他傷害。偶而，有些志工抱病服務其他病人，或者以自己接受治療及復健的經驗，分享及鼓舞其他有類似遭遇的人，論其犧牲奉獻的精神，固然令人動容，但是不值的鼓勵。因為「留得青山在，不怕沒材燒」，應該先把病痛治好，才有健康的身體，可以把志願服務做好。

4.獲得家人認同：家庭是社會組織的基本單位，每一個人對於家庭都有一份責任，而家人對每一個成員也都有一些期待。在從事志願服務之前，必須先取得家人的了解，獲得家人的認同，否則因為擔任志工而影響家庭生活，就有違志願服務的基本精神。尤其，老人與未成年人參加志願服務，家人可能擔心其安全問題；家庭主婦參加志願服務，家人除了擔心人身安全，也擔心是否影響家務管理。即使青壯人口參加志願服務，家人也可能擔心是否影響事業。所以，任何人參加志願服務都必先獲得家人的認同，這是人之常情，也是一種倫理。

5.正確的人生觀：人生是漫長的，也是短暫的。雖然，人生的長短，不是自己所能決定，但是人生是否過得有意義？有價值？則端視自己如何決定？如何安排？而其關鍵在於他抱持何種人生觀？就志願服務而言，人生以服務為目的，雖然較為高遠，不是一般人所能達成，但是從事志願服務的人，至少應該具備「心中有愛」、「關懷弱勢」、「憂人之憂」、「助人為樂」、「服務為榮」之類的人生觀（陳武雄，2004），才能自動自發、積極、快樂地投入服務工作。

依行政院主計總處最近對於台灣地區國民生活狀況的調查資料，國人未參加志願服務的原因，依序是沒有時間（占53.67%）、沒有想過（占23.62%）、健康不佳（占11.64%）、無法獲得訊息（占6.37%）、沒有伴（占1.94%）、無適合服務的地方（占1,93%）、家人反對（占0.34%）、其他（占0.49%）。由此顯示，除了正確的人生觀之外，行有餘力、時間管理適當、健康的身體、

家人的認同等項，都獲得實證資料的支持。這些，都是從事志願服務的先決條件，否則可能無法參加志願服務。

四、志願服務的內容

衡量自己的條件，可以參加志願服務之後，那麼志願服務的項目有哪些？英國社會政策專家貝佛里奇（Beveridge）曾指出：志願服務就像變形蟲一樣，隨著服務對象需求的不同，而發展出不同的方案，以便提供具有彈性和適切性的服務。瓊絲（Jones）等人則歸納志願服務的工作爲下列幾項（賴兩陽，2002）：

1.直接的慈善服務：志願服務人員直接與服務對象接觸，面對面提供服務，這是志願服務最常見的一種服務行爲。例如，由志工訪視及關懷獨居老人、代民眾填寫資料、協助病人做復健工作、提供圖書服務等，都屬於直接的志願服務。

2.協助機構處理事務：在運用志工的機關、機構或團體之中，協助資料收集、檔案管理、財務會計、接聽電話等行政工作，或者協助運用單位辦理相關活動，包括準備器材、搬運物品、布置會場等庶務性工作，都是屬於志願服務。

3.參加自助性團體：由一些具有相同遭遇或共同需求的人，組成自助性的團體，藉以發揮互助合作、情緒支持、資訊交流、經驗分享等功能，例如智障者家長協會、血友病患者之友會、洗腎病患之友會，都是互助性的團體。加入這些團體，提供服務而不支領薪資，也是一種志願服務。

4.協助募捐：協助公益機構、團體，募捐金錢、物資，也是常見的志願服務行為。例如台灣發生九二一地震之後，有許多人協助慈善單位募捐金錢、生活用品，或者透過義賣，幫助重建區募款，也是志願服務的一種。其中，捐款或募捐的動機，較為複雜，政府通常會另訂法規加以規範。

5.公共服務：政府為提高公共事務的效能，增進社會公益，而運用志工，提供服務，讓志工有機會參與公共事務的運作。目前，台灣地區提供志願服務的公共事務包括：社政、外交、教育、文化、衛生、環保、警察、消防等部門。

6.參加壓力團體的活動：現代社會，有一些利益團體或壓力團體，為了因應社會發展的需求，倡導新興的議題，經常借重志工的力量，協助其散發傳單、參加集會遊行、出席公聽會、說明會。例如董氏基金會倡導戒煙活動，參加此類活動的宣導，事實上就是一種志願服務。

以上所列舉的服務項目，已經不再侷限於傳統的公共服務，而擴及議題倡導與政策影響。無論個別志工或志工團體，都可能參加其中一項或數項，而使得志願服務的內涵更加多元化與多面性發展。不過，在台灣，目前的志願服務聚焦在人力服務方面，至於捐錢、捐血、捐獻物資方面，通常不列入志願服務範疇。

五、從事志願服務的收穫

志願服務是不求回報的助人工作，人們為什麼願意奉獻自己的

時間和心力，去幫助那些「非親非故」的陌生人呢？這就涉及人們參加志願服務的誘因，更具體的說就是人們希望從志願服務之中獲得什麼？

依前引行政院主計總處（2002）台灣地區國民生活狀況調查，國內參加過志願服務的國民認為其主要收穫（可複選），依序為：擴展人生經驗（占25.40%）、肯定自我價值（占22.23%）、結交志同道合的朋友（占18.74%）、改善人際關係（占14.38%）、學習新技能（占8.55%）、發揮潛力與專長（占7.76%）、獲得成就感（占1.03%）、其他（占0.94%），另有少數人表示沒有收穫（占2.97%）。以下擇要闡釋：

1.擴展人生經驗：志願服務不是正式的工作，人們可以在本職工作之餘，依自己的興趣或意願，選擇另外一、二項志願服務的工作，並且從實際參與服務的過程，體會各種不同的工作經驗。尤其，從事志願服務工作，經常接觸到各種不同的人、事、物，比較有機會看到人生的另外一面，或者發現台灣俗語：「一樣米，養出百樣人」，所言不假。這些人生經驗，不但促使個人的人格更臻成熟，也可以增加其社會適應的能力。

2.肯定自我價值：志願服務是一種服務弱勢者的工作，人們之所以參加志願服務，不僅是對於受助者的一種肯定，認為他是值得幫助的人，而且也是對於志工本身的一種肯定，相信自己有能力可以幫助別人。換言之，不經一事，不長一智，做了志工之後，可能發現自己有許多潛能，可以用以協助他人化解疑難，解決問題，因而

更加肯定自己投入志工行列是有意義、有價值的一種選擇。

3.結交志同道合的朋友：從事志願服務的人，有一些共同的特質。大致上，他們都具有愛心、熱心、耐心、好意及樂意，而且比較有親和力與活動力。能夠跟這樣人成為工作夥伴，一起從事志願服務，是令人欣喜的一件事。古人認為人生最快慰的事莫過於：「金榜提名時、洞房花燭夜、他鄉遇故知」，即使在志願服務所結交的朋友不一定是「他鄉遇故知」，但彼此之間能夠同心協力，休戚與共，其有令人快慰的感受，應該無容置疑。

4.改善人際關係：從事志願服務工作，必須與服務對象接觸，並且透過對話、溝通、協調，了解其需求，而提供適切的服務。在這種接觸過程，還必須易地而處，運用同理心、傾聽、澄清、引導之類的技巧，以提高服務的效益。無形之中，學習及運用許多建立人際關係的技巧，對於改善自己與別人相處的關係，有一定程度的幫助。此外，為了服務上的需要，志工必須與各式各樣的人交往，以取得資源，或爭取支持、合作，也比較容易成為通情達理的人。

5.學習新技能：依據志願服務法的規定，為了提高志願服務的效率，保障服務對象的權益，志願服務運用的單位必須為志工辦理基礎訓練及特殊訓練。事實上，運用單位基於服務需要，也會另外為志工辦理在職訓練，或推介志工參加其他相關的講習、訓練或觀摩。從這些教育訓練的活動之中，志工有機會學習一些新的知識和技能，不斷地充實自己，成長自己。即使平常日，志工只要有心，還也可以「從做中學」（learning by doing）。

6.發揮潛力與專長：從事志願服務，是本著自己之所長，以補充他人之不足。也就是利用空閒時間，以自己所擁有的知識、體能、技術、經驗、勞力，去服務有需要的人。通常，透過不斷的服務，不斷的歷練，熟能生巧，自己原有的專長會更加精進，進而發揮出潛在的能力。有時候，志工參加志願服務相關訓練，也有機會學習到一些新的專長，例如，心肺復甦術、交通指揮、諮商輔導、表演藝術、利用廚餘製造有機肥、香皂等，正如俗話所言：「做別人的事，學自己的功夫」。

7.獲得成就感：從事志願服務，無論是協助運用單位推展公共事務，或者直接關懷弱勢，服務人群，凡是真誠付出，必然會產生正面的作用。例如，民眾來機構接洽公務，因為志工的引導而節省時間；低收入的獨居老人，因為志工的送餐服務而解決生活的基本問題；公園、綠地、地下道，因為志工定期維護而常保清新。在這些志願服務之中，志工有一種被需要的感覺，並且從服務的表現，獲得滿足感和成就感。

上面所述，是從事志願服務工作，志工本身可能得到的一些收穫。其實志願服務所能發揮的作用或功能是多重的，無論對於運用單位、志工、社會，都有一些好處，從而達到「多贏」的效果。申言之，志願服務的主要功能包括（利明坤，2001；朱麗蓉，2004）：

⑴支持的功能：透過志願服務，支持公共事務的推動，擴大服務效果。

(2)補充的功能：由志工協助輔助性工作，讓專業人力得以充分發展。

(3)替代的功能：有些人依規定無法得到政府協助，可由志願服務替代。

(4)保護的功能：志工就近、及時保護弱勢者，使傷害降到最低。

(5)提昇的功能：某些議題透過志工倡導，提昇社會參與的機會及效能。

(6)實用的功能：針對服務對象的需求，提供適切的服務，發揮實際效用。

六、從事志願服務應有的態度

志願服務既然是出於自己的意願，必須把握志願服務的基本精神，以免有所偏失。在參加志願服務時，應該持有的基本態度，包括：

1.保持喜悅的心情：志願服務是出於個人的自由意志，斷非外力所能強迫，因而可以本著「擇你所愛，愛你所擇」的心意，從中獲得心靈的快樂和滿足，正如俗話所言：「歡喜做，甘願受」。這種自由選擇，也意味著志工有獨立思考的能力，知道受助者需要何項服務？也知道自己有何專長可以在這項服務上奉獻心力。

2.量力而為：志願服務是一種非正式的工作，也就是利用自己剩

餘的部分時間提供服務，應該量力而為，有多少時間，就付出多少時間，有多少能力，就做多少服務，千萬不要超出自己的負荷，給自己帶來太多的壓力。有些志工為了服務別人，反而誤了本身原有的工作，或者因而忽略了家庭的經營，那可能就是不自量力，得不償失。

3.就近服務：志願服務是部分時間的付出，適合於在所處的社區就近服務，不必捨近求遠。況且，從事志願服務工作，應該先關心本地方的事務，照顧本地方的弱勢者，行有餘力再擴及其他，這才合乎社會正義。否則，捨近求遠，不但有悖常理，在時間上與安全上都可能增加一些不必要的負擔。

4.積極參與團隊的活動：志願服務不是單打獨鬥的工作，而是一種群策群力的團隊活動，通常透過團隊的組織，有計畫、有方法、有步驟，適時提供必要的服務，藉以達成預期目標，並延續服務成效。所以，志願服務不是有做就好，既然要做，就應積極參與團隊的活動，克盡一己之力，使服務工作做得更好。

5.幫助別人幫助他自己：志願服務常常是雪中送炭，而不是錦上添花的工作。志工為有需要者提供服務，應該是受助者所獲得的好處，大於志工本身的成長，才是合理。因此，從事志願服務，應該優先幫助別人完成心願，不能只顧完成志工自己想服務的心願。

志願服務是一份心意和行動，正確的服務態度最為重要。如果就「態度」（attitude）一詞的英文字母加以解析，將A到Z分別給予1至26分（A = 1, B = 2, … Z = 26），則態度（attitude）的總分是100分，

比努力（hardwork）的98分、知識（knowledge）的96分都來得高。我們可以說：正確的服務態度，是左右志願服務成敗的關鍵因素。

七、結語

隨著時代的變遷，志願服務也可能有各種的不同的內容和涵義，但是，志願服務的基本精神，無非在關懷社會，服務弱勢，以增進社會公益。

即使，從事志願服務的人，可能是一個很平凡的人，而其所做的服務工作，也可能是很簡單的工作，但是其所產生的影響，可能既深且遠。

在國外，史懷哲（Albert Schweitzer，1875～1965）是一位非常有愛心的醫師，他寧願放棄高薪，而留在非洲爲當地貧民服務。史懷哲在自傳中曾說：：「當有一天，我離開這裡時，這裡比我來的時候更美麗，因爲，我愛過了。」這句話，可以視爲志願服務意涵的最佳註腳。

在台灣，證嚴法師是一個非常有愛心的出家人，她以身作則，帶領一群慈濟功德會的志工，致力於慈善、教育、醫療、人文等四大志業。證嚴法師在其思語錄中曾說：「其他都可以等待，孝親和行善必須及時」。這句話，將志願服務與孝順父母相提並論，而且鼓勵人們及時去做，爲志願服務的內涵提供了另一種詮釋。

雖然，我們不是聖人，可能只是一般凡夫俗子，但是，舜何人也，禹何人也，有爲者，亦若是。

2-2 志願服務的倫理

一、前言

台灣有一句俗話：「人不照倫理，天不照甲子。」意思是說，人如果不依照倫理行事，就好像天體不照甲子運行，春天不像春天，冬天不像冬天，整個秩序都亂了。同樣的道理，從事志願服務的人，也要有遵照一定的倫理，才不會出亂子，也才不致於變成越幫越忙。

志願服務倫理是「倫理」的一種。「倫理」的「倫」，是指人倫；「理」是指道理。倫理就是人與人之間合理的行為。例如，五倫之中的「君臣有義」，在現代是指上司與部屬之間的關係，合理的行為是上司以身作則，部屬服從領導。如果部屬當眾頂撞上司，或者擅自越權，就不合道理，甚至可以說是「不倫不類」。

現在，將「倫理」用於「志願服務」，就是指志工與相關人員之間合理的行為。例如，就運用單位的立場來說，志工來到機構，應該是來「逗手腳」（服務）的，而不是來「做頭家」的。

志工在參加志願服務的過程，經常會接觸的人物，包括服務對象、運用單位有關人士、志工夥伴，社會大眾，還有自己的家人。志工與這些人之間，都應該有一定的倫理，其相互關係如圖2-2-1：

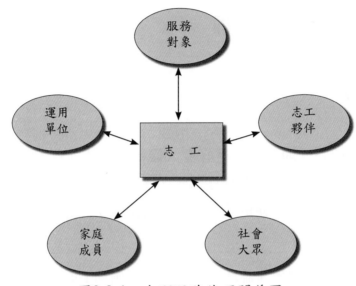

圖2-2-1　　志願服務倫理關係圖

資料來源：自編。

　　本文首先說明志願服務倫理的必要性，接著分爲五方面闡釋志願服務倫理的重點，最後提出志願服務倫理的實踐途徑。

二、志願服務倫理的必要性

　　每一行都有行規，沒有規矩，不成方圓。行規，就是各行各業的「行」爲「規」範，也就是倫理。尤其，服務人群的工作，必須講究倫理。例如，醫生的倫理強調「救人爲先」，不可「草菅人命」；教師的倫理強調「有教無類」，不可「誤人子弟」。同理，志工必須講究志願服務倫理，其主要理由是：

1.為了維護服務對象的權益：就服務對象而言，志工的存在，就是為了服務有需要的人。因此，對於志工的言行舉止，必須有一定的倫理，加以規範，藉以維護服務對象應有的權益。否則，任由志工為所欲為，有時難免傷害到服務對象，失去志願服務存在的意義。

2.為了提高服務機構的績效：就服務機構而言，其運用志工的目的乃在提高公共事務的效能，或增進社會公益。因此，為了使志願服務做得更好，必須建立適當的倫理規範，使志工有所依循。否則，志工各行其是，步調不一，必然影響運用單位的服務績效。

3.為了確定志工本身的分際：就志工本身而言，參加志願服務，無非是希望做一些有意義的事。如果志工要使自己所做的事有其意義，則必須知道自己的倫理，了解行為的規範，有所為，有所不為。凡是可以做的事，全力以赴；不可以做的事，敬而遠之。這樣，行事有分際，服務有意義，才不致背離自己擔任志工的初衷。

4.為了增進志工夥伴的和諧：就志工夥伴而言，加入志工團隊，目的就在分工合作，結合眾人的力量，擴大服務的效果。既言分工，就應依據倫理，各自善盡職責；既言合作，則個別志工必須蠲棄己見，而與其他志工夥伴同心協力，共赴事功。否則，不守倫理，同室操戈，不僅破壞和諧快樂的夥伴關係，而且影響整體志願服務的績效。

此外，志工如果能夠恪遵志願服務倫理的要求，社會大眾對志願服務產生敬佩之心，無論對於志工形象的塑造，或者對於志願服

務的推展，都有正面的促進作用。

尤其，志願服務法施行之後，對志工有許多激勵措施，如果沒有合理的倫理規範，容易成為追逐名利的誘因，污染志工清新的形象。

三、志工與服務對象之間的倫理

志工的工作，主要是在關懷他人，提供服務。志工對於服務對象，應有的倫理包括：

1.誠心提供服務：在浩瀚的大海中，那有不起漣漪？不起風暴的？在人生的過程中，任何人都有遇到困難的時候，因而志工對於服務對象，應該將心比心，真心關懷，熱忱付出，及時伸出援手。一般而言，社會的弱勢者對於自己的處境不如人，需要別人幫助，往往會有一種挫折、自責、沮喪、無助的情緒反應。此時此刻，最期待的可能是他人溫馨的關懷，及時的服務。雖然，志工能夠幫助的可能很有限，但是台灣有一句俗諺說：「有誠意，那怕是一杯白開水，喝起來也覺得格外甜美」，只要志工能夠真心關懷，誠意服務，還是會令人感動的。這一項相關的志工倫理守則如下：

倫理守則	第一條：我願誠心奉獻，持之以恆，不無疾而終。
釋義	志工應該誠心提供服務，並且持之以恆，幫人幫到底，「送佛送到西天」，避免為德不卒，無疾而終。

2.尊重自我決定：志願服務是一種助人的工作，也就是由志工從旁協助服務對象析解疑難，或者幫忙處理一些事情。既然志工只是從旁協助，就不太適合於代人決定，而應尊重當事人的意見。況且，每一個人都有無限的潛能，如果服務對象自己或者他的家人能夠做的事，志工不一定要介入幫忙，而應該鼓勵他們自助、自立，也讓志工省下一些時間和心力，可以轉而幫助其他有需要的人。這一項相關的志工倫理守則如下：

倫理守則	第五條：我願耐心建言，尊重意見，不越俎代庖。
釋義	志工的立場是提供建言，至於接納與否，還是要尊重服務對象的意見，絕對不可逾越志工本分，而代作決定。

3.避免傷害自尊：「一枝草，一點露」，每個人的生命都是可貴的，每個人與生俱來的人格尊嚴都應該受到尊重。換言之，任何人都有自尊心，也都期待受到尊重，志工如此，其服務的對象也是如此。所以，志工在服務過程中，應該全力維護服務對象的尊嚴，避免傷害他們的自尊。雖然，你不可能喜歡所有的服務對象，就如同服務對象不可能全部都喜歡你，但是志工提供服務時，還是應該摒棄個人的好惡，大公無私，平等對待。這一項相關的志工倫理守則如下：

倫理守則	第四條：我願客觀超然，堅守立場，不感情用事。
釋義	志工對於任何服務對象，都應該保持客觀超然的態度，針對其需要而提供服務，絕對避免感情用事，對其一時的偏差表示厭惡。

4.避免侵犯隱私：志願服務要有成效，在志工與服務對象之間必先建立互信的關係，而互信的前提條件，就是尊重雙方的隱私。一方面，志工沒有必要向服務對象訴說自己的私事；另一方面，志工也不應介入服務對象個人的私事。有時，志工由於服務上的需要，在服務過程中可能會知道服務對象的一些私事或秘密，則應加以保密。如果，志工有意或無意間洩露秘密，試想服務對象的感受如何？他還會再相信你嗎？其實，在背後揭人隱私，是不道德的，志工應避免這種行為。這一項相關的志工倫理守則如下：

倫理守則	第十一條：我願尊重他人，維護隱私，不輕諾失信。
釋義	志工應該盡力維護個人隱私，凡是在服務過程中所獲得的相關訊息，絕對不向不相干的人透露。尤其，服務對象如果要求志工對某件事保密，則志工一定要信守承諾，守口如瓶，否則一旦秘密外洩，則信用破產，服務工作可能就因此而壽終正寢。

四、志工與運用單位之間的倫理

志工通常是報名參加運用單位的招募，經過遴選、訓練、實習之後，正式展開服務。志工與運用單位之間也有一些必要的倫理：

1.虛心接受指導：志願服務是部分時間的參與，不是專職的工作；志工可能具有某方面的興趣和專長，但不一定具備服務所需的專業知識和技能，所以志工在服務過程應該接受機構相關人員的指導，把服務工作做得更好。目前，依據志願服務法之規定，運用單位必須指定專人督導志工，其目的就在幫助志工，使志願服務順利運作。因此，志工不妨掌握機會，主動請益，並且虛心接受指導，

相信機構的人也會尊重志工，並給予善意的回應。偶而，有極少數志工自以為學驗俱豐，而不願意接受指導。其實，放下布袋，反而自由自在；放空之後，得到的可能更多。這一項相關的志工倫理守則如下：

倫理守則	第六條：我願學習成長，汲取新知，不故步自封。
釋義	任何志工都應放下身段，虛心學習志願服務有關的新知識、新技能，否則故步自封，沒有長進，不但容易因為服務效果不佳而產生倦怠，而且也可能跟不上社會進步的脈動而被揚棄。

2.履行交辦事項：志工之所以參與志願服務，應該是想做一些有意義的事，而運用單位之所以運用志工，應該也是想借重志工的協助，來提高公共事務的效能，以及增進社會公益。所以，志工與機構兩者的目標是一致的，應該相互配合，達成使命。況且，志願服務是出於個人的自由意志，立基於自己的意願，自行選擇服務單位和服務項目，而不是機構所能強迫的。因此，志工對於運用單位所安排的服務工作，必須欣然接受，並且盡忠職守，如期完成交付的任務，既不推諉，也不敷衍。這樣，對於自己、對於運用單位才有所交代。否則，尸位素餐，掛名不做事，不僅有違倫理，似乎也不符「志願」和「服務」的本意。這一項相關的志工倫理守則如下：

倫理守則	第七條：我願忠心職守，認真負責，不敷衍應付。
釋義	志工既然受人之託，就應該忠人之事，負「責」任、守「信」用，有責信（accountability）地完成機構所交付的任務，而不是虛應故事。

3.避免擅作主張：通常，運用單位的設立都有其宗旨和政策，相關業務的運作也有一定的規範和程序，志工在參與服務的過程，必須了解運用單位的相關規定，盡量依照規定辦理，避免喧賓奪主，擅作主張，否則容易引起困擾。如果，志工對於志願服務相關事項有所建言，也應該循合理的程序提出，相信運用單位也會博採周諮，兼聽不蔽。但是還沒有調整規定之前，志工仍應遵循辦理，沒有例外。這一項相關的志工倫理守則如下：

志工倫理守則	第八條：我願配合志願服務運用單位，遵守規則，不喧賓奪主。
釋義	志工的角色是配合機構的需求，依循機構的規定而提供輔助性的服務，否則，志工自以為是，各行其事，可能就會變成「幫倒忙」，像台灣俚語所說「生雞蛋，無；放雞屎，有」。有，不如無。

五、志工與志工夥伴之間的倫理

現代的志願服務，講究團隊工作，志工常須與其他志工一起服務，因而志工與志工之間也有一定的倫理：

1.彼此互相尊重：「德不孤，必有鄰」。志工能夠與同樣具有愛心、熱心、志同道合的夥伴，一起從事志願服務，這是一種難得的機遇，也是一種巧妙的緣份。有緣共事，大家應該珍惜。因此，志工夥伴在平日相處，應該輕聲細語不鬥氣；如果有事，也能夠相互幫助、相互支持、相互包容、相互打氣。至於資深志工與新進志工之間的關係，依據常理，新進志工應該尊重資深志工早期所建立的典章制度，並且虛心向前輩學習、請益。相對的，資深志工對新進

志工，應該多予鼓勵，多予提攜，並且不吝傳授經驗，適時指點迷津，千萬不可倚老賣老，欺侮「菜鳥志工」。畢竟，你會老，我會老，相互尊重不可少。這一項相關的志工倫理守則如下：

倫理守則	第五條：我願耐心建言，尊重意見，不越俎代庖。
釋義	志工對於工作夥伴，彼此之間應該相互尊重，沒有對方同意或授權，不可冒然代行其事，以免引起衝突，破壞團隊和諧。

2.凡事溝通協調：也許，志工的出身不一，背景互異，對於處理事務的觀點和方式可能有所不同，然而他們對於志願服務的熱誠和付出，彼此之間應該沒有多大差異才是。在這樣的基礎上，志工與志工之間，對於志願服務的相關事務，應該沒有什麼是不可以商量的。其實，志工之間本來就應該多溝通，多協調，凝聚共識，然後分工合作，共赴事功。有時候，某些志工對於服務事項的處理方式有其獨到的見解，也很希望其他志工能夠照他的意思去做，但他應該考量到大家都是志工，並無主從關係，總不好強人所難吧？即使，他是志工團隊的領導幹部，照道理也應該透過民主程序，進行溝通協調，藉以爭取其他志工的認同與支持，這才是合理的行為。否則，剛愎自用，一意孤行，其結局會是如何，不難想像得知。這一項相關的志工倫理守則如下：

倫理守則	第九條：我願熱心待人，調和關係，不惹事生非。
釋義	志工對待同事，應該以和為貴，凡事包容，避免挑撥是非，相互傾軋，傷害團隊合作的精神。

3.避免私事介入：志工與志工，是志願服務的工作夥伴，其主要關係是工作關係，其所共同面對的，也是公共事務或社會公益，所以合理的做法應該是公私分明，不要有任何私事摻雜其間，以免引發不必要的困擾。具體的說，志工與志工之間，固然必須互助合作，調和關係，但是合作與調和的事項，應該以服務工作為主要考量，而不宜無限上綱，擴及個人的私事，或者有金錢上、商業上、政治上、宗教上的企圖。換言之，志工在服務時間必須專注服務，心無旁騖，更不應該利用志工夥伴的關係來獲取個人的利益。這一項相關的志工倫理守則如下：

志工倫理守則	第十二條：我願珍惜資源，拒謀私利，不牽涉政治、宗教、商業行為。
釋義	志工對同事應該以「公務」或「服務」為重，正其誼不謀其利，明其道不計其功，尤其在志願服務的場合，不應該為了個人利益而有幫人助選、傳教、拉保險、做生意等行為。否則，不僅讓同事為難，也可能因為動機不純而讓同事感到不屑。

4.避免爭功諉過：本質上，志願服務是誠心奉獻，不求回報的工作。而且，志願服務所強調的是服務利他的心意，是點點滴滴的付出，大家只問對服務工作是否盡了力？應該沒有什麼功勞可以爭取，也沒有什麼過錯可以推諉。不過，為了肯定志工的付出，為了激勵志工的士氣，運用單位通常會定期或不定期辦理績優志工的獎勵表揚。不容諱言，偶而有少數志工相當在意自己是否獲得獎勵，甚至處心積慮，志在必得。其實，比較合理的作法，應該是自己加倍努力，以服務工作的表現來爭取肯定；至於不合理的作法，則是各顯神通，不一而足，很容易就會發生有功大家爭，有過大家推的

現象。結果，不但破壞了志工夥伴之間的感情，而且傷害到整個團隊的形象。即便如此，我們寧可認為其他志工會說我的不是，應該也是一番好意，而其他志工能夠獲得獎勵，也是我們大家的榮譽，應該向他恭喜。有一位志工說得好：你損我，我不生氣；你誇我，我加倍努力（台南市志願服務協會，2000）。這一項相關的志工倫理守則如下：

倫理守則	第九條：我熱心待人，調和關係，不惹事生非。
釋義	志工對同事應該以誠相待，和睦共處，不要成為麻煩的製造者（trouble marker），讓同事感到討厭，那就是自取其辱，何苦來哉！

六、志工與社會大眾之間的倫理

志願服務的最終目的，乃在提高公共事務效能及增進社會公益，因而社會大眾對志工也有許多期待，兩者之間亦有若干倫理：

1.維護社會公益：志願服務是社會進步的產物，隨著社會變遷而不斷發展。當前的志願服務，除了承續傳統上助人、互助的理念之外，特別強調社會參與。志工面對這種發展，必須有所因應，才是合理。其實，無論助人、互助或社會重要議題的參與，其目的無非是為了維護社會的公平、正義，讓社會之中一時處於不利地位的人群，也能夠及時獲得必要的關懷和協助。基於此種理念，志工應體會「服務」的真義。服務是一種「利他」的行為，不是為了「利己」，如果志工一味追求個人名利，罔顧社會公益，就是本末倒置，也是不道德的行為。這一項相關的志工倫理守則如下：

倫理守則	第十條：我願肯定自我，實現理想，不好高騖遠。
釋義	擔任志工就應該肯定自己有意願，也有能力，可以幫助弱勢者解決問題，滿足需求，進而促進社會融和（social inclusion），減少社會排除（social exclusion）的現象。

2.發揮影響力量：志願服務不是有閒人的專利，而是有心人的參與。如果有心要把志願服務做得更好，讓更多的人獲得好處，則除了「兄弟爬山，各自努力」之外，尚應發揮其影響力量，致力於打造溫馨的社會。也許，每一個人參與志願服務的動機有所不同，在其參加服務之後的收穫和感受也各異其趣，但是任何志工在參與服務的過程，多多少少都會獲得一些經驗。這些經驗，不論是成功或失敗，喜樂或憂傷，都是彌足珍貴的，也都是從社會之中所獲得。基於「取之社會，用之社會」的邏輯，志工應該有責任對社會作出一些回饋，至少應該不吝將自己的經驗傳承給其他人，作為社會大眾參與志願服務的參考。其中，美好的經驗，發揚光大；慘痛的經驗，提醒注意，都是功德無量。這一項相關的志工倫理守則如下：

倫理守則	第二條：我願付出所餘，助人不足，不貪求名利。
釋義	如果，每個志工都能夠無私、無我，犧牲、奉獻，付出其所擁有的知識、體能、經驗、技術、勞力、時間，去幫助有需要的人，而且不求回報，則影響所及，風吹草偃，可望逐步形成一種服務的風氣，促使社會更加祥和、安樂。

3.避免沽名釣譽：長久以來，志願服務被社會大眾認為是做好事，連帶著，從事志願服務的人，也被認為是好人，甚至稱讚志工所作所為，都是善行義舉。所以，志工一旦投入志願服務行列，

除了自己誠心奉獻，持之以恆之外，對於社會還有一個責任，那就是與運用單位及志工夥伴共同塑造優質的志願服務文化，維護志願服務的正面形象。尤其，對於容易引起沽名釣譽之嫌的行為，譬如口是心非、光說不練、自抬身價、享受特權、眼高手低、斤斤計較等等（陳武雄，2015），都應列為志工的禁忌，以免破壞志工的信譽。這一項相關的志工倫理守則如下：

倫理守則	第三條：我願專心服務，實事求是，不享受特權
釋義	志工應該配合運用單位所安排的服務項目，腳踏實地，一步一腳印，一劍一刻痕，真正落實服務工作，而不是「掛羊頭，賣狗肉」，或者像台灣俚語所說：「提著籃子，假裝燒香」。否則，就是欺世盜名，污辱「服務」之美名，必為社會大眾所不齒。

七、志工與家庭成員之間的倫理

家庭是社會的基本組織，志工從家庭出去服務，服務之後又回到家庭，家庭成員對志工也有許多倫理方面的期待：

1.告知服務行蹤：《論語》有言：「父母在，不遠遊，遊必有方。」這句話雖然不一定完全適用於現代家庭，但是家人外出參焦志願服務，向其他成員說一聲，應該是一種基本的禮貌，也是家庭倫理的一環。經常，我們可以看到孩子向父母說：「我想出去一下」，他的父母就會關心地問：「去哪裡？做什麼？什麼時候回來？」所以，當我們要出去參加志願服務的時候，是否也應該考慮到家人會關心，而將自己的行蹤告訴家人？以免他們擔心，如果臨時有事，也可以立刻聯絡。至於告知的對象，可以是自己的父母、

配偶、子女或家庭其他成員。尤其，夫妻不能「互欺」，誠實才是唯一。何況，做志工是好事，好事就不怕人家知道，豈有瞞著家人偷偷做志工的道理？

2.共享服務樂趣：俄國小說家托爾斯泰（Leo Tolstoy，1828～1910）有一句名言：「幸福的家庭都是一個樣，不幸的家庭各式各樣。」他筆下所描述的幸福家庭是：父母與子女齊聚一堂，有說有笑，享受天倫，其樂也融融。如同前述情況，當我們外出做志願服務工作，家人除了關心我們的行蹤和安全，大概也會關心我們做了些什麼？有什麼收穫？所以，易地而處，我們在參加志願服務之後，是否也應該將自己的心得或樂趣，利用茶餘飯後，主動提出來與家人分享？有人說：快樂的事，告訴別人，快樂會增加好幾倍；痛苦的事，告訴別人，痛苦會減少一些。因為，快樂，大家可以分享；痛苦，大家可以分擔，或者幫你化解。

3.避免本末倒置：基本上，志願服務是一個人在本分工作之餘，以剩下來的時間、體力，用自己的知能、技術、經驗去服務他人。所謂「本分工作」，在學生，是讀書、學一技之長；在家庭主婦，是張羅三餐、做家事；在上班族，是奉公守法，辦理公務；在退休老人，是休閒、保健。其合理的做法，應該是以本分工作為優先考量，如果行有餘力，才參加志願服務，否則本末倒置，將不知伊於胡底？

上述有關志工與家庭成員之間的倫理，其相關的志工倫理守則如下：

倫理守則	第十條：我願肯定自我，實踐理想，不好高騖遠。
釋義	1. 告知服務行蹤：除了表示對家人的尊重之外，也可以視為肯定自我，是真心從事服務工作，沒有欺瞞家人，不怕暴露自己的行蹤； 2. 共享服務樂趣：是本於「同甘共苦」的理想，願意跟家人共同分享服務的樂趣，即使在服務過程中有不如意的事，也願意跟家人訴說，尋求情緒支持。 3. 避免本末倒置：就是不好高騖遠，知道能先服務自己的家人，然後才能服務他人。例如，只知服務養老院的老人，卻置自己生病的老母親於不顧，這是不合情，也不合理，當然更不合倫理。

八、志願服務倫理的實踐途徑

倫理，是人與人之間合理的行為。志工對於自己與相關人員之間的行為是否合理？必須要有所認知，同時，對於如何行為？也不能忽略。其中，有關志願服務倫理的實踐，主要途徑有二：

1.志工的自我修行：物有本末，事有終始，知所先後，則近道矣。志願服務倫理的實踐，不必捨近求遠，可以從家庭的日常生活之中做起，其具體的做法，一是修己，二是善群。修己是一切倫理規範的基石，志工在家庭生活中，無論食、衣、住、行，或者灑掃、應對、進退，都應該要求自己遵循一定的倫理。至於善群，則是維持人際關係的良方，志工必先愛自己的家人，乃能愛別人的家人；必先敬自己的家人，乃能敬別人的家人。雖然，誠意、正心、修身、齊家、治國、平天下，好像是一種理想，非常高遠。其實，誠意和正心，正是志願服務的精義，而修身和齊家，又是服務他人的前提，試想：「一室之不治，何以天下國家為？」

2.團隊的相互約束：要實踐志願服務倫理，志工個人的修行，固然不可或缺，但是，志願服務不只是志工個人的事，還會涉及運用

單位、志工夥伴、社會大眾，以及自己的家人，因此還必須有共同遵守的倫理守則。目前，依據志願服務法第十五條之規定，中央主管機關衛福部已訂頒「志工倫理守則」一種，做爲全國志工共同的倫理守則。然而，不同領域的志工，對於倫理需求可能不盡相同，例如，醫院志工與環保志工的服務對象不同，倫理守則必須有所區隔才合道理。所以，各運用志工的單位尚應審視實情，與志工團隊共同研訂屬於志工團隊自己的倫理守則，並共同遵守，相互約束。當然，徒有倫理守則也不足以自行，還必須借助於志工團隊的相互砥礪，加上志工督導制度的確實執行，方克有成。

　　總之，志願服務倫理，必須眞知，更應力行，並且經由內在的自律與外在的他律，使其眞正落實於服務之中，進而達成促進社會公益的最高目的。

2-3　志願服務法規之認識

一、前言

　　台灣推動志願服務的立法工作，已有多年歷史。一九八九年，台灣師大教授陸光接受政府委託，研擬「社會福利志願服務法」草案，可惜缺乏大力推動，未能進入立程序。一九九七年，立法委員羅傳進等十二人提案建議行政院研訂「志願服務法案」，以鼓勵青年參與志工服務，也未獲具體回應。

一九九九年，立法委員江綺雯草擬「志願服務法」草案，並在相關說帖中，提出志願服務立法的必要性，一方面是由於台灣發生九二一大地震之後，志工及社會資源大量湧入災區，但沒有相關的法律規範，以致呈現多頭馬車狀態，造成資源浪費，而亟需協調整合。另一方面由於聯合國已宣布二○○一年為國際志工年，台灣如能通過相關法案，可以提昇我國重視志願服務的形象。

於是，江綺雯乃透過立法委員六十六人連署提案訂定「志願服務法」，經立法院三讀通過，並由總統於二○○一年一月二十日公布實施，這是我國推動志願服務的母法。另外，為了實際執行之需要，衛福部又依志願服務法之規定，訂頒七種子法。以下針對志願服務法的要點加以分析，必要時附加相關子法的說明，並將衛福部對於相關法規疑義問題的解釋，列表呈現。最後，從志工立場探討志願服務法修法的問題，以期能夠對志願服務法規提供一個比較完整的認識。

二、立法目的及適用範圍

志願服務法的立法目的及適用範圍，在志願服務法第一條、第二條、第三條及第二十四條有明文規定。

1.立法目的：志願服務法第一條指出：為整合社會人力資源，使願意投入志願服務工作之國民力量做最有效之運用，以發揚志願服務美德，促進社會各項建設及提昇國民生活素質，特制定本法。由此可知，志願服務立法有五個目的：

⑴整合社會人力資源。

⑵有效運用志工力量。

⑶發揚志願服務美德。

⑷促進社會各項建設。

⑸提昇國民生活素質。

　　2.適用範圍：志願服務法第二條指出：本法之適用範圍為經主管機關或目的事業主管機關主辦或經其備查符合公眾利益之服務計畫。前項所指之服務計畫不包括單純、偶發，基於家庭或友誼原因而執行之志願服務。第三條指出：志願服務：民眾出於自由意志，非基於個人義務或法律責任，秉誠心以知識、體能、經驗、技術、時間等貢獻社會，不以獲取報酬為目的，以提高公共事務效能及增進社會公益所為之各項輔助性服務。另外，第二十四條指出：志願服務運用單位派遣志工前往國外從事志願服務工作，其服務計畫經主管機關及目的事業主管機關備查者，適用本法之規定。由此可知，志願服務的適用範圍包括：

⑴主管機關或目的事業主管機關主辦的服務計畫。

⑵經主管機關或目的事業主管機關備查之服務計畫。

⑶經主管機關及目的事業主管機關備查之國外服務計畫。

⑷民眾出於自由意志貢獻社會之各項輔助性服務。

　　相對的，民間自動自發的服務工作，沒有志願服務計畫，或者有志願服務計畫而未經相關機關備查，都不適用志願服務法的相關規定。另外，單純、偶發，基於家庭或友誼原因而執行的志願服務，或者民眾基於個人義務或法律責任而進行的服務工作，也不適用志願服務法的相關規定。

　　其中，在適用範圍方面，衛福部曾經針對一些疑義問題提出說明，茲摘錄如表2-3-1：

表2-3-1　志願服務法適用範圍疑義及說明

疑義	說明
1. 運用單位擬定之方案或計畫是否適用志願服務法？	如經衛福部及其目的事業主管機關備查符合公眾利益之服務計畫後即適用。
2. 救國團各縣市、鄉鎮市團務委員會可否視同志願服務運用單位？	縣市、鄉鎮市團務委員會為救國團內部分支單位，非屬立案團體，不得為志願服務運用單位。
3. 義勇警察、義勇交通警察、義勇刑事警察及民防隊是否適用志願服務法？	因其召募及組隊、權利義務由民防法及相關規定中規範，且具一定之強制性，迥異於志願服務所具有之自由意志。

資料來源：衛福部社救司（2014）。志願服務法釋義彙集。

三、主管機關的權責

　　在台灣，志願服務的業務是由政府機關主管，並且區分為主管機關與目的事業主管機關兩類。其中，主管機關是依志願服務法第四條規定：在中央為衛福部；在直轄市為直轄市政府；在縣（市）為縣（市）政府。目的事業主管機關亦依志願服務規定：凡主管相關社會服務、教育、輔導、文化、科學、體育、消防救難、交通安全、環境保護、衛生保健、合作發展、經濟、研究、志工人力之開

發、聯合活動之發展以及志願服務之提昇等公眾利益工作之機關。無論主管機關或目的事業主管機關，依志願服務法第四條、第五條、第二十三條之規定，有下列權責：

1.規劃及辦理志工業務：規劃及辦理有關志工之召募、教育訓練、獎勵表揚、福利、保障、宣導與申訴等事項。

2.設置專責人員：應置專責人員辦理志願服務相關事宜，其人數視實際業務需要而定。

3.編列預算：應編列預算或結合社會資源，辦理推動志願服務。

4.召開會報：為整合規劃、研究、協調及開拓社會資源、創新社會服務項目相關事宜，應召開志願服務會報。

5.聯繫輔導：對志願服務運用單位，應加強聯繫輔導並給予必要之協助。

此外，主管機關（衛福部、社會局）還有兩項重要職責：一是綜合規劃志願服務事項，二是當其主管的社會福利服務，有涉及二個以上目的事業主管機關之服務時，必須進行工作協調。

在上述權責之中，有關志工召募方面，衛福部曾經針對疑義問題提出說明，茲摘錄如表2-3-2：

表2-3-2　志工召募疑義及說明

疑義	說明
1. 是否可以套用『志願服務法』來招募大專院校學生擔任業務解說服務人員？	各運用單位所需之志工，各有不同條件限制，應將各項召募條件明定於計畫中並予公告。
2. 如運用學生從事志願服務工作，是否應與學校簽訂服務協議？	如非學校全體學生集體從事志願服務工作，可不簽訂服務協議，惟雙方簽訂協議，有助釐清權利義務，避免爭議。

資料來源：衛福部社救司（2014）。志願服務法釋義彙集。

四、志願服務運用單位的職責

依據志願服務法第三條規定，志願服務運用單位是指：運用志工之機關、機構、學校、法人或經政府立案團體。這些運用單位依志願服務法相關規定有下列職責：

1.訂定計畫及招募志工：志願服務運用單位應依志願服務計畫，運用志願服務人員。前項志願服務計畫應包括：志願服務人員之招募、訓練、管理、運用、輔導、考核及其服務項目（第七條）。志願服務運用單位得自行或採聯合方式招募志工，招募時，應將志願服務計畫公告。集體從事志願服務之公、民營事業團體，應與志願服務運用單位簽訂服務協議（第六條）。必須具專門執業證照之工作，應由具證照之志工為之（第十三條）。

2.定期函報計畫與成果：事前備案，事後備查。

⑴運用前：檢具志願服務計畫及立案登記證書影本，送主管機關及該志願服務計畫目的事業主管機關備案（運用單位為政府機關、機構、公立學校或章程所載存立目的與志願服務計

畫相符者，免於運用前申請備案）。

⑵結束後：應於運用結束後二個月內（運用期間在二年以上者，應於年度結束後二個月內），將志願服務計畫辦理情形函報主管機關及該志願服務計畫目的事業主管機關備查。

⑶未依前二項規定辦理備案或備查時，志願服務計畫目的事業主管機關應不予經費補助，並作爲服務績效考核之參據。

3.辦理志工訓練：爲提昇志願服務工作品質，保障受服務者之權益，志願服務運用單位應對志工辦理下列教育訓練：⑴基礎訓練，⑵特殊訓練。基礎訓練課程，由中央主管機關定之；特殊訓練課程，由各目的事業主管機關或各志願服務運用單位依其個別需求自行訂定（第九條）。

4.注意服務環境：應依照志工之工作內容與特點，確保志工在符合安全及衛生之適當環境下進行服務（第十條）。

5.提供必要訊息：應提供志工必要之資訊（第十一條）。

6.指定專人督導：指定專人負責志願服務之督導（第十一條）。

7.發給服務證及紀錄冊：對其志工應發給志願服務證及服務紀錄冊（第十二條）。有關於志願服務證及服務紀錄冊的發給，內政部已訂頒「志願服務證及服務記錄冊管理辦法」，規定志工完成教育訓練者，志願服務運用單位應發給志願服務證及服務記錄冊。至於志願服務證及服務記錄冊的內容、格式、使用、保管等，都有規定。

8.對於過失行爲有法律責任：志工依志願服務運用單位之指示進行志願服務時，因故意或過失不法侵害他人權利者，由志願服務運用單位負損害賠償責任。前項情形，志工有故意或重大過失時，賠償之志願服務運用單位對之有求償權（第二十二條）。

在上述權責之中，有關志工訓練與志願服務記錄冊方面，內政部曾經針對疑義問題提充說明，茲摘錄如表2-3-3：

表2-3-3　志工訓練設程與記錄冊之疑義及說明

疑義	說明
1. 各縣（市）政府社會局及志願服務運用單位可否自行訂定特殊訓練課程？	衛福部已發布社會福利類志工特殊訓練課程，社會局及運用單位應參考辦理。如因服務工作之考量，得再訂定特殊教育訓練課程。
2. 地政事務所志工如已具有地政士資格，是否仍須接受特殊訓練？	如具專業資格之志工，已精通地政專業法令及實務，得免除特殊訓練部分課程之訓練。
3. 同時於不同單位擔任志工，志願服務紀錄冊如何申領？遺失如何辦理補發？	志工可擇一單位領志願服務紀錄冊。紀錄冊如有損壞或遺失，向原申請單位申請補發，並沿用原編號。
4. 志工未完成教育訓練可否申請志願服務紀錄冊？	未完成教育訓練者，運用單位依規定不應發給志願服務證及服務紀錄冊。
5. 學生於寒暑假期間從事短期性服務可否發給紀錄冊或服務證明？	學生如從事短期服務，而未依志願服務法規定取得志工資格，自不得發給紀錄冊或志願服務績效證明書。是否發給服務證明，內政部無意見。

資料來源：衛福部社救司（2014）。志願服務法釋義彙集。

五、志工的權利與義務

傳統的志願服務，是一種慈善工作，通常盡一己力量，默默行善。現代的志願服務已逐步建立制度，希望提供良好的服務環境及規範，藉以增進服務效益。因而志願服務法第十四條與第十五條，

分別對志工的權利與義務提出一些基本的規定：

1.志工的權利

⑴參加訓練：接受足以擔任所從事工作之教育訓練。

⑵受到尊重：一視同仁，尊重其自由、尊嚴、隱私及信仰。

⑶環境適當：依據工作之性質與特點，確保在適當之安全與衛生條件下從事工作。

⑷獲得資訊：獲得從事服務之完整資訊。

⑸參與機會：參與所從事之志願服務計畫之擬定、設計、執行及評估。

2.志工的義務

⑴遵守倫理：遵守倫理守則之規定。

⑵遵守規定：遵守志願服務運用單位訂定之規章。

⑶接受訓練：參與志願服務運用單位所提供之教育訓練。

⑷妥用證件：妥善使用志工服務證。

⑸尊重案主：服務時，應尊重受服務者之權利。

⑹保守秘密：對因服務而取得或獲知之訊息，保守秘密。

⑺拒收報酬：拒絕向受服務者收取報酬。

⑻珍惜資源：妥善保管志願服務運用單位所提供之可利用資源。

其中，教育訓練是志工的權利，也是志工的義務。至於教育訓練的類別，除了志願服務法第九條所規定的基礎訓練、特殊訓練之外，尚包括運用單位所辦理的職前訓練與在職訓練。

有關於倫理守則、教育訓練的內容，衛福部已相繼訂頒志工倫理守則、志工基礎教育訓練課程。其中，志工倫理守則有十二個條文，基礎訓練課程則包括：志願服務的內涵、志願服務倫理、自我了解及自我肯定、快樂志工就是我（以上二種課程二選一）、志願服務經驗分享、志願服務法規之認識、志願服務發展趨勢等六種課程，每種二小時，共十二小時。

六、促進志願服務之措施

為了促進志願服務的有效推展，政府主管機關或志願服務運用單位必須提供了一些具體措施，包括：

1.福利方面：運用單位應為志工辦理意外事故保險，必要時，並得補助交通、誤餐及特殊保險等經費（第十六條）。

2.考評方面：運用單位應定期考核志工個人及團隊之服務績效。主管機關及目的事業主管機關應對推展志願服務之機關及志願服務運用單位，定期辦理志願服務評鑑（第十九條）。

3.獎勵方面：主管機關及目的事業主管機關得就前項（運用單位考核）服務績效特優者，選拔楷模獎勵之。對前項評鑑成績優良者，予以獎勵。志願服務表現優良者，應給予獎勵，並得列入升學、就業之部分成績（第十九條）。有關於志工獎勵方面，衛福部已訂頒「志願服務獎勵辦法」，由中央主管機關每年辦理一次，獎勵對象為：從事志願服務工作，服務三千小時以上，持有志願服務績效證明書者。其獎勵等次，銅牌獎（服務時數三千小時以上）、銀牌獎（服務時數五千小時以上）、金牌獎（服務時數八千小時以上）。

4.資源方面：各目的事業主管機關得視業務需要，將已決定汰舊之器材及設備無償撥交相關志願服務運用單位使用（第十八條）。刪除車輛得供有關志願服務單位使用。

5.證明方面：運用單位對於參與服務成績良好之志工，因升學、進修、就業或其他原因需志願服務績效證明者，得發給服務績效證明書（第十七條）。有關於服務績效證明書之發給，衛福部已訂頒「志工服務績效認證及志願服務績效證明書發給作業規定」。其中，志工服務年資滿一年，服務時數達一百五十小時以上者，得向志願服務運用單位申請認證志願服務績效，及發給志願服務績效證明書。志工因升學、進修、就業或其他原因需志願服務績效證明書者，應檢附志願服務紀錄冊及相關證明文件，向志願服務運用單位提出申請。

6.榮譽方面：志工服務年資滿三年，服務時數達三百小時以上者，得檢具證明文件向地方主管機關申請核發志願服務榮譽卡。志工進入收費之公立風景區、未編定座次之康樂場所及文教設施，憑志願服務榮譽卡得以免費（第二十條）。有關於志願服務榮譽卡之申請，衛福部已訂頒「志工申請志願服務榮譽卡作業規定」。其中規定志願服務榮譽卡使用期限為三年，期限屆滿後，得檢具相關文件重新申請；重新申請志願服務榮譽卡，其服務年資及服務時數不得重複計算。

7.替代役方面：從事志願服務工作績效優良並經認證之志工，得優先服相關兵役替代役（第二十一條）。有關於替代役之申請，衛福部已訂頒「役男申請服替代役辦法」。其中規定：從事志願服務相關工作滿一年，且服務時數達一百五十小時以上，具有志願服務績效證明書之役男，得優先服該相關類別替代役。

另外，運用志工的單位有時也依其需要訂定相關規定，這些都是從事志願服務工作必須認識與遵守的法規。

在上述促進措施之中，有關志工保險、榮譽卡與年資時數方面，內政部曾經針對疑義問題提充說明，茲摘錄如表2-3-4：

表2-3-4　志工保險、榮譽卡與年資時數之疑義及說明

疑義	說明
1.公務機關所運用之志工是否仍要辦理意外事故保險？	應依志願服務法第十六條之規定為所屬志工辦理意外事故保險。
2.志工進入公立文教或康樂場所，其展場如係外租（收費）者，憑志願服務榮譽卡是否免費？	如該設施係外租（收費）者且非屬公營，自非屬免費範圍。
3.志工如長久未提供服務，可否申請榮譽卡？	申請榮譽卡時應具有志工身分，亦即在隸屬之運用單位擔任志工，方符規定。
4.志工申請榮譽卡，可否將志願服務法施行前之服務年資及時數計入？	基於法律不溯及既往原則，志願服務法施行前志工服務時數不予採計。
5.志工服務時數之計算以何為準？	應以志願服務紀錄冊所載為準，志工完成訓練並從事服務工作，運用單位應將其服務時數登載於紀錄冊並予以認證。

資料來源：衛福部社救司（2014）。志願服務法釋義彙集。

七、從志工立場看志願服務修法問題

　　志願服務法自二○○一年頒布實施，二○一三年六月修正第五、十八、二十條，增訂第五之一條；二○一四年六月修正第十五條，均屬小修，而專家學者為使志願服務法的運作更加合理，以發揮志願服務的功能，在研討會或著作之中，相繼提出修法的意見（呂朝賢，2002；江明修，2003；曾華源、曾騰光，2004；賴兩陽，2004；張英陣，2004a；蔡漢賢，2001；2004，2005；張美美，2005）。其中，有較完整之檢視或幾近逐條討論者有四，茲歸納其修法建議如表2-3-5：

表2-3-5　專家學者對志願服務法修之建議

	曾華源、曾騰光	賴兩陽	張英陣	蔡漢賢
1.立法目的	鼓勵公民參與。	加入公民社會的精神。	加入公民社會的精神。	「使」改為「鼓勵號召」。
2.適用範圍		加入非正式部門的服務工作。		偶發性服務時數可送審核計。
3.輔助性服務	被窄化為支配的資源。	賦予更積極性意義。	太過消極。	可略。
4.備案、備查	實際執行困難，何必多此一舉。	違反「低管、高治」立法原則，宜修正。		備查結果應顧及如何糾正、議處、補救。
5.志工或義工		簡稱為志工或義工。	義工也是一個適當詞彙。	以志工為法定名稱。
6.運用單位		增加宗教及企業組織。	將宗教組織及企業納入。	
7.服務協議	侵犯自主權。	刪除。	明確定義或刪除。	無訂定必要。
8.志願服務會報	宜改設統籌分工單位。	改為跨部門的推廣委員會。		應設超部門之委員會。
9.特殊訓練		改為專長訓練或專業訓練。	改為專長訓練。	改為專長訓練。
10.倫理守則	應由全國志工協會訂之。	由志工團隊依實況研擬。		應由全國志協負責研擬。
11.升學、就業的優惠	導致志工計較利害得失。	「應」改為「參考」。	刪除。	改簽發人責任制及密封推薦。
12.榮譽卡	應明定適用的時間、地區。	提高領卡的服務時數。	刪除。	領卡後繼續服務若干時數者持續有效。
13.汰舊物品撥用	易生誤解。	刪除。	刪除。	經協調，統一分配。
14.過失責任	改為提供法律扶助。	提供法律扶助較符情理。		予以適度法律扶助。

資料來源：曾華源、曾騰光（2004）。志願服務概論。69-90頁。賴兩陽（2004）。志願服務法規：理念與規範。志願服務與民主社會研討會論文集（37-47頁）。張英陣（2004a）。世界主要國家志願服務推展現況與策略之研究。125-130頁。蔡漢賢（2005）。愛深責切：對我國志願服務法的檢討與建議。激發參與意願推展全民志工會議手冊（55-64頁）。

　　表2-3-5有關修法的建議，大部分是從學理或行政的觀點加以論述，似乎較少顧及志工或一般民眾的需求。這也不能怪罪專家學

者，因為志願服務法本來就像是一種「志願服務運用單位志工管理辦法」。以下試從志工的立場，擇要提出五項修法的建議：

1.適用範圍擴及非正式服務：志願服務是民眾基於自由意志所從事的公益服務，無論是單純的引領老人過街，或者偶然發現馬路有坑洞而隨手加以修補、看到鄰里公園髒亂而自動打掃，都應受到鼓勵。基於「人人可參與」的志願服務基本精神，建議將非正式服務也納入志願服務法適用範圍，給予應有的激勵，以實現發揚志願服務美德的立法目的。

2.志工或義工兼容並蓄：在志願服務法公布實施之前，已有許多熱心人士在各個領域從事公益服務，他們傳承華人的文化，立基於道義、義氣、見義勇為、義不容辭、義無反顧而致力服務工作，習慣上稱為「義工」，應予以尊重，仍可繼續使用。將來修法時，不妨將「志工」與「義工」兩者並列。讓義務張老師、文化義工等，也可以義正辭嚴地適用志願服務法之規定，以符應志願服務強調社會正義的核心價值。

3.特殊訓練改為成長訓練：志工有愛心、有熱誠，但不一定具備從事志願服務工作應有的理念及技巧，所以志工有接受教育訓練之必要，殆無疑義。其中，基礎訓練，名正言順，係為志願服務奠立良基，但特殊訓練則不知是否因為運用單位特殊？抑或所服務的對象特殊？易被誤解為服務身心障礙者而訓練。是以建議將「特殊訓練」修改為「成長訓練」，以鼓勵志工終身學習，不斷成長，這也是許多人擔任志工的動機之一。至於表2-3-5有專家學者建議改為

「專業訓練」，恐怕又會被誤爲要將業餘的志工，訓練成爲運用單位的專業人員，似仍不宜。

4升學就業的優惠求其落實：前述學者專家，有人認爲志願服務的誘因不宜過度，獎勵不能浮濫，以免傷害志工的純眞，導致志工計較功利得失，因而建議將服務優良者在升學、就業、服替代役的優惠予以刪除，或者改爲「參考」、「密封推薦」。基本上，志工的獎勵或優惠應有更具體的配套，乃理所當然。不過，能享受升學、就業、服替代役等優惠的志工，應以年輕志工占絕大多數。爲使志願服務往下扎根，鼓勵兒童及青少年及早關懷社區，服務弱勢，似應維持原案，並研訂更公正的辦法，以求具體落實。

5.榮譽卡改爲終身有效：有關申領志願服務榮譽卡的條件，爭議最多。賴兩陽（2004）認爲現行辦法所定條件太寬鬆，恐淪爲「容易卡」而建議刪除。其餘專家學者亦多主張提高申領榮譽卡的服務時數，或規範適用的時間及地點、或要求領卡後須繼續服務一定時數才持續有效。基本上，提高申領榮譽卡的標準，有積極促進作用，對於提高資深優良志工的「榮譽」感有加分效果，因爲取得不易，會更加珍惜。然而，志工因故不能繼續服務，榮譽卡立即失效，似乎過於嚴苛。雖然，志工沒有退休制度，但是將心比心，志工無酬服務三年三百小時已屬不易，如能參考退休公務人員持退休證進入公立文化設施得予優待且終身有效，相信志工必會更加認眞服務。具體的建議，是酌增申請志願服務榮譽卡的服務年資及時數，但領卡之後，終身有效，以示敬重與感恩，也可藉此帶動志願服務風氣。

八、結語

從志願服務法於二○○一年一月二十日公布實施以來，對於台灣志願服務的發展已經產生許多正面的影響，當然還有一些不足之處，有待透過修法加以改進。

就正面影響而言，志願服務的法制化，使志願服務的運作有明確的規範可以依循，在志工的召募、訓練、運用、督導、激勵，可以逐步建立制度，走上軌道。尤其，落實志工的教育訓練及督導機制，對於提昇志工人力素質及公信力，有顯著作用。

就不足之處而言，除了一些行政管理上的問題，例如，事前備案及事後備查之執行不切實際、運用單位列舉欠周延、服務協議有違自主性、倫理守則未能因地制宜、汰舊物品撥用之不合理、過失責任太沉重之外，對於志工的需求也應加以重視。本文建議，擴充志願服務的適用範圍，將非正式服務及義工納入，並研訂具體有效的辦法，強化志工的成長及榮譽，鼓勵志工積極參與，使其更有意願和能力去服務。

無論如何，徒法不足以自行，良法還要有美意，志願服務法能否達成立法的目的，需要政府主關機關、運用單位及志工夥伴，協力合作，共同努力，使我國的志願服務工作真正因為立法而邁向一個新的里程碑。

2-4 志願服務的發展趨勢

一、前言

　　志願服務是社會發展的產物。隨著社會的不斷發展，民眾可能有新的服務需求，志工必須有所因應，適時提供必要的服務。例如，一九九九年台灣發生「九二一地震」，二〇一五年的「八仙塵爆」，就有許多志工投入救災、重建、防疫等服務工作。至於二〇〇四年南亞發生海嘯，造成重大災害，台灣的志願救難隊也趕往海外參加救援工作。為了協助志工擴展服務視野，掌握服務契機，此處首先描述國內外志願服務的發展過程，然後據以說明台灣志願服務所面臨的轉變與未來發展。

二、國內志願服務的發展過程

　　在台灣，志願服務的發展已有一段相當長的歷史。不過，早期多以個人、偶發、行善為主，且以物質的布施居多。例如，善心人士在路邊奉茶供人飲用、在寒冬發放白米或生活物資濟助貧民、醫師為低收入者實施義診，以及修橋、鋪路、施衣、施棺等。這些善行義舉，與現代意義的志願服務似乎有些距離。

　　依據相關文獻記載，台灣自從一九六三年，警政部門成立義勇消防隊之後，才逐漸發展出志願服務的雛型。以下擇要列舉一九六三年之以來台灣志願服務的重要事項，並歸納為四個階段如表2-4-1略加申述：

表2-4-1　台灣志願服務發展階段

發展階段	時間	志願服務重要事項
萌芽階段	1963	警政部門成立義勇消防隊。
	1965	內政部推動社區發展，運用大學生參與社區服務。
	1970	地方法院開始運用榮譽觀護人。
	1973	地方法院開始運用大專輔導員協助少年觀護工作。
倡導階段	1982	台灣省訂頒「台灣省推行志願服務實施要點」。
		台北市訂頒「台北市政府社會局推行志願服務實施原則」。
		台北市圓山動物園成立動物園之友會（義工隊）。
		台北市志願服務協會成立。
	1984	高雄市訂頒「高雄市政府社會局志願服務人員管理要點」。
	1986	台北市志願服務協會辦理第一屆志願服務「金駝獎」。
		行政院推動十二項建設（第十二項為文化建設），國立自然科學館、故宮博物院、高雄市立文化中心等文教機構成立義工隊。
	1989	環保部門成立「環保媽媽」義工隊。
		玉山國家公園進用義務解說員。
		內政部訂頒「志願服務記錄證登錄暨使用要點」。
推廣階段	1991	勞委會訂頒「加強勞工志願服務推行要點」。
	1992	中華民國志願服務協會成立。
	1993	台北市訂頒「台北市政府推展志願服務實施要點」。
		全國志（義）工總會成立。
	1995	內政部訂頒「廣結志工拓展社會福利—祥和計畫」。
	1996	行政院訂頒「行政院暨所屬各機關實施志願服務要點」。
		經濟部實施「中小企業榮譽輔導員制度」（企業志工）。
	1997	內政部舉辦「全國志願服務會議」。
		青輔會訂頒「中華民國青年參與國內地區志願服務實施要點」。
		內政部消防署訂頒志願服務「鳳凰計畫」。
	1999	台北市在中小學推動公共服務（服務學習）。
建制階段	2000	總統在就職週年演說提出「志工台灣」，訂定五二〇為台灣志工日。
	2001	大學聯考國文科作文題目：「義工」。
		總統公布「志願服務法」。
		教育部訂頒「教育業務志願服務獎勵辦法」。
	2002	衛生署訂頒「衛生保健志願服務獎勵辦法」。
		外交部訂頒「外交志工獎勵辦法」。
	2003	行政院人事行政局訂頒「行政院及所屬各機關推動公教志工志願服務要點」。
	2004	總統府成立「總統府志願服務團」。
		行政院成立行政院志工隊。
	2009	世界運動大會在高雄市舉行，動員一萬名志工參與服務。
	2015	教育、文化、環保等部會派員參加全國志願服務績效考核。
	2016	衛生福利部辦理第一次全國志願服務調查。

資料來源：自行整理。

　　由表2-4-1顯示，台灣志願服務的發展過程，大致可以區分為四個階段：

　　1.萌芽階段： 在一九六〇至一九七〇年代，台灣沿襲日據時代「義勇團」的組織，成立義勇消防、義勇警察、義勇交通等類志願服務隊。同時，開始運用社會熱心人士及大專學生參與社區發展、法院觀護工作。這個階段，政府機關是推動志願服務的主體，民間的社會福利機構不多，其運用志工的人數也有限。

　　2.倡導階段： 在一九八〇年代，當時的台灣省、台北市、高雄市相繼訂頒志願服務實施要點或原則，內政部訂頒「志願服務記錄證登錄暨使用要點」，積極倡導志願服務，藉以結合民間力量，推動社會福利工作。同時，為了配合十二項國家建設之需求，文化機構、國家公園、環保部門開始運用志工，協助辦理相關活動。再者，民間熱心人士組成「台北市志願服務協會」，對於志願服務理念的倡導，以及志工的培訓、獎勵，盡力頗多。這個階段，由於受到歐美福利多元主義的影響，台灣有一些非營利組織相繼成立，其運用志工的人數亦逐漸增加。

　　3.擴展階段： 一九九〇年代，台灣的志願服務由原先辦理的內政（警政、社政、營建）、文化、環保等部門，逐步擴展到勞工、經濟（中小企業）、人事行政（公務志工）、青年輔導、學校教育（服務學習）等領域，並且成立全國性的志工組織，包括中華民國志願服務協會、全國志（義）工總會，一日志工協會、祥和志願服務聯盟，促使志願服務日趨熱絡。尤其，內政部在這個階段，訂頒

「廣結志工拓展社會福利—祥和計畫」，並舉辦第一次全國志願服務會議，帶動台灣地區各縣市全面推展志願服務，也爲志願服務法制化預作準備。

4.建制階段：從二〇〇〇年開始，外部有聯合國推動國際志工年的風潮，內部有陳水扁總統宣示「志工台灣」的政策，並於總統就職週年當日，親自擔任社區清潔義工及洗車義工，以實際行動參與志願服務工作。接著，立法院於二〇〇一年三讀通過志願服務法，明定志願服務主管機關及運用單位的權責，以及志工的招募、訓練、權利、義務、獎勵、福利等規範，藉以建立志願服務制度。志願服務法公布實施之後，教育、衛生、外交等部門，先後訂頒志願服務獎勵辦法，總統府與行政院亦成立志願服務團隊。自此，公私部門各層級與各領域有志願服務法作爲依據，積極推展志願服務工作。然而，爲因應志願服務的變化與需求，志願服務法的修正亦在蘊釀之中，其目的無非在促使台灣的志願服務更具制度，並能與國際發展接軌。

三、國外志願服務的發展過程

葉肅科（2001）指出，國外志願服務的發展，大致上可分宗教性的慈善服務、社會工作機構徵募志工參與服務、志願服務邁向制度化等三個階段。如果再加上二〇〇一年前後聯合國對於國際志工年（the International Year of Volunteers）的倡導，可以分爲四個階段說明其發展趨勢：

1.宗教的慈善服務：歐美的志願服務，大致上起源於十九世紀初宗教性的慈善服務.。當時，「慈善組織會社」（Charity Organization Society），盛行於英國及美國，他們一面派出「慈善訪問員」（friendly visitors），訪問那些申請救濟的貧民，一面協調政府與民間各種慈善組織共同爲貧民提供服務。其中，英國爲了強化濟貧工作，特別將倫敦全市劃分爲若干區，每區設置「志願委員會」（volunteer commission），參與救濟的分配工作，強調透過道德的影響，喚起貧民的進取心，以改變其生活方式（徐震，林萬億，1983）。這是歐美國家推展志願服務工作的先河。

2.社工機構徵募志工參與服務：十九世紀末葉，到二十世紀初期，歐美各國先後通過許多有關社會福利的法案，並尋求社會資源共同推動，因而大量徵募志工參與各項服務工作。例如，一八八三年，德國開辦勞工疾病保險；一九三五年美國通過社會安全法案（Ssocial Security Act），實施社會保險，以及老人、窮人、盲人、失依兒童的分類救助。這些福利措施，除了需要社會工作專業人員負責推展之外，尙須動員大量的志願服務人員。於是，志願服務逐漸受到政府及社會的重視及鼓勵，自動參與服務的志工日漸增多，蔚爲一種志願服務的風氣。

3.志願服務制度化：在第二次世界大戰之後，歐美國家的志願服務工作，不僅逐進建立規範和制度，而且擴大成爲一種廣泛性的社會服務工作，無論是政府機關或民間的非營利組織，都紛紛運用志工，協助推展業務。此時，志願服務工作的重心，不只在於協助受助者的社會生活，更在於協助社會結構與社會關係的改善，因而

志願服務逐漸邁向制度化與法制化。例如，美國於一九六一年成立和平工作團（Peace Corps），選送大學生到第三世界的國家從事志願服務工作，一九九〇年通過全國與社區服務法。另外，西班牙於1996年通過志願工作法（The Voluntary Work Act），成爲世界上第一個完成志願服務立法的國家。

4.國際志工年的倡導：從一九七七年起，聯合國積極倡導志願服務工作，並將二〇〇一年訂爲國際志工年（the International Year of Volunteers），獲得世界各國熱烈響應。其中，美國、英國、德國、日本、澳大利亞等七十多個國家，以及紐約、香港等城市，都特別成立國際志工年委員會，加強推動志願服務工作。聯合國在「國際志工年」提出四大目標，包括：

(1)加強對志願服務的認知：呼籲中央政府及地方當局善盡其推動志願服務的職責，特別是對個人、團體、社區、非政府組織，以及國際性的志願服務，應給予獎勵。

(2)爲志願服務創造有利條件：國家可採特許的方式，開放志工訓練設施，辦理志工技能競賽，建立妥善的志願服務管理制度。同時，確保志工的法律地位，在社會保險、福利方面，與其他行業平等；對於支持志願服務的納稅人，可以考量給予減稅；志願服務可以做爲代替兵役的另一種選擇。

(3)加強志願服務的經驗交流：對於志工所取得的各種成就，可通過電子、平面媒體，使之相互交流，把最佳的實務表現、工作程序呈現出來，讓大家觀摩學習，而不必再自行摸索。

這裡，要特別強調網際網路的運用。

(4)促進志願服務的發展：發掘更多有關志願服務的需求，開發更多的志願服務人口，促使官方及民間對於志願服務的運用提供支持的環境，並向社會大眾強調志工也具有專業技能，對社會有其不容忽視的貢獻，例如捐血、掃除文盲、環境保護等。

四、台灣志願服務面臨的轉變

台灣自從二○○一年實施志願服務法以來，加上國際志願服務潮流的影響，在志願服務方面，已有一些轉變（陳金貴，2001），其中犖犖大者包括：

1.民眾參與志願服務的比率逐年提昇：根據行政院主計處在一九九九年的調查（行政院主計處，2000），台灣地區十五歲以上民間人口中，最近一年（1998年5月－1999年4月）曾參與志願服務工作者占13.31%，較一九八八年的5.1%及1994年的7.6%有逐年提高之趨勢，但比起美國的56%（Independent Sector, 2001），仍然偏低。

2.志願服務人力來源的改變：傳統上，台灣的志願服務人員，占最大多數的是家庭主婦，目前的統計，仍是以料理家務者占最多數（行政院主計處，2000），不過，近年來公教人員有大量提早退休的趨勢，這些人大多在五十五歲左右，健康情況良好，學歷高，有專長，享有終身退休俸，衣食無虞，為安排退休生活，願意投入志願服務工作者日益增多。

3.學校要求學生志願服務：近年來，除了大學要求學生參與校園服務或社區服務之外，中小學也開始要求學生每學期參加公共服務或服務學習八小時，因而促成大量青少年學生投入志願服務行列。雖然，對於這種半強迫式的志願服務，各界有不同的意見。如果，各級學校在實施過程，有妥善的規劃，並安排適當的講習、訓練、實作、督導，加上事後的反思及慶祝活動，以發揮「服務」與「學習」的雙重功能，則學生參加志願服務，是一種有意義的學習與成長。

4.政府的積極支持：受到世界潮流及社會風氣的影響，我國各級政府都相當重視志願服務的推展，不僅定期辦理志願服務的教育訓練、績效評鑑、獎勵表揚，也以各種經費補助、策略聯盟、委託外包等方式來支持志願服務的研究發展。同時，因應「志願服務法」的公布實施，政府更提供許多有關志工權益的保障措施，對於志願服務的支持，可以說不遺餘力。

5.天然災害頻傳促成救災志工的需求：國內各項重大災害發生時，除了政府派出救難人員，全力參與搶救及重建之外，民間團體也相繼組成專業的救難隊伍加以配合。這些救難人員為了提高救人、防災的效果，往往自費參與各種訓練，並且，全心投入服務工作，不收取任何報酬，堪為志願服務的楷模。

6.志願服務的國際化：在全球化及地球村的概念下，台灣地區已不能自外於海島上，九二一震災後，來自世界各地的支援，顯示出志願服務是無國界的。相對的，當國際間發生重大災難，例如

二〇〇四年底南亞地區發生海嘯，造成嚴重傷害，國人基於人道關懷，也踴躍參與救災、重建、濟貧等工作。其實，平常日，台灣也有許多志願服務團隊組織默默的在世界各地參與服務工作。

五、台灣志願服務的未來趨勢

時序進入二十一世紀之後，促使人們開始思考在新的世紀應該有何種嶄新的想法與做法。其中，美國有些趨勢專家預測及倡導，美國人在新的世紀會發展出一種自我犧牲的道德，十五歲以上成人每週付出三個小時參加公共服務。

聯合國將二〇〇一年訂為國際志願服務年，其目的即在倡導及推廣志願服務，台灣也在二〇〇一這一年通過「志願服務法」，提倡「志工台灣」，因而運用志工的單位及參加志願服務的人數，都逐漸增多。瞻望未來，台灣的志願服務有幾個重要的發展趨勢：

1.社區化：基於社區化的理念，志願服務工作應該優先關心本地方的事務，才符合社會正義的原則。所以，台灣未來的志願服務，將一方面鼓勵運用單位盡量招募本土的志工，由在地志工服務在地人；另一方面也將鼓勵志工就近服務自己的社區、鄰里，不必捨近求遠。

2.生產化：志願服務的基本精神是助人自助，而不是一味地服務，以致造成被服務者的依賴。所以，台灣未來的志願服務，將積極鼓勵那些志願服務的對象，在接受過志願服務，或從志願服務得到好處之後，能夠慢慢自力更生，並且加入志行列，逐步轉化為志

願服務的提供者或生產者。

3學習化：通常，志願服務是本著自己所學知能，以自己之所長，彌補服務對象之不足。如果志工對於服務所需知識或技巧有所不足，則應該參加在職訓練，充實自己的服務能力。因而，台灣未來的志願服務，將鼓勵志工從服務中學習，也從學習中不斷地成長。

4.資訊化：在資訊化時代，台灣未來有關志願服務的各項事務，包括志工招募、志工訓練、時數登錄、獎勵表揚等，都將盡量透過電腦網路來處理，藉以加速資訊傳佈及資料更新，並增進志工與運用單位的互動與認同。

5.全球化：志願服務無國界，台灣未來的志願服務，無論服務理念或志工人力的輸入、輸出，都將打破國家或區域的界線，促使志願服務的國際交流日趨頻繁與快速。

六、結語

無疑的，志願服務是新世紀的重要資產，也是世界各國普遍重視的主流價值。根據聯合國的統計，先進國家有過志願服務經驗的人口，現在已逐漸增加，例如德國有百分之三十四的人擔任過志工，美國更高達百分之五十六，日本也有百分之二十六，其他國家也愈來愈重視志工的角色與功能，並積極推動志工的培育與運用。

我們台灣，目前做過志工的比例，約占總人口的百分之十八，似乎還有相當大的發展空間，將來必須努力的方向，可能是設法與世界同步發展，逐步向「志工台灣」的理想境界邁進。

第 3 篇
進階篇

　　助人靠方法，服務講要領。志工參加服務工作一段時間之後，可能就會感到志願服務不能光憑愛心和熱誠，還需要講究方法和要領，才能夠不斷地提高服務效果，達到自己滿意的程度。

　　本篇內容包括：志願服務的方法及技巧、志工對社會福利的認識、志願服務與社會資源之運用、志願服務的主要理論等四個單元。這些單元的規劃，除了協助志工了解志願服務的方法及技巧之外，並且協助志工體認志願服務的目的在於增進社會福利、志願服務的運作必須結合社會資源、志願服務有其堅實的理論依據，進而在服務過程中能夠掌握重點和方向，真正有效地協助弱勢者滿足需求，而不只是為服務而服務。

3-1 志願服務的方法及技巧

一、前言

　　志願服務是一種助人工作，志工就是志願助人的工作者。然而，並不是所有願意助人的人，都能夠有效地幫助他人解決困擾或問題，從而達到令人滿意的狀況。

　　有時候，助人者的協助方法不當，反而會對服務對象造成傷害（潘正德，2003）。所以，一個很重要的問題是：「志工要怎麼做，才可以有效的幫助人？」比較好的答案是：志工必須具備志願服務的方法，並把握助人技巧的運用要領。

二、志願服務為何強調方法及技巧

　　台灣推展志願服務多年，志工人數不斷成長，但有些單位的志工流失率偏高，造成運用上的一些困擾。雖然，大部分志工都有服務的熱情，但只憑熱情並不一定能幫助服務對象解決問題。如果，志工所採用的方法不當或技巧不足，服務看不到效果，可能自己也會覺得工作乏味，心生厭倦，不如歸去。

　　對於志工因為服務績效不如人意而流失的問題，除了加強志工督導與激勵之外，可能還須透過志工訓練，強化其服務的方法與技巧。論及志願服務之所以特別強調方法與技巧，約有下列三項理由：

1.降低志願服務成本：就經濟（economy）觀點而言，如果志工具備正確的服務方法，熟練服務的技巧，在其協助服務對象處理問題的過程中，可以迅速選定方法，巧妙解決問題，節省摸索、嘗試及處理問題的時間和精神，從而降低志願服務的成本。反之，志工對於採用何種方法，舉棋不定，或其所使用的技巧，拙劣不堪，必然浪費許多時間和心力，不合經濟原則。

2.增進志願服務效益：就效益（effectiveness）觀點而言，助人有方法，服務有技巧，始能有效地幫助服務對象處理困境。有時候，同樣是志工，其所提供的服務，對於服務對象，有的感到既受尊重，又有溫情；有的卻覺得越幫越忙，敬而遠之，推究其因，就在於服務方法與技巧的優劣（陳武雄，2004）。換言之，如果志工運用的方法不當，或者濫用某一技巧，不但對問題解決沒有幫助，反而把事情弄得更糟，有服務，沒有效益，甚至變成負面的結果。

3.提高志願服務效率：就效率（efficiencies）觀點而言，雖然，志願服務會導致負面結果，不能只怪志工的服務不力，或不得法，有時也可能是服務對象的因素。例如，服務對象的問題非常嚴重，需要轉介給專業人員協助，或者服務對象缺乏求助動機、在服務過程與志工發生爭論，這些都可能影響志願服務的效率。無論如何，延誤協助的時機，可能使問題的惡化。即使最後對於服務對象也有一些幫助，但是其所得到的效果可能非常微弱，而且無法持久（Egan, 2002; 鍾瑞麗譯，2004）。

上面論述所提及的經濟（降低成本）、效益、效率等三個觀

點，正是新管理主義的重點所在。因而從志工管理申言，如果能鼓勵及引導志工運用較好的方法與技巧，則不僅可以讓服務對象及時獲得有效的協助，連帶著，志工的成就感也會提高，流失率可望降低。同時，志工在關懷時有方法，處置時有技巧，服務結果有績效，也有助於提昇民眾對於志願服務的肯定、讚許，減少質疑、批評，進而增強其擔任志工或支援志願服務的意願，對於整個志願服務的推展也有正面效用。

三、適合志願服務使用的方法

志願服務的「方法」（method）與「技巧」（skill）兩者，有時被相提並論，並未加以區分（曾華源，2004；黃旋濤，2004），有時則被視為同義詞，認為技巧是一種方法（陳武雄，2004），可見兩者之間有密切的關係。

依個人體認，方法與技巧兩者，雖有關係，仍有不同。方法，通常是指達到某種目的之手段，是有計畫、有系統的安排，而不是靠運氣；而技巧，是做某件事有很巧妙的技術，通常是透過學習及經驗的累積而來。

舉個題外的例子，或許有助於分辨上述情況。譬如，製作「蕃茄炒蛋」，通常有一定的程序：先炒蛋，起鍋，再炒蕃茄，然後放入炒好的蛋，攪拌一下，大功告成，這是適當的方法。如果，不照上述程序，甚至反其道而行，結果可能慘不忍睹，這是因為方法不當，不能怪技巧不好。至於選材、火候、調味，則是一種技巧，

須憑經驗，斯所謂「熟能生巧」。由此，我們可以得出一個大致的概念：方法本身無所謂「好」或「不好」，只有「適當」或「不當」，端視其是否適合我們使用？而技巧也不是「有」或「沒有」的問題，只有「較優」或「較差」，端視其是否能產生較優的效果？

言歸正傳，為了說明方便，此處先談方法，後面再說技巧。至於適合志願服務使用的方法為何？似乎很少有人討論，也還沒有具體答案。其中，蔡漢賢（2004）曾認為從事志願服務的人，可以借用社會工作方法來提昇服務的精度。此種看法，高瞻遠矚，發人深省，可惜未及揭示如何借用或運用。事實上，志願服務與社會工作有許多相近之處，至少兩者的服務對象都以弱勢者居多，而其目的都在協助服務對象解決問題或改善生活，因此兩者在方法上應該有一些相通之處。

本文推介社會工作的三大方法作為志願服務的基本方法，並略加修改，以便適用於志願服務。換言之，志工只須了解社會工作方法的梗概，借用其有計畫、有系統的理念與作法，而不必全盤移植。因為志願的助人者與專業的助人者，在角色、功能及所需訓練，都有所區隔，社會工作專業方法，應由社會工作師為之，志工僅能扮演補充或輔佐的角色，在專業人員的督導之下，共同協助服務對象。以下舉例說明適合志願服務使用的基本方法：

1.個案服務法：如果遭遇困擾、問題的受助者是個人或個別家庭，社會工作者經過評估之後，通常會採用個案工作（case work）

的方法予以協助。何謂個案工作方法？簡言之，就是一種個別服務的方法，也就是一對一，面對面的助人方法，透過：接案、會談（蒐集資料）、分析診斷、擬定處遇計畫、實施處遇、評估、結案或轉介等有系統的過程，以協助服務對象處理失調問題，增進社會適應能力。

事實上，志工對個人或個別庭提供服務機會很多，例如，病童的輔導、獨居老人的關懷問安、服務台的諮詢服務等，大都是針對「個人」或「個別家庭」而提供服務，應該可以運用個案服務的方法進行協助。表3-1-1是運用個案服務法的案例：

表3-1-1　運用個案服務法的案例

台南市瑞復益智中心是收容智障兒童的機構，那兒的工作是一對一的輔導，我輔導的是一位唐氏症兒童，名叫柏成（化名），初次見面自我介紹時，他呆滯的眼神一語不發，面帶嬌羞似又靦腆，於是我把他攬入懷中，拿著他的手指，著我的志工服務證大聲說：「趙奶奶」，他張大嘴，努力了半天，終於說出：「少男男」。發音雖然不清楚，但那童稚溫馨的聲音使我非常感動，從此建立了友善的關係。我每次來瑞復，當他發現我，老遠就張著手跑過來，指著我胸前名牌說：「少男男」。每次我都糾正他的發音，並利用一起走路或上下樓梯的機會，教他數一、二、三、四⋯⋯，一年多來，他發音大有進步，數數的能力也可達一百，暑假過後，已升國小一年級。

資料來源：台南市志願服務協會編，2000，府城溫馨情，12-18頁。

由表3-1-1的案例顯示，志工趙奶奶是以一對一、面對面的方式，協助一位唐氏症兒童，並透過自我介紹及會談，建立良好的工作關係，然後依據兒童的情況及需求，有計畫地協助他說話、數數，有效地增加其適應能力，足以進入國小繼續學習。客觀地說，個別服務法是有計畫、有步驟的助人方法，總比那些臨時起意或隨機抓鬮的方法令人放心，也有比較有效。爾後，志工對於個人或個別家庭的服務，不防將個案服務法列爲優先考慮。

2.團體服務法：如果遭遇問題的人不只一個，而是一群人都有類似的困擾，或者某個服務對象出現無助、隔離、沮喪、遭人誤解、被人排拒的現象，社會工作者經過評估之後，可能會採用團體工作（group work）的方法進行協助。何謂團體工作方法？簡言之，是一種團體互動的方法，也可以稱爲團體服務法，通常透過一系列團體活動的安排，協助團體成員進行良好的互動，彼此分享經驗，相互支持，相互打氣，也相互成長。在實務上，志工也經常有機會爲某些團體服務，例如，兒盟、老盟、殘盟、智障者家長協會、晚晴協會、醫院的洗腎病友等，都可以安排團體活動或團體服務。表3-1-2是運用團體服務法的案例：

表3-1-2　運用團體服務法的案例

> 　　台北市喜願協會的志工，經常為喜願兒舉辦各種團體活動。由於病童的生活領域常常被限制在家庭與醫院，為了讓重病兒童能有暫時離開醫院的機會，能像一般兒童出門去玩，去看看世界，志工們努力結合社會資源，安排許多專案的活動，諸如：到國家戲劇院觀賞兒童劇團演出、到知名餐廳享用美味的牛排、參加百貨公司舉辦的卡通人物表演秀等。尤其，每年年中的喜願環球日及年底的喜願家庭聖誕晚會，更是眾所期待的活動。志工們會邀請喜願家庭參加郊遊或聚會，透過團體活動幫大家完成心願。仍在治療中的喜願兒，我們為他加油；已經完成治療的孩子，來和我們分享他的生活點滴；孩子已經離開這個世界去當小天使的家長，也有些願意到活動中訴說他們的近況，分享他們的心情。

資料來源：蔡漢賢主編，2001，關心兒童的志願服務，51-55頁。

　　由表3-1-2的案例，可知喜願協會的志工有感於喜願兒及其家長都有被隔離的共同困擾，因而爲他們安排一系列的團體活動，一方面讓重病兒童增加他與外界互動的經驗，另一方面也讓家長彼此分享生活的點點滴滴，傾訴喪子之痛，從而增強社會生活的勇氣和能力。本質上，人是群居的動物，需要被接納，也需要良好的人際關係，所以針對人際有困擾的服務對象，志工不妨考慮運用團體服務

法進行協助。

3.社區服務法：如果社區有某些共同的問題，對當地居民的生活造成影響，社會工作者經過需求評估之後，可能採用社區工作（community work）的方法，協助社區解解問題。何謂社區工作方法？簡言之，就是社區服務法，也就是由下而上，鼓勵社區居自動自發，結合社區內外的資源，共同來改善本社區的生活條件。當今台灣，社區概念已經相當普及，不但社區有志工，而且其他志工也經常有機會進入社區提供服務，例如社區環保、社區健康營造、社區學苑、社區守望相助、社區關懷據點等，都有志工的身影，也都有機會運用社區服務的方法。表3-1-3 是運用社區服務法的案例：

表3-1-3　運用社區服務法的案例

> 彰化縣烏日鄉由於農村資源不足，加上人口老化，不僅老人無法獲得妥善照顧，青壯人口也面臨工作與家庭兩難的問題。2002年，在董氏基金會協助下，推動農村互助網計畫，希望達成「在地人幫助在地人」的理想。前一年，董氏基金會積極投入志工資料建檔、志工種子培訓及資源手冊製作等前置作業，並根據學田村、烏日村約三百份問卷所做的需求調查，擬訂互助網的服務項目，包括：接送（學童上下學）、安親（學童課輔）、家庭幫手（清潔、購物）、臨托（托老、托兒）等。同時，為了鼓勵更多人加入志工行列，還實施「喜相伴券」積點制度，志工在社區的服務次數愈多，積點愈多，可享有農產品優惠。這些志工們好像社區的「守護神」，為社區居民的生活把關，例如，幫助忙於工廠事務的媳婦，帶婆婆去洗腎；協助八十多歲退休的老榮民及腦性麻痺症患者清理居家環境。

資料來源：董氏基金會編，2004，幸福的模樣，101-113頁。

由表3-1-3 的案例，我們看到烏日鄉居民，在當地農會及志工的協助之下，結合董氏基金會的組織資源，進行社區需求調查，據以規劃社區服務項目，並動員在地人的力量，共同為在地社區的弱勢者提供服務，其所獲績效頗為顯著。其實，自從一九七○年代以來，福利多元主義盛行，社區化成為公共服務的共同趨勢，志工當

然不能忽略社區服務法的運用。

　　根據上述，志工參與志願服務，在思考採用何種方法比較適當而有效時，可以快速地抉擇。原則上，如果服務對象是個人或個別家庭，適合於採用個案服務法；如果服務對象是小團體，適合於採用團體服務法；如果服務對象是一個社區或社群，適合於採社區服務法，然後再依各個方法的實施過程，逐步進行。不過，社會工作三大方法目前已逐漸向於整合運用，形成一種綜融性的服務。所以，志工在借用這些方法時，不必拘泥於單獨使用某一種服務方法，必要時也可以同時兼採其中兩種或三種方法，或者三者交互使用。

四、適合志願服務使用的技巧

　　志願服務是一種助人的過程，志工可以運用助人的技巧，使其所提供的服務可以獲致「較優」的效果。有關助人的技巧，在各種助人的專業中，包括；社會工作、諮商、輔導，以及心理治療、法律服務等專門領域，都已發展出一些效果不錯的技巧。潘正德（2003）曾綜合各家說法，提出助人過程經常使用的基本技巧，包括：打破僵局（ice break）、傾聽（listening）、接納（acceptance）、同理心（empathic）、情感反映（reflection of feeling）、澄清（clarification）、引導（leading）、尊重（respect）、立即性（immediacy）、自我揭露（self-disclosure）等。對於這些基本技巧，從事志願服務的人應該都可以直接參採，靈活運用，以下各舉例一個案例略加說明：

1.打破僵局：這種技巧的功能，在於減輕服務對象的焦慮、尷尬、不安的情緒；其作法包括：寒暄、致意、關懷、確定話題；但原則上必須以溫和的態度表達其對服務對象的關懷和體諒，避免直接詢問受助者有什麼問題。有關「打破疆局」的案例，如表3-1-4：

表3-1-4　運用「打破疆局」技巧的案例

> 　　雅欣，是生長在彰濱地區窮苦家庭的十三歲女孩，自幼營養欠佳，八歲時發了一場高燒，加上父母的疏忽和迷信，吃了幾年的符水偏方，雙腳萎縮，癱瘓在破舊的牀上，腰部到大腿之間佈滿嚴重的褥瘡。我們志工初期的訪視工作幾度陷於停頓狀態，因為雅欣的父母一再排斥我們、不聽勸阻而繼續使用偏方、不肯讓女兒就醫。雅欣的母親總是愁著臉嘆氣：「作孽啊！前一輩子欠她的」，而父親更經常酒後咒罵她會拖垮全家！累積多次的挫敗後，我們改變方式，先爭取雅欣一家人的信任和合作。除了增加探訪次數外，我們首先整理雜亂污穢的居家環境，協助雅欣的兄妹作功課，幫雅欣申請免費醫療，總算慢慢取得她父母的信任，同意雅欣接受醫療，病情也逐漸好轉。

資料來源：鄭貴華等編，1994，志工樂，81-87頁。

　　在表3-1-4的案例，由於女孩的父母擔心讓孩子就醫會拖垮全家經濟，因而排斥志工的勸告，致使服務陷入僵局。後來，志工改弦更張，轉個彎先幫忙整理環境、輔導其兄妹的課業及申請免費醫療，終於打破僵局，達成服務目的。

2.積極傾聽：這種技巧的功能，在於辨別服務對象的需求，表達尊重，增強或激發其接受幫助的意願；其作法包括：兼用耳、眼、心，專注地「聽」；原則上，不僅了解口語的訊息，也要注意肢體語言的訊息，並且妥善處理沉默。有關「積極傾聽」的案例，如表3-1-5：

表3-1-5　運用「積極傾聽」技巧的案例

　　美芳志工表示照顧獨居老人的要領，除了良好的照顧技術之外，還要貼近老人的心，了解老人真正的想法。她記得有一位老阿公，非常排拒陌生的志工進到屋子裡，每次到阿公家服務，阿公要嘛就是不肯講話，要不就是大聲喝斥她：「不准碰我的東西！」有時，她帶去的食物，寧可壞掉也不肯吃一口。雖然如此，美芳仍然十分有耐心地持續提供服務。這樣僵持了一個多月，阿公似乎沒有接受她服務的意思，她想了一個辦法，故意在阿公面前打電話給另一個志工朋友，大聲說：「這個阿公很不喜歡我來照顧他，帶來的東西也不肯吃，你另外派一個志工來照顧他好了。」美芳一邊講電話，一邊偷看阿公的表情，發現那張嚴肅的臉突然垮了下來，她心想：「原來阿公已習慣我來照顧他，只是自卑心作祟，不肯承認罷了。」於是美芳幫阿公找一個下台階，跟他說：「你真的這麼不喜歡我來服務嗎？那我就請另外一位志工來照顧你。不過，在還沒有找到人之前，可以不可以讓我繼續來服務？」阿公終於鬆了口氣，故意裝作很不在意的說：「好呀！隨便啦」。漸漸地，阿公不再嫌東嫌西，還會主動跟美芳說話。

資料來源：董氏基金會編，2004，幸福的模樣，45-55頁。

　　在表3-1-5的案例，服務對象對於陌生志工要進入屋內來服務，非常排斥，志工就藉著打電話假裝要換別人來服務，乘機觀察阿公的臉部表情，揣知他是希望美芳志工繼續留下來服務，不要換人。同時，美芳志工又從「好呀！隨便啦」的口語，再度確認阿公的真正意思，也激發其主動和志工說話，接受服務，因而服務工作可以有效展開。

　　3.誠懇接納：這種技巧的功能，在於鼓勵服務對象更自由、自在地表達自己的想法、感受、行為，而不予批判或拒絕；其作法是透過口語或肢體語言，傳達溫暖、正向的感受；原則上，助人者必須控制厭惡、驚訝等反應。有關「誠懇接納」的案例，如表3-1-6：

表3-1-6　運用「誠懇接納」技巧的案例

還是病房門禁時間，突然有三個警察推著輪椅往病房區走來，上面坐著一個濃眉大眼的驃悍男子，而蓋著的被單下竟是腳鐐手銬，原來是保外就醫的受刑人。我們志工幫忙安頓這位同學（受刑人）時，他有許多的不滿和抱怨，而一字經、三字經也不知不覺的愈說愈多，聲音愈來愈大。我怕會影響同病房的病友，趁他歇一口氣時趕緊告訴他：「我見過你耶！」他愣了一下，也立刻住了口。其實，我是突然想起前回去監獄關懷同學而對他有一點印象。因為在帶團康時，志工隊長詢問同學們是要先唱歌？還是要先聽故事？而這個同學卻提出要先幫他們算命。當時，志工隊長欣然接納，立即以帶動唱的方式，唱了一首兒歌：一隻手指頭呀！變！變！變成毛毛蟲；兩隻手指頭呀！變！變！變成小白兔！……十隻手指頭呀！變！變！變成棒球手。並且，告訴同學們，區區十隻手指頭就可以由自己變出這麼多東西，而命運更須由自己來掌握，要「運命」，不要被「命運」了，只要「心存好意、口說好話、手做好事、腳走好路」，就可以改變自己的命運。

資料來源：慈濟醫院編，1998，快樂志工行，84-89頁。

　　在表3-1-6的案例，服務對象是帶著腳鐐手銬、保外就醫的受刑人，而且經常三字經不離口，但是志工仍然誠懇接納，沒有表示任何驚訝或厭惡。即使早先志工在監獄服務時，也是接納這個受刑人所提出的要求，先替他們算命，而運用唱歌的方式，傳達志工對於「命運」的正向看法，使得服務也有了正面的效果。

　　4.同理心：這種技巧的功能，在於易地而處，清楚且完全地了解服務對象的想法及需求；其作法是針為服務對象表達的內容，以及隱喻的、未明白敘述的部分，都及時作出反應；原則上，助人者必須專注與傾聽，對於服務對象的喜、怒、哀、樂等情緒，有敏感的反應。有關「同理心」的案例，如表3-1-7：

表3-1-7　運用「同理心」技巧的案例

> 　　參加展望會的志願服務，第一次活動是「相約在亞蔬」，帶領台南縣左鎮的五○個低收入家庭的小朋友，讓他們過一個不一樣的復活節。亞洲蔬菜中心的員工大部分是外國人，在團體活動設計上，我們結合了復活節尋找彩蛋的遊戲，大家對此活動感到十分新奇，彷彿在森林中尋寶。活動快結束時，有人已經找到好幾個彩蛋，非常高興。我突然發現我那一組的小朋友少了一個，趕緊去找，原來他沒有找到寶，不甘心，一直不肯歸隊。這時，我向那些找到幾個彩蛋的小朋友要了一個，然後偷偷藏在一棵最大的樹下，暗示這個小朋友到最大的樹下去找，等到他找到了，眉開眼笑的回到我們的隊伍。一個外國朋友看在眼裡，對我豎起大姆指，會心一笑，表示：「這是一個好辦法」。

資料來源：台南市志願服務協會編，2000，府城溫馨情，38-40頁。

　　在表3-1-7的案例，志工發現有一個小朋友未能按時歸隊，雖然這個小朋友並沒有表明是什麼原因，但志工敏感地想到，別人都已經找到彩蛋，而這個小朋友還沒有找到，內心一定很著急，很不甘心。因此，志工基於「人同此心，心同此理」，就暗地裡在大樹底下放一個彩蛋，讓這個小朋友很快找到，像其他人一樣享受到尋寶的樂趣，而此次活動也就得到圓滿的結果。

　　5.情感反映：這種技巧的功能，在於了解服務對象所表達出來的情緒或感覺，以及可能隱而未見的心理需求；其作法是針對其服務對象當時的情緒或感受，用簡短的話語或肢體語言做出適當的反應，以滿足其需求；但原則上必須保持適度的感情介入，避免情感轉移或反轉移。有關「情感反映」的案例，如表3-1-8：

表3-1-8　運用「情感反映」技巧的案例

　　某老人院的志工表示，一般老人們總喜歡回憶懷舊，滄海桑田的人、事、地、物，都是打開他們話匣子的好話題。譬如在他們晨昏活動筋骨時，我會刻意繞到他們身旁，指著一棵樹或一朵花，故意說錯它的名字，藉以引來他們義正詞嚴的糾正與熱鬧滾滾的抬槓。等到有人爭得慷慨激昂的時候，我再適時出面打圓場，說一些誇讚他們的好話。畢竟「老人囡仔性」，喜歡人家褒獎，看到這些老人認真生活的樣子，希望他們能夠漸漸揮別孤寂的老人心態，也增加耐力，用以對付漫漫長夜的老病侵蝕之苦。

資料來源：鄭貴華等編，1994，志工樂，1-6頁。

　　在表3-1-8的案例，志工也許已經從老人平日的接觸中，了解到老人喜歡「想當年」，更喜歡別人誇讚他「寶刀未老」。因此，志工趁著陪伴老人戶外活動的機會，刻意製造話題，讓老人透過對話，抒發情緒，因而增加互動，也維持活力，達到老人服務的目的。

　　6.澄清：這種技巧的功能，在於核對訊息與原意是否相符，以確定所提供的服務是否與受助者的需求一致；其作法是使用不同的對話，將受助者的意思摘要覆述，並加以驗證；原則是針對受助者所表達的內容加以核對，不加入助人者的主觀看法。有關「澄清」的案例，如表3-1-9：

表3-1-9　運用「澄清」技巧的案例

　　在台南家扶中心擔任志工期間，有一次指導課輔的小朋友，因為職責所在，必須一一檢查他們的家庭作業。其中，有一個小朋友告訴我：「功課，媽媽已經檢查過了。」基於尊重家長及小朋友，我不便再看一次，但有一天他媽媽來接他回家時，突然問我：「最近，學校老師打電話給我，說小朋友的功課常常沒有寫完，請你有空幫他檢查一下，謝謝你。」我很納悶，就回話：「他說你已經檢查過，所以我就沒有再檢查。」當下，這個小朋友被媽媽打了一頓，而我有點「裡外不是人」的感受，只能對他母親說：「小孩子嘛，用說的就好。」事後，對這個小朋友，除了曉以大義，對他的功課不得不嚴加督導。

資料來源：台南市志願服務協會編，2000，府城溫馨情，49-53頁。

在表3-1-9的案例，擔任兒童課後輔導的志工，依例檢查兒童的家庭作業時，發現其中有一個小朋友可能偷懶沒有寫完，而謊稱媽媽已經檢查過了。可是有一天，他媽媽卻拜託課輔志工幫孩子檢查功課，志工覺得納悶，就透過對話，從孩子母親的口中得到澄清，事後對這個小朋友嚴加督導，服務才真正收到應有的效果。

7.引導：這種技巧的功能，在於協助服務對象針對其所面臨的問題，進行自我探索、自我了解，最後能夠自我改變；其作法包括直接引導與間接引導；原則上，助人者可以採用開放式問句，鼓勵服務對象充分表達自我，但仍應巧妙地引導他朝向助人者預期的目標而發展。有關「引導」的案例，如表3-1-10：

表3-1-10　運用「引導」技巧的案例

醫院有一位十七歲罹患骨癌的男孩，罹病至今已五年，他一天會發燒兩次，經常沒有胃口，吃不下飯。由於不喜歡說話，面無表情，我們志工都稱他為「酷哥」。有一天，我問他：「想吃冰淇淋嗎？」他睜大了眼睛，說：「想吃」，他爸爸在一旁很高興地問道：「紅豆冰是嗎？」男孩不耐煩的頂撞爸爸：「不知道就不要亂講，每次都這樣」。他告訴我，想吃芒果冰淇淋，爸爸聽了馬上跑去買回來給他。隔天，我們幫男孩按摩，發現左背鼓起一個很大的腫塊，媽媽說肺部曾開過刀，現在已轉移到腎臟。我們一邊按摩，一邊唱「媽媽」這首歌，想引導男孩對父母感恩的心。媽媽聽著歌頻頻拭淚，男孩也低下頭。我趁機告訴他：「你看，父母這麼疼你。爸爸知道你要吃芒果冰淇淋，馬上就跑去買。他每天頂著大太陽做工，辛苦又危險，你只要說一句溫馨、體貼的話，父母再怎麼辛苦都甘願。感恩父母，要即時表達。」男孩點點頭。

資料來源：慈濟醫院編，1998，快樂志工行，81-83頁。

在表3-1-10的案例，醫院志工看到其所服務的男孩，可能因為久病導致心情不佳，竟然只為著「吃冰淇淋」的小事，就對父母出言不遜，令人感慨係之。由於慈濟單位一向重視孝親，所以這個慈濟志工便間接透過「唱歌」方式、直接透過「口頭規勸」，引導男孩思索其對父母表達感恩的問題。

8.尊重：這種技巧的功能，在於無條件地接納服務對象真正的樣子，以及他的獨特性，藉以提昇其自尊和自信；其作法是接受服務對象一切的言語、行為及態度，協助其發揮潛能；原則上不僅接納，更須積極的關懷，並注意表裡一致的態度。有關「尊重」的案例，如表3-1-11：

表3-1-11　運用「尊重」的案例

在烏日農會關懷老人的服務過程中，最讓慧美志工印象深刻的是，一位已經往生一年多，瘦瘦小小，很害羞的老阿嬤。守了一輩子的雜貨店，她無意間看到鄰居老人到農會參加高齡者生活改善班，變得很活潑，也開始撐著傘，坐公車到農會學唱歌、跳日本舞。她連續學了三年才藝，也很喜歡表演。後來，阿嬤身體出狀況，發現是肺癌，來日不多，站不穩又不停地咳嗽。因此，那一年的歲末聯歡會，安排表演節目的志工考量阿嬤的身體狀況和家人意見，並沒有讓她上台表演。隔了幾天，阿嬤看到聯歡會活動的照片，就一直哭，重複的說：「上面都沒有我」。她的女兒透露，阿嬤臨終前告訴她，最喜歡參加農會的唱歌、跳舞，可是今年沒有上台表演。雖然已經過了一年多，慧美志工一談起阿嬤，仍然耿耿於懷，眼眶泛著淚水說：「想到還是很難過，很後悔沒有尊重阿嬤的意見，沒有讓她完成最後的心願」。

資料來源：董氏基金會編，2004，幸福的模樣，101-113頁。

在表3-1-11的案例，志工所服務的阿嬤，年老、瘦小、害羞，但想跟鄰居的老人一起到生活班學習唱歌、跳舞，志工尊重她參加活動的意願，而阿嬤也真的連續學了三年。後來，阿嬤患重病，站不穩又咳不停，志工又尊重其家人意見，為免影響健康，而未讓阿嬤參加歲末聯歡會表演。志工尊重服務對象及其家人，在態度上是一致的。可惜，阿嬤往生之後，其女兒透露阿嬤臨終前最大的遺憾是未上台表演。如果志工早知如此，基於臨衷關懷的原則，似應尊重阿嬤的想法，再與她的家人溝通之後，共同協助阿嬤了其最後心願，使服務更加圓滿。

9.立即性：這種技巧的功能，在於把握時機，進行直接協助，使服務對象更能感受到助人者的關心和投入；其作法是暫停對事情的討論，直接做溝通、回饋；原則上須有彈性、態度真誠而堅定，但語氣要緩和，不急躁。有關「立即性」的案例，如表3-1-12：

表3-1-12　運用「立即性」技巧的案例

在門診為病人及家屬服務的時候，志工組長告訴我必須眼觀四方、耳聽八方，看到老弱婦孺就上前噓寒問暖，主動發現問題、解決問題。我當時愣在那裡，因為我以為志工只要等人找上門求助，然後熱心幫忙他不就成了嗎？後來有一位家屬推著坐輪椅的病人很慌張的經過我的面前問我：「急診在哪裡？」我就就像交通警察一樣舉起右手向旁邊一指回答說：「在那邊」。立刻就有一位比較資深的志工奔跑過來幫忙家屬把病人推進急診室，我當時又愣在那裡，因為我以為志工只要指引方向就好，真的必須事必躬親，親自推送嗎？後來請教資深的志工，才知道志工的服務態度必須完全替別人著想，凡事主動服務，立即處理。

資料來源：慈濟醫院編，1998，快樂志工行，29-31頁。

在表3-1-12的案例，志工最初以為有人找上門再熱心幫助，這是缺缺乏立即性。稍後，這個志工碰到病人家屬用輪椅推著病人急著找急診室，雖能立即舉手指引急診室的方向，可惜太急躁，沒有親自推送，受助者可能感受不到志工真正的關心。反倒是另一個資深志工看到有人急需協助，立即停下一切，直接幫忙家屬把病人推到急診室，不但掌握輕重緩急，及時投入，也使服務更有效率和效益。

10.自我揭露：這種技巧的功能，在於適當地表露自己的感受或經驗，以與服務對象分享，而發揮示範作用；其作法是在適當的時機，提出自己的遭遇、經驗、感受，供服務對象參考；原則上，要認定自己的經驗或感受有助於服務對象，才自我揭露。有關「自我揭露」的案例，如表3-1-13：

表3-1-13　運用「自我揭露」技巧的案例

有一天，我值班，忽然從服務台前面衝出一台輪椅，只見一個大約三十多歲的男性病人用一隻腳蹬著地，拖著輪椅急促地走過，我趕緊前去幫忙，後面有一個年輕婦人走過來，小聲地跟我說：這是我的先生，因為中風手腳不方便，心情鬱悶，不想做復健，負氣要回家。我靈機一動，說不定以我自己的經歷可以鼓勵他、說服他。於是我假裝和這個婦人聊天，說我曾經因為椎間盤突出壓迫神經引起腰部和腿部酸痛，無法走遠或久站，我按照醫師吩咐，持續作復健一年多，現在好多了，才能在這裡為大家服務。而且，復健必須即早開始，恢復的效果會比較好。當我說到這裡，這個病人好像有聽到我們的談話，忽然將輪椅轉回樓梯口的方向，婦人趕忙向我表示，他要上樓去作復健了。當時，我有說不出的感動，我釋出我的經驗，居然發生了效應。

資料來源：基隆長庚醫院社會志工隊編，2003，采河，第3期36頁。

在表3-1-13的案例，醫院志工看到一個中風病人不肯作復建，家人亦無可奈何，便適時表露自己類似的復健經歷，與病人及其家屬分享，果然技巧地促使病人回心轉意，繼續接受復健。

除了上述案例所提及的十個基本技巧之外，事實上還有其他的助人技巧，對於志願助人者都有參考運用的價值。不過，無論運用何種助人技巧，必須針對當時的助人情境，選擇適當的技巧，並掌握其功能、作法及原則，再靈活運用，以提高服務的效果。俗話說：「運用之妙，存乎一心」，只要志願助人者有心去嘗試、用心去體會，相信假以時日，運用的經驗多了，必能得心應手。

五、結語

基本上，志願服務，不是紙上談兵，必須有實際的服務。但是志願服務，也不是趕流行，有做就好，既然要做，就要把它做好。這對於志工而言，應該如此，對於志願服務運用單位或推展單位，何獨不然？

簡言之，志願服務業務要有效推展，志工的助人工作要有效達成目標，都不能忽略服務方法與技巧的運用。因之，本文首先闡釋志願服務方法與技巧對於：降低服務成本，增進服務效益、提高服務效率的理由。然後提出個案服務法、團體服務法、社區服務法，並舉例說明其適用於志願服務適用的情況。另外，參採助人的基本技巧，舉例說明：打破僵局、積極傾聽、誠懇接納、同理心、情感反映、澄清、引導、尊重、立即性、自我揭露等十個技巧的運用。

對於上述志願服務的方法與技巧，運用志工的單位不妨透過志工訓練及督導的時機，協助志工了解、運用；至於志工本身，亦可多從觀摩、學習及經驗累積中，充實自己，成長自己。苟能如此，志願服務績效可望提高，志願服務或許不致於老是被批評為「人力充沛，方法缺乏；熱情有餘，技巧不足」。

3-2 志工對社會福利的認識

一、前言

志願服務與社會福利的關係密切，志工關懷弱勢，為其提供必要服務，就是一種廣義的社會福利工作。而且，現代民主國家無不重視弱勢者的福利服務，所以無論服務於何種領域的志工，對於社會福利至少都應有一些基本的認識。

尤其，現代社會，許多事情的變遷速度很快，變遷幅度也很

大，對於社會福利的需求格外殷切。例如，傳統的家庭，孩子多，「養兒」希望能「防老」；現代的家庭，孩子少，「養老」說不定還要「防兒」，甚至「防孫」，因而有老人福利的需求。

正由於社會變遷太快，難免會產生一些社會問題，例如兒童托育、少年犯罪、婦女受虐、老人獨居等問題，幾乎層出不窮，所在都有。因此，許多志願服務運用單位都鼓勵志工參與社會福利的推展，以解決社會問題，改善人民生活。

茲為了解社會福利的大概情況，本文除緒言及結語之外，扼要說明社會福利的相關概念，並探討社會福利的主要內容：社會保險、社會救助、福利服務、社會津貼。

二、社會福利的涵義及演進

社會福利是什麼？如何演進？主要範圍包括哪些？這是我們在探討社會福利之前，必須了解的一些概念。

社會福利包括「社會」與「福利」兩個概念。顧名思義，「社會」是由許多人組合而成的群體，「福利」就是「幸福」和「樂利」。所以，幫助社會人群過著幸福、安樂的生活，就是社會福利。

俗話說：「人，是地球上的過客。」姑且不論人生是漫長，還是短暫，如果我們從出生到死亡的這段人生旅程，都能過得很快樂、很幸福，那該多美好！因此，我們也可以說：社會福利就是讓社會每一個人都有一段美好的人生旅程（Having a good journey）。

當然，社會福利還有其他的解釋。例如，美國加州大學教授弗蘭德（Walter A. Friedlander）認爲：社會福利是透過有組織、有系統的社會服務和相關措施，用來幫助個人和團體在生活、健康、人際、社會等方面獲得滿足，使其發揮能力，並增進福祉。

前行政院研考會也曾經綜合中西學者的意見，認爲我國社會福利是以傳統文化之仁愛思想爲基礎，針對社會現實及未來變遷，並配合社會資源之運用，所推行的各種政策與措施，其目的在於預防、減輕或解決社會問題，進而增進個人、家庭、團體及社區的福祉，以提昇民眾生活品質，並促進國家建設的整體發展。

簡單的說，社會福利是因應社會變遷，解決社會問題，增進民眾福祉的相關措施。

論及社會福利的演進，我們先界定社會福利是社會變遷的產物，往往隨著時空環境的轉移而有不同的因應措施。在西方國家，社會福利是以漸進的方式發展，早期大多屬於宗教團體的慈善工作，然後慢慢形成一種有組織、有系統的服務，進而建立完整的社會福利制度。

在台灣，依中央政府於一九九九年六月完成的「邁向二十一世紀社會福利白皮書」，社會福利的演進分爲萌芽、確立、成長、擴張等四個時期。如果再將民進黨執政以後有關社會福利的轉折列入考量，則可分爲五個時期，如表3-2-1：

表3-2-1　台灣社會福利的分期

分　期	時　間	背　景	重　要　福　利　措　施
萌芽期	1945～ 1970	穩定政局 發展經濟	1950勞工保險 1958公保、軍保
確立期	1971～ 1980	外交挫折 對抗貧窮	1972小康計畫 1973兒童福利法 1980社會救助法、老人福利法、殘障福利法
成長期	1981～ 1991	解嚴前後 民主需求	1989少年福利法、農民保險
擴張期	1992～ 2000	競選壓力 建構制度	1995全民健保、兒少性交易防制法 1997社會工作師法、性侵害防治法 1998家庭暴力防治法 1999內政部成立兒童局
轉折期	2000.520～	新政府福利政策	2001志願服務法 2002兩性工作平等法 2003兒童及少年福利法 2004修訂社會福利政策綱領 2005性騷擾防治法

資料來源：參考內政部（1999）。社會福利白皮書。補充整理而成。

　　至於社會福利的範圍包括那些？修築道路、裝設路燈、開闢公園、綠地、兒童遊樂設施，這些是不是也屬於社會福利的範圍？

　　事實上，社會福利的範圍不容易界定，因為國家不同，其政治、經濟、社會、文化的情況不同，社會福利的範圍可能就有所差異。即使在同一個國家，也常因社會及經濟發展的程度，而對社會福利有不同的政策和措施。以我國最近幾年的情況來說，有兩個重要文獻可以幫助我們了解社會福利的範圍。

　　二○○○年六月，國民大會修憲，在增修條文第十條第八款規定：國家應重視社會救助、福利服務、國民就業、社會保險及醫療保健等社會福利工作，對於社會救助和國民就業等救濟性支出應優先編列。

　　二〇一二年一月，行政院修正核定社會福利政策綱領，參酌國際慣例而以社會救助與津貼、社會保險、福利服務、健康與醫療照護、就業安全、居住正義與社區營造等六大項目，作為社會福利的主要內容。

　　據此，台灣地區社會福利的主要內容，包括社會保險、社會救助、福利服務、居住正義、就業安全、醫療保健等六項措施。

　　其中，國民住宅、就業安全、醫療保健三者，在性質上屬於福利服務，可併入福利服務中討論，而近年來各縣市所實施的社會津貼，也是社會福利不能忽略的議題。所以，台灣現階段社會福利的範圍，主要包括社會保險、社會救助、福利服務、社會津貼四項。

三、分擔風險的社會保險

　　天有不測風雲，人有旦夕禍福。為了保障人民生活的安全，分擔意外事故所造成的風險，當今世界各國，凡是重視社會福利的國家，都有某種型態的社會保險制度。

　　社會保險是一種互助的社會福利制度，採用保險的方式，由被保險人繳納保險費，加上雇主的分擔和政府的補助，以保障被保險人在發生保險事故時，可以得到經濟上的補償或必要的服務，而維持基本的生活。

　　這裡所謂的「保險事故」，也稱為風險事故，一般包括生育、傷害、疾病、殘廢、失業、老年、死亡等七項。其中，生育本身就是一種危險的過程，所以有時也將生日稱為「母難日」，而且生

兒育女必然增加生活負擔。至於傷害、疾病、殘廢則直接威脅生命安全，可能因此而中斷收入，或減少工作收入，並需增加療傷、治病、復健的支出；失業和老年都會中斷收入，死亡除了須支付喪葬費用之外，還要擔心遺族未來的生活。

如果實施社會保險制度，由大家共同分擔風險，被保險人一旦發生保險事故時可以領取生育給付、殘廢給付、失業給付、死亡給付和遺屬津貼，以及必要的醫療、復健、就業等服務。這樣，被保險人及其眷屬，自出生到死亡，都可以獲得基本生活的保障。因此，社會保險常被界定為社會安全的第一道防線。

論及社會保險的體制，我國是相當重視社會保險的國家，一九五○年三月一日，政府為配合經濟發展所需人力，率先開辦勞工保險，一九五八年相繼辦理公務人員保險與軍人保險，一九八九年辦理農民保險，一九九五年辦理全民健康保險，一九九八年實施勞工保險失業給付，一九九九年將公務人員保險修正為公教人員保險，二○○八年開始辦理國民年金保險。

以往，我國的社會保險是依被保險人的職業實施分類保險，目前則順應世界潮流，努力統整各類保險，逐步形成一種以保險功能為主的社會保險制度。一般而言，社會保險有以下四類：

1.健康保險：主要功能在保障全體國民的身體健康。依據我國健康保險法規定，凡具有中華民國國籍，在台閩地區設有戶籍四個月以上者，均應參加全民健康保險。在保險期間如果發生疾病、傷害或生育等事故時，則由保險醫事服務機構提供門診或住院醫療，並

依規定由被保險人分擔掛號費和部分醫療費用。

　　2.年金保險：是一種長期性的保險制度，年輕時參加保險，年老退休時領取給付，以維持晚年的生活需要。依據行政院經建會所提「國民年金制度規劃報告」，我國現行的國民年金保險，係採社會保險方式辦理，凡二十五歲至六十四歲之國民一律強制參加保險，由被保險人共同分擔發生身心障礙與死亡的風險，兼具自助和互助的精神。

　　3.職業災害保險：主要功能在保障勞工的工作安全，補償勞工因公受傷所遭遇的損失。勞工職業災害保險的保險費，係依各行業發生危險的比率訂定，並定期調整。例如礦業的危險率較高，保險費率也較高；百貨業危險率較低，保險費率也較低，如果當年發生危險的事故較多，往後的保險費率就隨之調高，反之亦然。同時，全部保險費原則上由雇主負擔，以責成雇主改善工作環境，維護勞工安全。

　　4.失業保險：主要功能在保障勞工失業期間的生活，並積極輔導其重新就業，日本稱為「雇用保險」，中國大陸稱為「待業保險」。台灣則於二○○二年五月公布實施「就業保險法」，年滿十五歲以上，六十歲以下，受僱之本國籍勞工，應以其雇主或所屬機構為投保單位，參加就業保險。當被保險人於非自願性失業，即可依規定領取失業給付，或提早就業獎助津貼、職業訓練生活津貼。通常，失業給付是按被保險人平均月投保薪資百分之六十發給，最長發給六個月。

如果沒有正當理由，而不接受推介就業或參加職業訓練，則不發給失業給付。

此外，在高齡化的社會裡，長期照顧費用的支出，已經逐漸形成一種新的風險，德國等先進國家也已採取社會保險的方式提供保障，學界稱之爲第五類社會保險。我國爲因應人口快速老化及家庭照顧的沉重負擔，行政院已著手規劃長期照護保險，以建立更完善的風險分擔機制。

四、保障生活的社會救助

一個人如果沒有參加社會保險，發生事故時無法領取保險給付，或者已經參加社會保險，但是所領取的保險給付仍然不足以維持基本生活之所需，在這種情況下，就必須透過社會救助來保障其生活。因此，社會救助經常被稱爲社會安全的第二道防線。

社會救助是不必繳費的一種社會福利，主要是利用政府的財力，結合民間的資源，對於老弱殘廢、無力生活及遭受非常災害的國民，給予適當的扶助和救濟，使其能夠維持最低的生活水準。

社會救助是政府保障人民生活的一種義務，也是人民的一種權利，對於受助者並不要求繳納任何費用，但必須經過財力調查（means test）或低收入查證的程序，以確定受助者的資格。所以，政府對於社會救助都訂有一定的標準，做爲財力調查和實施救助的依據。

也許，有人會認爲社會救助是一種消極的福利措施，容易養成

受助者的依賴心理。事實上，社會救助也有許多積極性的作用，例如對於低收入者所提供的醫療補助、失業補助、教育補助、身心障礙補助等，都在促使受助者恢復健康，或培植工作的能力，況且給予現金救助，也可以增加受助者的購買力，從而刺激經濟生產。因此，就長期而言，社會救助可以化無用爲有用，化消費爲生產，具有積極的功效。

論及社會救助的體制，我國的傳統文化是以仁愛爲基礎，一向重視社會救助工作。台灣早在一九七〇年代即推展小康計畫和安康計畫，以對抗貧窮問題。一九八〇年，針對工業社會的貧窮問題，爲協助受助者自立自強，乃制定「社會救助法」，做爲實施社會救助的依據。後來，配合社會變遷的需要，又進行多次修正。

依二〇一五年十二月修正的社會救助法，其第二條規定：社會救助分爲生活扶助、醫療補助、急難救助及災害救助。茲簡述如下：

1.生活扶助：主要功能在保障低收入家庭的基本生活，依據台灣省、台北市、高雄市每年公告的當地最低生活費用爲基準，對於符合低收入資格的家庭給予生活扶助。通常，生活扶助以現金給付爲主，收容安養爲輔，必要時也採取技能訓練、就業輔導、創業輔導或以工代賑的方式，協助其自立。其中，以工代賑保障每月工作二十五日，每日工資六百元。

2.醫療補助：主要功能在保障低收入者有能力接受醫療，以恢復健康。具體做法是對於染患重病、受傷而無力負擔醫療費用者，依

台灣省、台北市、高雄市所訂標準，補助其醫療費用百分之七十至一百，最高額度九萬元至三十萬元不等。

3.急難救助：主要功能在協助受助者脫離困境，免於淪為低收入者。凡是戶內人口死亡而無力下葬、戶內人口遭受意外傷害以致生活陷於困境，或者負擔家庭生計責任者，因為長期患病、遭遇意外傷亡或其他原因，以致家庭生活陷於困境者，都可以向戶籍所在地政府機關申請急難救助。其中，死亡而無遺屬與遺產者，由當地公所辦理埋葬。如果不幸盤纏用盡，流落外地，缺乏車資返鄉者，也可以向當地政府社政單位申請急難救助。

4.災害救助：主要目的在避免突發事故影響家庭正常功能。對於人民遭受水災、火災、風災、雹害、旱災、地震或其他災害，而造成重大損失，影響生活者，由政府給予災害救助，包括協助搶救、處理善後、臨時收容、發給救助金、整修房舍。其中，救助金的發給，須依「防救天然災害及善後處理辦法」辦理。其一般補助標準，死亡或失蹤每人二十萬元，重傷每人十萬元，房屋全毀戶內每口二萬元，半毀戶內每口一萬元，均以五口限。不過，這項標準也會因應實際需要而有所變動，例如一九九九年「九二一震災」的補助標準就曾大幅度調高，並且另撥專款，動員人力，投入災區的重建工作。

此外，二○○九年一月修正名稱，並經總統公布「特殊家庭扶助條例」，對於經濟情況不佳，且遭遇丈夫死亡或失蹤、因被丈夫遺棄或虐待而離婚、因被強暴而懷孕生產的未婚婦女、單親

因重病或為照顧子女而未能就業、丈夫被處一年以上徒刑且在執行中，依其求實際需要提供緊急生活扶助、子女生活津貼、子女教育補助、傷病醫療補助、兒童托育津貼、法律訴訟補助及創業貸款補助。這些，也是現階段社會救助的重要環節。

五、照顧特殊人群的福利服務

前述社會保險與社會救助，所保障的是國民的經濟生活。但是一個人的生活，除了經濟生活之外，還有精神生活，因而必須有福利服務做為社會安全的第三道防線，用以照顧特殊人群，維護家庭生活圓滿。

基本上，福利服務的對象是特定的弱勢族群，其服務的範圍包括兩方面，一是人生的各階段，也就是對於兒童、少年、婦女、老人、身心障礙者的服務；二是生活的各層面，也就是有關國民住宅、就業安全、醫療保健的服務。然而，這兩方面是相互包容的，例如少年的就業輔導、身心障礙者的醫療復健，就同時涵蓋人生階段和生活層面。茲以人生的各階段為主，將其福利服務的取向和重點列如表3-2-2並略加說明：

表3-2-2　不同對象福利服務的取向和工作重點

對　象	服務取向	工　作　重　點
兒　童	保　護	托育服務、兒童保護、早期療育。
少　年	發　展	少年保護、就業輔導、休閒服務。
婦　女	性別平等	婦女安全、就業支持、諮詢服務。
老　人	安　養	安養服務、居家服務、敬老服務。
障礙者	復　健	醫療復健、促進就業、無障環境。

資料來源：自行整理。

1.兒童福利服務：台灣地區由於社會快速變遷，導致家庭結構發生重大變化，傳統的大家庭逐漸減少，小家庭和雙薪家庭則相對增加，對於學齡前的幼兒托育和學齡兒童的課後托育，其需求愈來愈大。加上經濟壓力、環境惡化、親職教育缺乏，導致兒童虐待和發展遲緩的個案日漸增多，所以兒童福利服務也格外受到重視。其主要工作包括：

(1)托育服務：為人父母者，莫不希望親自輔育孩子，陪他們長大，但有時不得已，仍須委託他人代為保育。為了因應這種需求，通常透過公私立幼兒園、安親班或臨時托育中心，協助民眾解決兒童的托育問題。

(2)兒童保護：「孩子是王」，小生命的降臨，本來應該受到關愛和呵護，但還是有一些兒童會遭到疏忽或虐待。此時，可以利用各縣市的二十四小時兒童保護專線「113」，舉發報案或請求協助。兒童保護，需要大眾發揮「幼吾幼以及人之幼」的精神，做孩子的守護神，使其快樂成長。

(3)發展遲緩兒童早期療育：「早期發現，早期治療」，如果幼兒在動作、語言、認知、社會情緒或生活自理等方面有發展遲緩的現象，可透過各縣市「發展遲緩兒童早期療育通報轉介中心」，及早接受專業人員的評估及療育服務，使兒童的障礙程度減輕或消失。

此外，對於失依兒童安排寄養或領養服務，設置兒童福利服務中心，提供諮商、諮詢、親職教育、休閒娛樂活動及圖書閱覽服

務，也是當前重要的兒童福利服務。

2.少年福利服務：青少年血氣方剛，精力充沛。但其外在遭逢社會環境的快速變遷，內在正值身心發展的劇烈變化，因此如何適時提供服務，協助少年解決其日趨多元與複雜的問題，是少年福利服務的重要工作。目前的重點包括：

(1)少年保護：依兒童少年福利與權益保障法、兒少性剝削防制條例的規定，各級政府必須結合民間團體加強少年保護措施，包括緊急救援、收容安置、追蹤輔導、研習訓練、加害者處罰等工作。

(2)就業輔導：為協助有就業需求的青少年順利就業，當前的國民就業輔導機構，都有專為青少年規劃的職業訓練，並積極輔導其就業，或由勞工、青年輔導等相關單位提供低利貸款，協助青少年創業。

(3)休閒服務：為因應青少年休閒的需求，除了各地方政府設置綜合性少年福利服務中心，提供教育、諮詢、休閒娛樂等服務之外，社政單位亦經常結合相關機構或團體，共同辦理青少年的各種休閒活動，以促進青少年身心健全發展。

此外，少年福利服務還可以包括：對於生理、心理或社會適應不良的青少年及其家庭，提供心理諮商或其他必要的輔導；對於家庭發生變故、逃學離家、因父母濫用親權之受害青少年，提供臨時安置、短期住宿或寄養等服務。

3.婦女福利服務：近年來，由於民主政治的發展，人權呼聲高漲，女性主義盛行，婦女的社會地位和社會角色都有了明顯的改變，但囿於傳統觀念的限制，也使得現代婦女面臨了更多的壓力。當前的婦女福利服務，著重在婦女權益保護，促進性別平等，協助婦女自我成長。目前的重點包括：

(1)婦女保護專線：台灣地區各縣市均設有二十四小時婦女保護專線「113」，對於遭遇家暴、性侵害、性騷擾或其他重大變故的婦女，提供緊急救援、緊急安置、陪同偵訊、心理支持、諮商與轉介等服務。如果婦女有請求保護的需要，打一通電話就可以得到適切的服務。

(2)就業支持服務：現代婦女投入勞動市場的比率日漸提高，但就業之後往往必須兼顧家庭照顧的角色，兩頭奔波，相當辛苦。目前已有許多縣市努力建立兒童的托育網絡，統合「托兒—安親—臨托」等服務，以減低就業婦女的壓力。至於婦女「二度就業」，也有許多支持性的服務，包括第二專長訓練及就業輔導。

(3)婦女諮詢服務：隨著社會結構的變遷及婦女角色的轉變，現代婦女經常面臨婚姻調適、親子關係、育兒及醫療保健、工作壓力、婦女權益等問題。目前台灣地區約有五十多個婦女福利服務中心，可以提供專業的諮詢服務。

此外，婦女相關機構與團體，經常辦理各種知能研習、性別教育、生涯發展、成長團體等活動，鼓勵婦女走出廚房，參與學習、

不斷成長,更是符應時代需求的福利服務。

4.老人福利服務:由於環境衛生的大幅改善,以及醫學科技的日益發達,使得人類的壽命愈來愈長,老人的人口也愈來愈多。但也由於工業化和都市化的影響,社會型態和家庭結構快速轉變,使得現代的老人可能承受更多的衝擊,也遭遇更多問題。現代老人福利服務的重點包括:

(1)安養服務:使老者安之,是老人福利服務的重要目標。所以對於孤苦無依的老人,通常由政府或民間設置仁愛之家、社區安養堂、老人公寓等福利機構加以收容安養,並提供社會工作專業服務,必要時也容許有經濟能力的老人自費安養,接受相關的服務。

(2)居家服務:本來,含飴弄孫,頤養天年,是老年人的共同願景。奈何現代社會,老人能夠與子女同住的比率愈來愈少,獨居老人則相對增加。為使獨居、患病或身心障礙的老人,也能得到溫馨關懷和妥善照顧,大都由政府及專業團體的居家服務員,或安排一些訓練有素的志工,到老人的住處,協助老人處理家事、代寫書信、打電話、陪伴購物、陪伴就醫等服務。

(3)敬老服務:尊老敬賢,是我國傳統的美德。敬老服務包括對於老人乘坐公共交通工具及進入文教機構參觀,給予免費或半價優待,並透過各種老人慶生、園遊會、健康講座等活動,發揮「老吾老以及人之老」的敬老精神。

此外，實施老人日托服務，提供老人營養餐食，建立老人保護網絡，設置老人文康活動中心或老人聚會場所，辦理老人教育及休閒活動等，也是當前重要的老人福利服務。

5.身心障礙者福利服務：隨著人權的重視，世界各國爲了維護身心障礙者的權益，保障公平參與社會生活的機會，都針對身心障礙者的個別需求，分別提供各種必要的服務。通常，身心障礙者的需求，包括復健、就業和無障礙環境。這些也就是身心障礙者福利服務的重點：

⑴醫療復健：對於低收入的身心障礙者，由政府依規定提供各類醫療復健經費的補助，而對於非低收入戶的身心障礙者，則依其障礙別及實際需求，提供生活補助或復健輔助器具的補助。

⑵促進就業：殘而不廢，是身心障礙者福利服務的基本理念，促進身心障礙者就業，可以說是最佳的福利服務。身心障礙者權益保護法第三十八條規定，公家機關、學校及公營事業機構，進用身心障礙者的人數不得低於員工總人數的3%；私立學校、團體及民營機構，進用身心障礙者的比率，則不得低於1%。這種定額雇用的策略，就是在保障身心障礙者的就業權益，以協助其自力自強。

⑶無障礙環境：建立無障礙環境，是對於身心障礙者的一種尊重，也是一間接性的服務，目的在使身心障礙者可以順利取得相關的福利。所謂無障礙環境，包括社區、居家環境的無

障礙，交通工具、公共建築、活動場所、公共設施的無障礙，以及就學和就業的無障礙。

此外，對於就學的身心障礙者，減免其學雜費；對於一般身心障礙者，交通工具優先乘坐，進入風景區、康樂場所及文教設施，給予優待，也是必要的福利服務。

六、另類經濟保障的社會津貼

前面曾提及社會福利是社會的產物，往往隨著社會的發展而有新的措施。

一九九○年，當時國大代表競選中有人提出「養老金」的政見之後，就曾引起社會大眾的廣泛的關注。一九九四年七月，部分民進黨執政的縣市率先發放敬老福利津貼，六十五歲以上的老人，每人每月五千元或三千元，這就是社會津貼的一種。

社會津貼（social allowances），又稱普及津貼（universal allowances），是針對某些特定的人口群，平等給予一定數額現金的福利措施，而不必考量其財產情況、所得多少、有無就業。社會津貼不同於社會救助，因為社會津貼不必經過財力調查；社會救助也不同於社會保險，因為社會津貼的財源來自於政府預算，而不是保險費。

也許，有人懷疑這種普遍發給社會津貼的做法是否合理，甚至認為這可能是某些政治人物拿納稅人的錢去騙取選票的一種手段。姑不論發給社會津貼是否帶有政治動機，但是有些國家將社會津

貼列入社會福利則是事實。依據1999年世界社會安全要覽（Social Security Programs Through the World）的記載，現今針對老人發給福利津貼的國家，計有瑞典、丹麥、挪威、荷蘭、加拿大、澳大利亞、紐西蘭等國。

在學理上，社會福利的配置有四個層次：殘補式、補償式、診斷式、制度式。其中，殘補式是對社會上的弱勢者，提供補救性的福利措施；制度式是一種預防危機的措施，藉以保障社會福利權。國內的社會救助可以說屬於殘補式的社會福利，全民健康保險則可說屬於制度式社會福利。但是從殘補式到制度式之間，還涉及補償和診斷的概念，也就是對於某些曾經貢獻過而現在需要協助的人施以「補償」，並針對某些身心障礙者、重病者的「診斷」條件施以濟助。準此，則社會津貼可說屬於補償式與診斷式的社會福利，例如，敬老福利生活津貼、榮民就養給與、老農福利津貼，以補償的性質居多，而身心障礙津貼，則以診斷的性質居多。

論及社會津貼的體制，社會津貼是針對特殊人口群的福利需求加以考量，其種類繁多，比較常見有老人津貼、老農津貼、老漁津貼、身心障礙者津貼、兒童津貼（家庭津貼）、幼教津貼、生育津貼、疾病津貼、職業傷害津貼、失業津貼、遺屬津貼等。

目前，在台灣地區實施比較普遍，各界關注較多的是老人津貼。其實各縣市老人津貼的名稱也有很多種，包括敬老津貼、敬老年金、敬老福利津貼、安老津貼、老人生活補助、三節敬老金、百歲敬老津貼等。不過，給付的資格則大同小異，大多以六十五歲以

上，而且在本縣市設籍一定時間的老人為實施對象。至於給付的標準和期間，則各縣市不盡相同。

七、結語

台灣地區現行的社會福利，包括社會保險、社會救助、福利服務及社會津貼四大部分。其中，社會保險方面，已實施的有健康、職災、就業等保險，年金保險尚在規畫。社會救助方面，已實施的有生活、醫療、災害、急難等救助。福利服務方面，除傳統弱勢的關懷之外，為因應社會變遷特別著重受虐兒童及少年的保護、家暴個案的防治、獨居老人的照顧，以及身心障礙者的就業促進。社會津貼方面，則以敬老福利生活津貼的實施最為普遍。

瞻望未來，我國的社會福利必然持續發展，並且繼續受到國際社會福利思潮的影響，注重服務對象的普及，加強福利輸送的效益。在具體的作為上，一則基於福利多元主義（welfare pluralism），政府部門必須結合企業部門、志願部門及非正式部門（親戚、朋友、社區、鄰里），共同提供服務。二則順應「第三條路」（the third way）或「新中間路線」的趨勢，對於福利供需採取多元選擇，彈性處置。

總之，台灣的社會福利將逐步邁向：目標家庭化和社區化，輸送多元化和均衡化，人員專業化和志工化。

3-3　志願服務與社會資源之運用

一、前言

　　無論中外，社會福利的起源與發展，都與「社會資源」及「志願服務」兩者密切相關。

　　在西方國家，早期的社會福利工作，主要是由宗教團體，利用其本身的資源，志願爲教區內的貧苦病弱者提供照顧服務。後來，受到工業化與都市化的衝擊，需要照顧的人群遽增，遂由政府與民間共同負起照顧的責任，並且發展出志願主義（voluntarism），強調結合廣大的社會資源，共同促進社會福利。

　　在台灣地區，現代化的社會福利工作，也是由民間志願性的慈善活動不斷地成長演化而來，而且更加強調志願服務及社會資源的整合運用。例如：

　　一九九五年六月，內政部推動「廣結志工拓展社會福利工作─祥和計畫」，鼓勵社會大眾踴躍投入志願服務行列，共同爲協助拓展社會福利工作及增進社會祥和而奉獻心力。

　　一九九六年十一月，內政部又訂頒「推動社會福利社區化實施要點」，強調結合社區內、外資源，建立社會福利服務網絡，以確保福利服務落實於基層。

　　二○○一年一月二十日，總統公布「志願服務法」，主張整合

社會人力資源,使願意投入志願服務工作之國民力量做最有效之運用,以發揚志願服務美德,促進社會各項建設及提昇國民生活素質。

凡此,在在顯示志願服務的主要目的乃在促進社會福利,而促進社會福利的工作必須運用社會資源。這種情況,對於直接參與社會福利服務工作的「社福志工」,尤其適用。此處針對社會資源的意義及重要性、類型、來源及運用過程、運用原則等議題略作說明,希望有助於志願服務工作者妥善運用社會資源,有效促進社會大眾的福利。

二、社會資源的意義及重要性

站在志願服務立場,所謂「社會資源」,可視為志願服務工作者從外在環境取得有用的「原料」,然後依照一定的程序,產生適當的「服務」,以滿足服務使用者的需求。

廣義而言,社會資源是指能夠用來滿足人類生活需求的一切物質資源與非物質資源,包括經濟、政治、法律、教育、宗教、醫療及社會福利等領域的資源。

狹義而言,社會資源就是社會福利資源,是指能夠滿足社會福利體系各類服務對象需求的資源,包括金錢救助、實物供給、人力支援、專業諮商、心理治療、醫療照護等。

但是,無論廣義或狹義的社會資源,我們所能取得的資源愈多,其所產生的服務效果通常也愈大。因此,社會資源是我們用以

協助服務對象的動力來源，其重要性至少包括：

1.有助於因應社會變遷引起的動盪：現代社會，變動不居，必須隨時掌握資源，以資因應。如果，我們所處的環境發生重大變遷，政府常會提出重要對策，連帶著影響原有的資源結構及其取得程序。例如，九二一震災、SARS、莫拉克風災、八仙塵爆等類重大事件發生之後，相關社會資源的取得和運用便顯得格外重要。

2.有助於配合服務對象需求的轉變：隨著社會變遷，志願服務對象的需求可能有所轉變，必須引進新的社會資源，以滿足新的服務需求。例如，外籍配偶（新移民）大量進入台灣之後，她們在語言學習、生活適應、子女教養等方面，可能有新的服務需求，因而需要開發新的服務資源。

3.有助於彌補政府服務輸送的缺失：本來，協助人民解決問題，增進社會福利，是政府責無旁貸的任務。但是，在民主國家，一切作為必須依法行使，而且服務輸送通常有一定程序，有時難免發生緩不濟急或者鞭長莫及的情況，因而我們必須就近取材，運用社會資源，藉以彌補政府服務輸送的缺失。

4.有助於維持運用單位競爭的優勢：雖說政府的資源有限，民間的資源無窮，但是在社會快速變遷之下，志願服務的對象可能不斷增加，其所需要的服務內容可能不斷擴充，導致運用志工的單位對於資源的需求越來越殷切，彼此之間的競爭因之轉趨激烈，所以我們必須配合運用單位的需求，開發及運用更多的社會資源，以維持服務方面競爭的優勢。

5.有助於緩和運用單位成長的壓力：在多元化社會，運用志工的單位必須不斷地爭取社會資源，以因應服務對象各式各樣的需求。同時，在福利多元主義的潮流之下，非營利組織增多，隨時都可能有新的機構或團體加入社會資源的競爭，所以運用單位與志願工作者都必須不斷追求服務和資源的成長，否則很容易被新秀所取而代之。

此外，志願服務工作者在服務過程中，如果能不斷地開發及運用社會資源，還有帶動更多資源投入服務的作用，一方面可以避免社會資源投閒置散、白白浪費，另一方面也有助於塑造志願服務風氣，進而提高公共事務效能及增進社會公益。

三、社會資源的類型

本質上，志願服務具有促進社會福利的作用。凡是社會之中對於社會福利具有促進作用的人力、物力、財力、文獻、組織，都是我們不可忽略的社會資源。因此，我們在參與推動社會福利服務的過程，對於社會資源的類型必須有所了解，以便於進一步分析：需要哪些資源、已有哪些資源、尚缺哪些資源、如何取得這些資源。表3-3-1是社會資源分析的參考架構：

表3-3-1　社會資源分析架構

	人力資源	物力資源	財力資源	文獻資源	組織資源
需要哪些資源					
已有哪些資源					
尚缺哪些資源					
如何取得資源					

資料來源：自行整理。

上述五種類型的社會資源，可以舉例簡述如下（林勝義，2003）：

1.人力資源：是指運用相關人員的知識、體能、勞力、經驗、技術、時間，以增加志願服務的力量。例如，邀請社區內外的專業人員、民意代表、學校教師、村里長、社區發展協會幹部、民間團體負責人、退休人員、家庭主婦，以及其他熱心人士，加入志願服務行列，共同推動社會福利服務工作。

2.物力資源：是指運用他人的空間環境及相關設施，或募集某些物資，以提供志願服務之所需。例如，向鄰近的機關、機構、學校、團體，洽借場地、設備、器材，以辦理服務活動，使我們所提供的服務可以普及於社區的各個角落。或者，向工商企業募集其庫存但仍堪用的物資，包括食物、衣服、日常用品，用來轉送有需要的服務對象，或充作辦理服務活動時的贈品。此外，我們也可以透過社區電台的公益時段、社區報紙、社區刊物、社區網站等資源，作為宣導福利服務相關訊息的媒介。

3.財力資源：是指爭取外界補助或金錢贊助，以充實服務經費，使服務活動辦得更好。例如撰寫服務方案，爭取政府機關的補助、工商企業的贊助、慈善公益團體的捐助、社區熱心人士的捐獻。或者，透過募款，建立基金，再運用基金孳生利息，來救助服務對象或辦理服務活動。

4.文獻資源：是指運用相關的文獻資料，作為規劃及辦理服務活動的參據。例如運用政府機關、學術單位、民間團體或專家學者的

研究報告、調查統計、會議記錄、工作實錄。其中，參考其他單位辦理相關服務活動的記錄，吸取他人的經驗，不但可以減少自已摸索的時間，而且可以避免重蹈前人失敗的覆轍。

5.組織資源：是指運用其他組織或團體的力量，共同推動相關的服務活動。例如動員其他機構、宗教團體（教堂、寺廟）、社會團體（青商會、獅子會、扶輪社、同濟會、崇她社）、職業團體（工會、商會）、政治團體、學術團體，以及各種基金會、工作室的力量，共同辦理服務活動。再者，如果得知附近有某些組織或團體即將辦理專題演講、表演、展示、座談、競賽等類活動，則不妨透過溝通協調，以「搭便車」或「合辦」方式，參加他們的活動，也是另外一種社會資源的運用。

事實上，組織資源可以說是前述四種社會資源的綜合運用，因為許多組織或團體都可能提供人力、物力、財力或文獻資源，正好可以用來協助服務的推展。

四、社會資源的來源及運用程序

社會資源的類型是多樣化的，也具有多目標的效用，而其最重要的關鍵乃在於我們是否能夠主動地加以掌握及運用。

論及社會資源的掌握及運用，首先必須確定社會資源的來源，然後依據一定的程序，合理有效地連結運用，始能發揮社會資源的效用，完成志願服務的目標。

有關社會資源的來源，依據福利多元主義（welfare pluralism）

的理念，資源的提供者至少來自四個面向，包括政府部門、企業部門、非營利部門、非正式部門，如圖3-3-1：

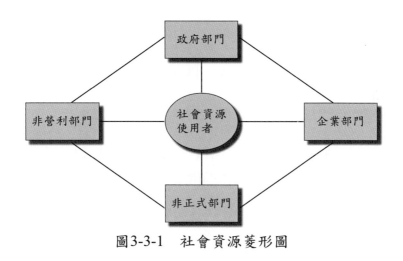

圖3-3-1　社會資源菱形圖

資料來源：參考黃源協，2000，社區照顧，190頁的福利菱形圖修改成。

　　至於社會資源運用的程序，常因資源的顯著與否而稍有不同。如果屬於顯著資源，只要將所需資源找出來，就可以運用；如果屬於潛在資源，則必須先行培育、開發，以便於有需要時可以運用。茲以顯著資源為例，分析運用社會資源的程序：

　　1.搜尋社會資源：凡事豫則立，不豫則廢，運用社會資源之前，必須先做好準備工作。其具体的做法，就是根據服務方案的實際需要，透過各種管道搜尋相關資源，其常用的方法，包括：

　　⑴查閱政府機關、機構或相關團體所編印的社會資源手冊。

⑵親自拜訪，或以電話、傳眞、e-mail，與可能的資源提供者聯繫。

⑶在社區或機構的相關會議，或活動中，蒐集社會資源的資料。

⑷透過個人的人脈，與他人交換運用資源的相關資訊。

⑸隨時留意附近的社會資源，看到資源就記錄下來。

此外，我們也可以參考其他機構或團體運用資源的經驗，或者透過媒體或網路，向社會大眾公開徵求所需資源。

2.建立資源檔案：在搜尋社會資源之後，應該立即將資源分類，並且利用電腦建立資源檔或資料庫，以備運用。通常，社會資源的檔案或資料庫可視實際需要分別建檔，例如區分爲：

⑴人力資源檔：可再區分爲志工、師資、專家等次級檔案。

⑵場地資源檔：可註明室內、室外、容量、免費或付費等資料。

⑶經費資源檔：可註明提供單位、額度、是否需要自備款。

⑷社團資源檔：可註明社團性質、負責人、聯絡方式等資料。

⑸文獻資源檔：可註明文獻類別、館藏地或持有者、取得方式等項。

對於上述社會資源檔案，必須掌握動態，隨時更新。否則，資

料過於陳舊，或者資源提供者的姓名、頭銜、聯絡地址或電話，與現況不符，必然影響社會資源提供的意願，有失建立資源檔案的原意。

3.規劃資源運用： 在實際運用資源之前，必須針對服務方案所需社會資源，配合已經建置的各類資源檔案，妥善地規劃資源運用的相關措施。例如：

⑴在人力資源方面：由誰負責組織、訓練、安置、協調？

⑵在物力資源方面：由誰負責接洽、勘察、維護、歸還？

⑶在財力資源方面：由誰負責籌措、管理、動支、徵信？

⑷在文獻資源方面：由誰負責借閱、查考、整理、分析？

⑸在組織資源方面，由誰負責聯繫、爭取、簽約、履行？

對於社會資源運用的規劃，可以採用適當的表格，逐項填寫，或者以三聯單的方式處理，並依行政程序簽辦，以利於分工合作及分層負責。

4.動用社會資源： 由於各類社會資源的特性及功能不盡相同，所以我們在實際動用社會資源之時，必須按照先前規畫的資源類型及相關措施，掌握要點，逐步運用，以發揮資源的效益。例如：

⑴對於人力資源的動用：應按其專長及興趣，安排適當的服務工作，使之各安其位，各盡所能。

(2)對於物力資源的動用：應把握經濟原則和重點原則，依服務對象需求的輕重緩急，彈性地運用，以獲取最大效用。

(3)對於財力資源的動用：應納入服務單位或志工團體的財務管理制度，依法定程序申請動支，以發揮經濟效益。

(4)對於文獻資源的動用：應審視服務方案的需要，擇優採借，不宜毫無評估或考量，即予照單全收或全盤移植。

(5)對於組織資源的動用：則應經由溝通、協調的過程，爭取相關組織的了解、支持與合作。

5.評鑑運用成效：對於社會資源的運用成效加以評鑑，其目的乃在檢視投入的資源是否對志願服務工作產生正向作用，以便決定是否調整或改變資源運用的方式，或者另外開發新的資源。至於評鑑的方式，一種是形成式評鑑，另一種是總結式評鑑。前者可以採取參與觀察的方式，以了解資源運用的過程是否適當；後者可以採取目標評價或成本效益分析的方式，了解運用資源的結果與預期目標之間有何差距，以便設法補救。

無論如何，我們對於社會資源的運用，必須有一些積極的作為，包括：主動搜尋、隨時留意、廣結善緣、穩紮穩打、細水長流。反之，應該盡量避免一些消極的態度，包括：光說不練、有名無實、虎頭蛇尾、曇花一現、無疾而終。

五、運用社會資源的原則

志願服務是一種助人的工作，我們對於社會資源的運用，必須透過縝密規劃、確實執行、客觀評量的程序，務使運用之後，能使服務對象產生人助自助的效果。以下是運用資源的一些原則：

1.在地化：社會資源也稱為社區資源，意味著社會資源的運用最好是在社區附近就地取材，而不必捨近求遠。換言之，社會資源的運用必須因地制宜，優先運用在地的資源，如有不足再尋求其他的資源。尤其，我們不能忽略服務對象的家人、親戚、朋友、鄰居，是一種「天生的幫手」（nature helpers），不妨發動服務對象的左鄰右舍，就近照顧「厝邊隔壁」需要照顧的人。

2.個別化：對於社會資源的取得與運用，應該依據個別的情況，分別處理。就資源的取得而言，必須尊重資源提供者的個別意願，切勿強人所難。就資源的運用而言，每一種資源都可能有其不同的特性，我們必須配合資源的特性，量身打造，妥加運用。例如在運用人力資源之前，應該先了解其個別性向、興趣和能力，然後安排適當的服務工作，以確保每一項資源的投入，都能發揮實質的效用。此外，我們對於服務對象，也應該是針對其個別的需要，分別提供必要的資源或服務，務使每一項資源都能用在刀口上。

3.具體化：對於社會資源的取得、運用，以及資源運用成效的評量，都應該盡可能以量化的方式呈現，讓資源的提供者與使用者對於資源的「給」和「取」有具體了解，而增加信心。同時，運用志工的單位、志工團隊或志工本身，亦可根據具體的數據資料，進行

社會資源的控管，以提高其運用的效益。其中，有關財力資源與物力資源的運用，更應該建立量化的資料，以提高此類資源取得和運用的說服力。

4.人性化：社會熱心人士願意提供社會資源，協助社會福利工作的推展，這是人類愛心的表現，也是善性的發揚，我們應該對其表示誠摯歡迎，誠懇接納和誠心尊重。尤其對於人力資源的投入，我們更應給予鼓勵和肯定，以爭取其歸屬和認同。具體言之，我們必須以人性化的方式來對待資源提供者，在其提供資源之前，預先為其準備必要的資訊；在其提供資源的過程之中，隨時給予關心和協助；在其提供資源之後，表示敬佩和感謝，並且提供機會讓他們分享資源運用的績效或成果。

5.普及化：在快速變遷的現代社會，不但服務對象有各式各樣的問題，他們對於社會資源的需求也日趨殷切而多元。因此，我們必須多方搜尋資源，擴大資源取得的範圍，切勿集中於某些資源提供者身上，以免造成其負荷過重，導致愛心枯竭，降低資源提供的意願。至於社會資源的運用範圍，更應該盡量普及於所有需要照顧的人群，這才是社會福利服務的精義。

6.網路化：為了促進「資源提供」與「服務需求」之間的良好媒合，我們必須配合資訊化的發展，將各種類型的社會資源建置資料庫，並且透過資訊網路進行檢索及管理。通常，網路必須經由合作與協調的過程，才能連結運用。所以，我們除了內部必須分工合作，共同建置及更新資源之外，尚應盡量與外部相關單位交換及分

享資源，以擴大資源範圍，增加資源運用的效果。

7.持續化：結合社會資源及志願服務以推動社會福利，是一種持續不斷的工作。我們在運用社會資源之前及之後，都必須與各類資源提供者與使用者建立良好關係，並且保持密切聯繫。一般而言，運用資源之前的聯繫事項，包括提供運用資源的內容、起迄時間及相關事宜，目的在取得彼此之間的共識，以增進資源運用的效果。至於資源運用之後的聯繫，則重點放在資源提供者，具體告知資源運用的情況，感謝其提供資源，藉以維繫既有的關係，確保日後繼續提供社會資源的可能性。

總而言之，社會資源及志願服務兩者息息相關，而且都是有效推動社會福利不可或缺的機制。俗話說：「廣結善緣，得道多助」，無論運用志工的單位、志願服務團隊或個別志工，都不能忽略擴展及整合運用社會資源，強化志願服務績效，共同促進社會福利工作。

3-4　志願服務的主要理論

一、前言

志工為什麼要參加志願服務工作？機構為什麼要運用志工？答案可能很簡單，也可能五花八門。

就志工而言，他們可能說；「志願服務可以幫助別人」、「服務是一種學習的機會」、「志願服務很有意義」、「我只是單純想服務，沒有什麼原因」。

就機構而言，他們可能說：「我們機構缺人、缺錢，想請志工來幫忙」、「現在大家都麼用志工」、「是長官要我們運用志工」。

事實上，無論是志工參與志願服務工作，或者是機構運用志工，其背後一定有某一種或某幾種動力存在，而且知道真正的動力，對於志願服務工作才能真心投入。如果，志工不知道自己為何要參加志願服務，缺乏目標和動力，可能容易中途流失，無疾而終；如果，機構不知道為什麼要運用志工，缺乏使命和責任，可能草率為志工安排服務項目，以致志工所作所為無法與機構配合，彼此貌合神離，甚至背道而馳，則其服務效果如何？不難想像得知。此處，分別針對志工的參與導向、志工參與志願服務的理論、機構運用志工的理論等三方面，略加申述。

二、志工的參與導向

美國學者史欽德與雷曼（Schindler & Raiman）曾分析志工參與志願服務的動力，認為一般志工參與的動力，大致可分為三種導向（林東泰、林勝義等，1997）：

1.自我導向（self-directed）：這種導向的志工，決定是否參與志願服務的主要考量，是基於個人的感覺、判斷和價值觀。這也就

是說，志工參與志願服務的決定因素，是來自於個人的內在，所以
也稱為內在導向。例如，他們認為：「服務工作本身很有意義」、
「希望學習一些新的工作技巧」、「希望能回饋社會」，因而促使
他們參加志願服務工作。在這種導向中，參與志願服務的主要動
力，大致上包括：服務與責任、回饋社會、自我實現等三個層面。
一般人對於這三個層面可能兼而有之，但仍有優先順序之別。

　　2.他人導向（other-directed）：這種導向的志工，其決定是否
參加志願服務，是來自其他人的影響。例如，他們認為：「父母經
常告訴我，能夠幫忙別人的時候，就要盡量去幫忙」，或者是「因
為朋友在這個機構擔任志工，他邀請我來，我就來」、「學校老師
鼓勵我們做志工」，因而決定參加志願服工作。在這種導向中，參
加志願服務的主要動力，是立基於人際關係，以及其所屬團體（家
庭、學校、組織）的認同和規範上，甚至是由於參加志願服務可以
獲得親人、朋友的讚賞。

　　3.情境導向（situation-directed）：這種導向的志工，其決定
是否參加志願服務，是來自所處的社會情境，包括社會變遷的特殊
因素，以及個人參與服務的機會等因素。例如，他們認為：「機構
需要志工參與的時間，剛好自己有空」、「服務的場所就在住家附
近」、「這是國家重點建設計畫，行政院人事行政總處正鼓勵公教
人員參加志願服務」，因而決定參加志願服務。在這種導向中，服
務時間、服務地點、服務機會等情境因素的近便性，以及服務需求
與自己意願的相互配合，是志工考量其參加與否的動力。

由上述可知，志工參與志願服務的動力，不是單一的因素所能解釋，通常是多種動力組合下的產物，包括利他、利己及相關情境的影響。

三、志工參與志願服務的理論

本質上，志願服務是一種人際互動的過程，一方面志工要有參與的動力，另一方面也要運用單位有招募志工的計畫，兩者相互結合，志願服務始能成為事實。否則，只是一種單純、偶發、非正式的服務而已。

那麼，究竟是基於什麼理由，促使人們願意去參與志願服務工作？我們或許可以從下列志願服務參與理論加以探討（湖中鴨，1993；林東泰、林勝義等，1997；李政恩，2000；朱美珍等，2005）：

1.利他主義（altruism）：這是長久以來被認為是人們參與志願服務的主要理由之一，一般社會大眾對於志願服務最直接的認知就是「做好事」，也就是做一些有利於別人的事。不過，傳統觀念與現代觀念對於利他主義的解釋有些不同，傳統上認為利他主義是完全無私、無我、犧牲、奉獻，但是史密斯（Smith, 1981）認為世界上並沒有完全的利他主義，當人們說自己是基於利他的理由而參與志願服務時，只是不承認屬於利己的部分。因此，史密斯認為：利他主義應該是個人在滿足別人的需求之時，也滿足了自己，但並不期望得到回報。

2.期望理論（expectancy theory）：這是弗洛姆（Vroom）於1964年所提出的理論，其基本論點是「回報」。他認為一個人選擇或努力從事某項工作，通常是取決於這種工作能否達成他所預期的目標？或者能否獲得某種價值？就志願服務而言，當志工從服務中所得的回報，與原先的期待相符合，則比較願意投入，並且持續參與。這裡所謂的「期待」，包括從服務中得到心靈滿足、認識新朋友、學習新知識、對社會或社區有所貢獻。例如，一個人期待為獨居老人送餐可以改善老人的生活狀況，則他比較願意擔任送餐志工。相對的，如果志工服務之後所得到的效果不如預期，則其參與的動力也會隨之降低，可能從此以後不再參與，或者轉而參加他所期待的其他服務項目。

3.效用理論（utility theory）：這是從經濟學家所使用的「效用」（utility）引介而來，其立論的基礎是追求「效用的極大化」（utility maximization），也就是一個人會將他的資源放置在一個最有利的位置上。就志願服務而言，如果一個人從他所參與的志願服務之中，可以得到他心目中最大的滿足，他必將「無怨無悔，樂在其中」。這種理論，比前述的利他主義更具普遍性，利他主義是使別人滿足時，自己也得到滿足，但是效用理論所的到的滿足，來源更多，強調志工有充分的自由進行選擇，以便獲得最大的滿足。例如，有些父母會鼓勵孩子跟他一起參加志願服務，以便取得服務證明，將來參加升學推甄時可以加分，這樣，父母與孩子都可以從服務中得到最大的效用，而不只是因為服務對象得到滿足而自己也感到滿足。換言之，一個人自願奉獻自己的時間和心力去服務他人，

除了從助人行為中得到快樂之外，他的犧牲奉獻也滿足了個人所追求的崇高理想，所以志願服務也是一種自利的行為。不過，這種自利行為，其所得到的利益，必須是志工小，服務對象大，否則不能視為志願服務。

4.人力資本理論（human capital theory）：這也是借用經濟上「投資」（investment）的概念，討論一個人的付出與獲得之間的相互關係。依據貝克（Becker, 2014）的解釋，人力資本理論是：藉著增進資源，以影響人們未來金錢或物質收入的活動。就志願服務而言，人們往往想獲得或增進知識、工作技巧、健康，甚至增加收入，而參加志願服務工作。例如，在就業服務處擔任志工，有機會獲得就業訊息；在醫院擔任志工，或多或少可以學到一些衛生保健的知識；在生命線、張老師諮商輔導中心擔任志工，可以增加人際溝通的技巧，這些都可視為人力投資之後的回報。事實上，從志願服務訓練中獲得新知、增加經驗，是許多人願意在志願服務中投入與付出的主要理由。

5.交換理論（exchange theory）：這種理論是社會學家豪門斯（Homans）於一九七四年所提出的概念，認為「代價」的付出與「利益」的回收，是人們行動的主要考量因素。就志願服務而言，個人付出代價與回收利益之間的比率，是衡量其是否參加志願服務的標準。例如，志工付出時間和心力，可以得到參加保險、享受福利、獲得獎勵，在內心覺得受到尊重，而且有實質的利益，這是他決定參與或持續參與志願服務的考量因素。否則，志工付出的代價與回收的利益不成比率，則他可能選擇不參與、退出或「跳槽」轉

赴提供較佳利益的機構去服務。不過，對於付出的代價與回收的利益，可能因人而異，有些志工強調付出而不求回報，有些志工則會計較利益如何，再決定付出多少，這往往使得運用單位在志工招募及管理上感到困擾。

6.社會化理論（socialization theory）：這是採借自社會學的理論，認為一個人的行為是受到社會化結果的影響所致。人，自出生到死亡，不斷地進行社會化，以學習所處社會的價值觀念及行為模式，並內化成為自己生活的一部分。尤其，家庭、學校、同儕團體、大眾傳播，是個人社會化的重要機制，人們受到這些機制的影響，知道如何扮演適當的社會角色。就志願服務而言，一個人對於志願服務的態度，大部分是來自其他人的影響。一個人選擇參加志願服務，有時是受到家人、師長、朋友的鼓勵，而不是純粹出於個人的意願。如果父母和師長一再強調幫助弱勢是一種社會責任，服務是一種榮譽，而且能以身作則，力行實踐，則其子弟對志願服務有正面態度，也比較有強烈的意願參與志願服務。

7.需求滿足理論（need fulfillment theory）：這是美國心理學家馬斯洛（Maslow）於一九七一年所提出的理論，他曾指出：人類的需求是一個金字塔型的分布，由下而上依序為：生理需求、安全需求、愛與被愛的需求、自尊與被尊的需求、自我實現的需求。他認為需求滿足理論最足以解釋人們參加志願服務的動機，通常一個人在滿足生理需求與安全需求之後，會進一步追求更高層次的滿足，參加志願服務便是其中一種方式。雖然有些學者認為馬斯洛的理論是由假設推論出來而有所質疑，但無可否認，馬斯洛的需求滿足理

論仍然是目前研究志工參與動機最常被引用的理論之一。

8.增強理論（reinforcement theoryy）：這種理論源自於心理學家斯金納（Skinner）的行為理論，強調賞罰與學習兩者對於個人行為的影響。其中，正向的增強，可以導致愉快的結果，使人們繼續該種行為。相對的，負面的增強，會形成痛苦的懲罰，使人們避免再度出現該項行為。就志願服務而言，要鼓勵社會大眾踴躍參加志願服務，並且把服務工作做好，則在志工服務的機構或環境中，必須提供正增強的事物，例如提供福利、獎勵、成長機會，以及創新服務項目，擴充服務領域，安排休閒活動，使志願服務工作擴大化、豐富化，這些都有助於鼓勵及維繫志工的參與。

9.目標設定理論（goal setting theory）：這種理論，認為目標設定及其達成的慾望，對於人類行為有很大的影響。洛克（Locke）對於目標設定理論提出下列看法：

⑴在限度內，目標具有挑戰性，則其達成的程度也愈高。

⑵目標愈特定，其達成的效果愈確實。

⑶目標被接受，與目標達成的表現，是絕對有關的。

就志願服務而言，志工對於運用單位所設定的服務目標有明確的認知，或者志工被鼓勵參與服務目標的設定，則志工參加志願服務的意願愈強，其服務表現的結果愈好，目標達成的程度也愈高。

綜觀上述志工參與理論，難免有些相互重疊的部分，顯示出一個人參與志願服務的動機不是單一的因素使然，可能是兩種或多種

因素交互作用的結果。

同時，這些理論，從著重於利他、利己到互利之間，似乎也可以排列成一個漸進的光譜。其中，利他主義、期望理論，是利他的成份多於利己；效用理論、人力資本理論、交換理論，是利己的部分比較多；社會化理論、需求滿足理論、增強理論、目標設定理論，則比較強調個人與社會的互惠關係。

也許，這些理論的運用可能因人異，例如期望理論，不一定完全是利己的期望，也可能期望受助者的困難能獲得解決，而使整個社會更加祥和。所以，運用這些理論時，應該保持彈性，不宜墨守成規，食古不化。

四、機構運用志工的理論

國際社會福利會議（International Conference on Social Welfare）在英國舉行第21屆年會時，副主席史考特（David Scott）在「志工工作」（Volumteer Work）的主題報告中，首先揭櫫機構為何要運用志用的三個理論：民眾參與理論、社區化理論、多元機會理論（林勝義，1990）。以下擇要分析：

1.民眾參與理論：簡稱參與論，其主要論點，認為志願服務是一種「非政府」和「志願性」的活動，這種活動是基於民眾參與公共事務決策的意識日增，從而形成一種民主理念，成為民眾參與志願服務工作的主要權力來源。就參與者本身而言，民眾參與志願服務工作，可以視為一種目的，或達成目的的一種手段。一般認為

民眾的參與愈普及，機構所能提供的服務也愈有效。據此申言，民眾之所以志願擔任志工，主要動力是基於參與的需求。換言之，在民主化的需求下，當政府利用人民的納稅或捐款來設置及經營機關（構），人民在納稅或捐款之後，自然而然會關心他的錢被用到哪裡去？是否用得適當？因而有一種參與的需求。相對的，這些機構應該提供民眾參與的機會，主動爭取志工人力的投入，一方面獲取志工人力資源，協助業務的推展；另一方面則獲取民眾的了解與合作，以便繼續支持機構相關活動的推展。

2.社區化理論：簡稱為社區論，其主要論點，認為民眾對於公共事務的參與，帶有社區化的趨向。雖然，工業化、都市化和殖民主義的結果，會造成政府決策集中化的傾向，但是多數國家仍有由較小的社區來負責決策的歷史淵源。例如，教皇聖書（Quadragesins Anno）就曾宣稱：「大的組織僭占了小組織所能實施的功能，是一種不公平，也是破壞權力秩序的重大罪過」。這就是鼓勵志願服務運用單位要以社區化的理念，作為運用志工的基本原則。據此申言，運用志工的機構必須與當地社區的志工人力緊密結合，就地取材，運用本土的、草根的志工。因為，出身於本社區的志工，比較能夠真心關懷本社區的公共事務，並且樂於參與社區性的服務工作，至於外來的志工，可能有其他的動機或目的。況且，機構本來就座落在社區之中，必然與社區休戚相關，運用本土的志工，其服務工作比較能切合社區的實際需求，從而獲致較佳的服務效果。

3.多元機會理論：簡稱多元論，其主要論點，認為民主化社會的權力應該廣泛分配，沒有任何一個部門或任何俊彥之士可以壟斷

多數的權力。因此,對於社會中可資運用的資源和機會,必須具有平等分享的機制,否則握有權力者可能「整碗捧去」,控制全局,而忽略了社會弱勢者的存在。據此申言,運用志工的機構必須提供平等的機會和措施,讓民眾有平等的機會可以參與志願服務。換言之,只要機構有運用志工的需求,而民眾也有參與的意願,就應該開放多元管道,讓各種不同階層、不同背景、不同動機的民眾,依其意願參加志願服務工作。果爾,則不致於造成某一機構或某一部門壟斷運用志工的權力,或阻絕其他人擔任志工的機會。尤其,這樣的作法可以避免兒童、婦女、老人、身心障礙者、低收入者等社會不利人群遭到社會排除,以致失去參與志願服務的權利和機會。事實上,志願服務應該鼓勵那些服務的接受者,有朝一日,也可以自立自強,變成志願服務的提供者。

質言之,機構運用志工,不只在增加人手以彌補機構人力之缺口,而且應該重視機構與志工的互動關係。亦即,基於參與理論,機構必須普遍運用志工,以因應民眾參與的需求;基於社區化理論,機構必須就地運用志工,以落實服務社區化的實效;基於多元理論,機構必須廣納各類志工,以提供民眾多元參與的機會,進而逐步建立其運用志工的制度。

五、結語

基本上,志願服務相關理論,是由許多志願服務實務經驗中提煉出來的產物,然後又成為志願服務運作的指導原則。

就志工參與的導向、志工參與志願服務的理論、機構運用志工的理論三者而言，我們可以歸結地說，志願服務是志工與機構之間互動的過程。因此，有關於志願服務的運作，從招募、遴選、訓練、安排服務、督導、激勵，到績效評估，都應該同時兼顧志工與機構雙方的需求，俾能建立良好的互動關係，達致雙贏的效果。

第 4 篇
思辨篇

在台灣，很早就有志願服務的事實，但是2001年才通過志願服務法，逐步建立志願服務體制，因而對於志願服務相關概念，尤其是名詞方面，眾說紛紜，缺乏共識，亟待釐清，以免影響志願服務的推展。

本篇內容包括：志工與社工、志工與義工、志願服務與服務學習、志工與志工業務承辦人等四個單元。在這些單元中，針對志工相關名詞加以思考分辨，其目的在協助志工釐清自己的角色定位，並且養成社會融和的態度，包容或配合相關人群，共同為志願服務而努力。

其中，在「志工與志工業務承辦人」這個單元，除了探討兩者之間的相互期待與相互關係之外，特別著重在志工業務承辦人應有的認知方面。在國外，已有資深志工擔任志工業務承辦人的事實，在台灣，未來也可能跟進。其實，志工強調自治，志工團隊的領導幹部也可以參採這個單元的做法，用以帶領志工從事各項服務工作。

4-1 志工與社工

一、前言

有一年，台北市某國民中學發生同學之間的性騷擾事件，引起人本基金會與立法委員的關注，強烈要求教育部應該在國中增設社工，以強化學生輔導工作。不料，當時教育部訓育委員會鄭姓專門委員卻回答說：「學校已經有志工，不必再增設社工」。像這樣的說法，是將「志工」與「社工」兩者混為一談，實有澄清之必要。

目前，在很多領域都運用志工（volunteer），以協助公共事務的推動。以台灣為例，除了社會福利領域之外，在教育文化、青年輔導、交通安全、環境保護、衛生保健、經濟發展、治安維護、司法觀護、消防救難、消費權益、科學研究、運動休閒等領域，幾乎都可以看到志工的身影，她們本著愛心與熱忱，參與各項公共服務。

其中，在社會福利領域，或者聘有社會工作人員的機構，例如醫療、工業、矯正、特殊學校，諮商輔導等類機構，其志願服務業務通常由社會工作人員擔任承辦人。此時，「志工」與「社工」同時存在於一個機構，則其間的區隔及相互關係，更值得探討。

二、從起源及發展看志工與社工的關聯

無論是起源或發展過程，志願服務與社會工作都有相當密切的關係。簡言之，早期的社會福利工作，是由宗教人士或地方仕紳擔任志願性的慈善工作，後來才逐漸形成助人的社會工作專業（葉良琪，2000；林萬億，2013）。在發展過程，志工與社工的關聯性大致上有三種情況：

1.志工是社會工作發展的先驅： 在台灣，早期的社會救濟工作，除了政府施政之外，有許多民間善心人士透過施衣、施粥、施藥、義診等方式，來協助弱勢者。至於歐美國家，宗教團體和慈善人士也經常主動參與救濟貧民、收容孤寡的工作。這些工作，是志願服務的起源，同時也是社會工作的濫觴。到了一六○一年，英國伊麗莎白女王（Queen Elizabeth）頒布濟貧法（Poor Law），設置「濟貧監察員」（overseers of poor），專司貧民救濟的調查及審核工作，一般認為這是社會工作的起源，率先採用了社會個案工作的概念（林勝義，2005a）。由此觀之，有關助人的工作，是先有志工，後有社工，志工可以視為社會工作發展的先驅。

2.社工專業化帶動志願服務的制度化： 就歐美社會工作的發展軌跡而言，在19世紀中葉之前，是個人或宗教團體為窮人提供的慈善服務，含有濃厚的志願服務性質。到了19世紀中葉，由於工業化與都市化帶動社會急遽變遷，導致貧窮、疾病、失業的人口增多，需要社會工作專業人員的協助，並逐漸形成一種有組織的服務，例如慈善組織會社（COS）的設立、睦鄰運動（SHM）的推展，都有

社工的參與推動。第二次世界大戰之後，全球的經濟快速成長，英國首先提出福利國家（welfare states）的理念，認爲國家應該積極介入社會福利工作，有計畫，有效率的解決人民的福利問題，而社會工作爲因應實際需要也日趨專業化。同時，在社會工作專業化過程中，志工開始被視爲福利輸送的人力資源，而且在社工的帶動之下，志工也不斷精進方法，建立制度。

3.志願組織是社工的好幫手：到了一九七○年代，福利國家產生財務危機與正當性危機，而尋求解決危機之道。一九八六年，強森（Norman Johnson）提出「福利多元主義」（welfare pluralism）的概念，主張降低國家對於福利供給的主導角色，增加工商企業、志願部門及非正式部門對於社會福利作的參與機會。從此，志願部門成爲社會福利的重要環節，志工也成爲社工的好幫手，共同參與社會福利工作的推展。

據此可知，志工與社工密切關聯，尤其在福利多元主義的思潮之中，社會工作必須兼顧政府、企業、志工及其他相關資源的運用。

三、志工與社工的區隔

顧名思義，參加志願服務工作的人，稱爲「志工」（volunteer）；從事社會工作專業的人，稱爲「社工」（social worker）。然而，「志願服務」與「社會工作」兩個名詞仍有許多不同的界定。

以最簡單的定義而言，志願服務（voluntary services）是一種奉獻時間，不領取薪酬，而以幫助他人，或對環境有益的活動（Billis & Harris,1996）。社會工作（social work）則可定義爲一種科學、一種藝術及一種助人的專業，透過社會工作實務，幫助人們解決個人、團體（尤其是家庭）及社區的問題，並助人獲得令人滿意的個人、團體與社區關係（Skidmore, 1995）。

依上述定義，不難發現「志工」與「社工」之間，有同，有異。論其相同之處：在性質上，都是幫助他人的工作；在過程上，都是透過實際的服務，幫助他人解決問題；在目的上，都在使人獲得滿意的結果。至於兩者相異之處，約有下列五項：

1.非專業與專業：志工不一定是專業人員，社工一定是專業人員。通常，民眾基於自己的意願或興趣，報名參加志工運用單位的招募、遴選，並接受志願服務應有的教育訓練之後，就可以擔任志工。但是，社工必須進入大學社會工作相關科系，接受正規的、長期的社會工作專業教育，取得社會工作學位，或具備一定年資的社會工作實務經驗，再經社會工作師考試及格，始能擔任專業社工。

2.非正式工作與正式工作：志工是一種非正式的工作，社工是一種正式的工作。就運用單位而言，志工不是編制內的人員，志工所作所爲多屬於輔助性的工作；就志工而言，志願服務是一個人本身工作之外，以餘時、餘力所從事的服務。但是，社工必須具備公務人員資格，或具有約聘僱人員的任用資格，並接受機構人事管理規範的約束，依其權責擔任一定的工作。簡言之，志工與社工對於組

織的認同程度不同，在機構內也有不同的責任，通常社工的認同度較高，責任較重，而且要負最後的責任。

3.部分時間奉獻與全時付出：志工是利用餘暇時間服務，社工則依規定時間服務。通常，志工不是一個生涯工作者，只是部分時間的奉獻，他可以自由決定對組織提供多少服務時間，也可以自由選定值勤的時間。但是，社工必須按照法定時間上下班，全時付出，因為他們是以服務工作為職業的人。即使實施輪班制度，社工也必須依規定值勤，很少有自由選擇的空間。

4.無酬服務與有酬工作：志工是不領薪資的工作，社工是領受薪資的工作。原則上，志工只有付出，沒有酬勞，至於交通補助費或誤餐費，也是工作上有必要才發給的一種津貼，而不是薪資。但是，社工就業之後，即可依規定按月領取薪資報酬，而且依其服務年資及考績，也可以逐年晉級、加薪，並領取考績獎金、年終獎金。

5.服務標的多元與單純：志工的標的較多元，包括人、物與環境，而社工服務標的較單純，是助「人」的一種專業。換言之，志工的服務對象相當廣泛，除了「人」之外，還包括「物」和「環境」，例如流浪狗之家志工、文化資產維護志工、環境保護志工、生態保育志工，其服務範疇就包括「物」和「環境」。至於社工的服務對象，則以處於不利地位的「人」為主，包括兒童、少年、婦女、老人、身心障礙者、低收入者、新移民等弱勢族群。

當然，這樣的區隔並非一成不變。以非專業與專業為例，有時

候，非專業的志工參加社會工作專業進修之後，也可能轉換跑道，擔任專業社工；相對的，專業社工在其工作餘暇的時間，也可以在本機構或其他機構擔任志工。

四、志工對社會工作的作用

基本上，社會工作起源於早期民間的志願服務活動，即使目前社會工作已發展爲一種助人的專業，但是志工與社工仍緊密結合，共同推動社會福利工作。志工對社會工作的貢獻，約有以下幾項：

1.增加社會工作介入的機會：社會工作專業必須依據社會福利相關法令的規定辦理，經常受到一些限制，而無法彈性處理。而且社工人力有限，對於偏遠地區弱勢者的需求，可能無法及時提供服務。此時，如果有志工參與，可以引介需要服務的對象，從而增加社會工作介入的機會。

2.提醒社工注意人性化的服務：社會工作專業化固然提高了服務的效率，但是注重專業化之後，也容易以專業的眼光看人。至於志工，因爲沒有專業的束縛，有時反而給人溫暖、親切的感覺。因此，志工不但可以提供人性化的服務，也提醒專業社會工作者思考這個問題。

3.避免科層體制所帶來的官僚作風：隨著福利國家的發展，社會福利走上科層化是必然的趨勢，因而容易忽略服務對象的個別性。志願服務則以個別化、特殊化提供另一個向度的服務空間（李芳銘，1988）。

4.彌補社會工作的不足：志願工作的時效性、開創性，正好可以彌補社會工作制式化之後的缺點，這也就是社會福利整體的發展，非得志願工作與社會工作相互配合不可的主要原因（李芳銘，1988）。

簡言之，志願服務與社會工作並非對立，志工也不是要挑戰社工，如果兩者搭配得宜，志願工作對於社會工作反而有促進的作用。

五、社工對志願服務的功能

早期，非正式的志願服務，大都屬於個人、臨時、偶發的一些善行義舉。後來，志願服務逐漸發展爲有組織的團隊工作，由運用單位招募志工，提供正式的志願服務。從此，在社會福利機構運用志工的過程中，社工經常扮演重要的角色，對於志願服務有其重要功能，包括：

1.協助志工找到服務機會：社工透過需求評估及方案規劃，一方面協助機構招募到適當的志工，另一方面則協助志工找到適當的服務場所及服務項目，以落實志願服務工作。

2.協助志工提高服務品質：社工安排各種志願服務訓練，協助志工充實志願服務所需得知識、能力，並養成適當的服務態度，從而提高志願服務品質。

3.協助志工建立服務團隊：社工協助機構的志工組成志願服務團隊，並透過民主的運作方式，輔導志工團隊選舉自治幹部，以推展

各項志願服務工作。

4.協助志工有效提供服務：社工透過督導、激勵、溝通、協調等管理機制，協助志工團隊及個別志工，有效率地提供服務，使得志願服務受到政府與民間的肯定及支持。

5.協助志工改善服務績效：社工透過評鑑的機制，協助志工進行自我評鑑，並定期辦理機構內、外部的績效評鑑，讓個別志工與志工團隊有機會檢討過去，策勵來茲，也使志願服務工作得以精益求精，永續發展。

當然，這些功能並非社工專屬，也不是社工可以單獨完成，尚須志工運用單位的各階層管理者、機構員工、以及社區熱心人士的支持及參與。不過，以社工專業來推動志工業務，則志願服務的功能更能發揮，應無疑義。

六、志工與社工共同服務的領域

雖然，志願服務與社會工作都有助於推動社會福利工作，但是隨著社會需求的變化，無論志願服務或社會工作已經不再侷限於社會福利範疇，而是不斷地擴展其服務的領域。

以社會工作的實施為例，是依其服務的場所，區分為：實施於醫療領域的醫務社會工作、實施於教育體系的學校社會工作、實施於家庭及福利機構的家庭社會工作、實施於勞工體系的工業社會工作、實施於司法體系的矯正社會工作。

　　在上述這些服務領域，志願工作者幾乎都可以參與，而且已經有志工參與的事實。茲比較如表4-1-1：

表4-1-1　志工與社工的服務領域

	社會工作	志願服務
衛生領域	醫務社會工作	醫療院所志工 食品衛生志工 防疫宣導志工 捐血中心志工
教育領域	學校社會工作	學校愛心導護 文化機構義工 義務張老師 生命線輔導志工 科學館導覽志工 資訊教育志工 體育活動志工 國家公園義務解說員
福利領域	家庭社會工作	社會福利機構志工 居家服務志工 獨居老人關懷志工 緊急救難志工
勞工領域	工業社會工作	勞動志工 就業服務志工 中小企業榮譽輔導員
司法領域	矯正社會工作	義警 榮譽觀護人 犯罪被害人保護志工 更生保護志工

資料來源：自行整理。

　　除了表4-1-1所列舉的服務領域之外，社會工作可以實施的其他領域，也都有志工參與的機會。例如，兒童、少年、婦女、老人、身心障礙者、低收入者、精神病患者、原住民族、新移民及其子女等領域，只要有社工介入的地方，通常也會結合志工人力，共同為他們提供較佳的服務。

七、結語

志願服務的起源與發展，自始即與社會工作息息相關，密切結合，共同推動社會福利各項服務措施。兩者的關係，可以說是如形隨影，焦孟不離。

不過，志願服務與社會工作之間，仍應有適當的區隔，避免角色混淆，傷害到服務對象。具體言之，志工應該堅守本分，其所作所爲，在於輔助社工專業之不足，千萬不可越俎代庖，充當專業人員，因而影響社工的專業形象。同時，社工也應該將志工視爲一種重要的人力資源，妥善地加以連結運用，並非貪圖免費的人力，而且應負起助人工作的最後責任。

總之，水能載舟，亦能覆舟。社工需要志工的協助，但對於志工也要加以督導、支持、鼓勵，使志工人力在社會工作上發揮最大的效用。

4-2　志工與義工

一、前言

志工乎？義工乎？在外國，很單純，都叫做volunteer，但是在台灣，卻是一個爭論不休的名詞，而且已經產生一些撲朔迷離的說法，簡直令人不知如何是好。例如，在網路上就流傳著各式各樣的說法：

　　有人認為：志工是為了某件事「還願」，而來替大家服務；至於義工，就是單純服務大家，造福社會。

　　有人認為：志工就是「智工」，是有智慧做好事的人；義工就是「益工」，是熱心公益的人。

　　也有人認為：以往都叫做義工，後來有些慈善團體認為他們是立志要做慈善事業，不只是義務工作，因而許下心願自動做好事，所以就有志工這個名詞出現了。

　　還有人認為：志工可以有酬勞，就像服「志願役」的阿兵哥，有薪水；義工沒有酬勞，就像服「義務役」的阿兵哥，沒有薪水。

　　此外，台灣南部某一個縣市政府環保局在邀請教授上課時，說是要讓那些報名參加志願服務的民眾，趕快接受十二小時的基礎訓練，以便從「義工」升級為「志工」。這種說法是認為：還沒受過志願服務基礎訓練的是「義工」，受過志願服務訓練才可以稱為「志工」。

　　事實上，稱為「志工」或「義工」，見仁見智，各有各的論點，本文試圖歸納為數種情況略加分析及比較。

二、主張使用「志工」之論點

　　自從二〇〇一年通過志願服務法之後，因為其中第三條第二項指出：志願服務者簡稱志工，所以許多文獻都主張使用「志工」一詞，而不再使用「義工」，其所持的論點包括：

1.強調自發性意願：「志工」是志願工作者（volunteer）的簡稱，在「志願服務」當中的「志願」二字，所代表的是個人基於自發性的意願，主動參加服務工作，不是被他人強制而參加（賴兩陽，2004）。這也就是說，志願服務是出於志願，發自內心，而義工，讓人有義務性、不得不的感覺，志工則代表積極的志願性，把人更積極的帶出來。至於服務的品質是否因「自願」而較好，或因「義務」而較不好，沒有必然的關係。

2.表明服務的心志：「志工」的「志」，是有「心」之「士」，志工是對公共事務有「心」的人，亦即希望把社會服務提昇為對社會的責任，也就是希望參與自願性、不受酬勞的社會服務，成為每個人生活型態之一，而且是一生持續的參與（文建會，1997）。

3.避免有強迫之爭議：早期威權時代用「義務」勞動來表示民眾補償社會應有的責任，雖然強調的是志願服務，卻常常是由上而下交付或發動的事務，與現代強調公民自主參與的精神有差異，容易引起強迫勞動的誤會或爭議（陸光，1994）。

4.避免有權利之聯想：稱「志工」比「義工」恰當。所謂志工，就是志願工作者，是認同NPO使命而不支薪的工作人員，而「義工」一般解釋為義務工作者，義務有「被迫和不可不」的意味。同時，提到「義務」，也有「權利」的聯想，因為義務與權利是相對的（鄧佩瑜，1996）。

5.與法定之服務區隔：由於美國社會對於違反法律之小過錯採取

強制性社區服務，而這些人也被稱為義務工作者，為能有所區分及配合我國已通過的志願服務法，並強調志願服務是個人在自由意志下參與的社會活動，宜稱為志工（曾華源、曾騰光，2003）。

6.求法律名詞統一：過去從事志願服務的工作者常有所謂「志工」、「義工」之爭，究竟用「志工」好或是「義工」好？到今天的志願服務法通過，終於有定案（陸宛蘋，2009）。「志工」是我國志願服務法的法定名詞，法律要「一而必」，不宜稱謂太多，雖然習慣上稱為「義工」，但法律上應統一稱為「志工」（蔡漢賢，2005）。

歸納上述論點，主張使用「志工」一詞的主要理由，一是強調參與者的自主意識，二是有法依法。我國志願服務法已經規定志願服務者簡稱為「志工」，就應該使用「志工」作為法定名詞。

三、主張使用「義工」之論點

雖然志願服務法將志願工作者界定為「志工」，但是有些機構及學者專家仍然堅持使用「義工」一詞。其中，行政院文化建設委員會還曾在全國文化會議中，正式提案討論是否將「文化義工」改名為「文化志工」，最後決議維持原案，仍然使用「義工」一詞。這些主張使用「義工」的人，其所持之論點，包括：

1.「義」之原意即志工：依據考證，華人社會的「義舉」與宗教密切相關，佛教傳入中國之後，在西元五、六世紀時，佛教徒就成立類似現在「志工隊」的組織，單名叫做「義」。佛教對於「義」

的解釋，是將一般民眾視同是自己的親屬，因此親人之間有相互照顧的道義。後來，這些以佛教俗家信徒為主的團體，稱為「義邑」或「法義」（劉淑芬，2001）。

2.沿襲傳統：我國傳統的助人措施，有義倉、義田、義渡。現在，沿襲這個傳統文化，也以「義工」來稱乎志願服務者，例如義警、義交、義務張老師、文化義工、環保義工（林勝義，1990；李鍾元，1993）。

3.民間慣例：在民間，義賣、義消、義剪、義演等名稱已經使用多年，大家很容易了解。現在，如果牽就志願服務法而改稱為「志賣」、「志銷」、「志剪」、「志演」，好像有些奇怪（文建會，1997）。

4.強調社會責任：社會是一個整體，我從整體中取用了一部分，社會就少了一部分，所以我有責任還給它一部分，否則，我就欠了社會一部分。這是將義工視為社會責任，有「強迫自己回饋社會」的意義。西方很多國家，在學校推行「社區服務」的學分，必須及格，才能畢業，其目的乃在培養國民做義工，盡社會責任的正確認識，它是不求任何報酬的（文建會，1997）。

5.強調社會正義：「義工」的「義」字，不僅以「義務」解釋，尚可解釋為「忠孝節義」的「義」，含有「正義」、「道義」、「義氣」、「義行」、「義舉」、「見義勇為」、「義無反顧」、「義不容辭」等意義（文建會，1997）。換言之，志願服務代表的是關懷、助人、無償的俠義作風（陳金貴，2002）。

歸納上述論點，主張使用「義工」一詞的主要理由，一是承繼中華文化的優良傳統，二是強調「義」字的精神內涵。既然生為華人，最好是使用自己習慣上的用法，藉以突顯本土文化的特質。

四、主張「志工」與「義工」並用之論點

有些人認為志願服務應該重視實質的服務工作，如果在名詞上作文章，只是浪費時間而已，因而將「志工」與「義工」視為同義詞，可以並用，不必刻意加以區隔。他們所持的論點，包括：

1.英文用詞相同：「志工」或「義工」，在英文都是「volunteer」，不論「志工」或「義工」，只要你喜歡，怎樣稱呼並無不可。

2.實質意義相同：以往對於自發性提供服務者，我們常稱之為「義工」，但是志願服務法中的法定名詞則為「志工」，此兩種不同稱謂常讓民眾混淆，甚至有些人誤以為「義工」不適用志願服務法，「志工」才適用志願服務法。「義工」或「義工」僅是習慣用法不同，其實質意義是相同的（曾中明，2005）。

3.動機都在付出：其實「志工」或「義工」名詞的區別並沒有討論的意義，不管「志工」或「義工」，對於願意付出自己心力的人來講，根本沒有什麼不同，只是學者專家字面上的解釋，只要想擔任「志工」或「義工」的人，了解招募單位刊載出來的是要招募願意付出心力的人，這樣就夠了。

4.本質都是服務：無論「志工」或「義工」，都是從事自願

性、不受酬勞的社會服務工作，兩者都強調「服務」，名稱雖不同，實際意義應該一樣。

5.都是無酬的善行：名詞使用上要用「志工」或「義工」，均無不可，前者代表出於「自發」意願，後者卻與我國傳統的助人制度，如義塾、義倉、義渡的「義」字具有相同意涵，代表著「不拿報酬的善行義舉，但如果把「義」字，視為法律上的「義務」，則常隱含「強制」的精神，就與志願服務的原則，大異其趣，實不宜做如此解讀（賴兩陽，2002）。

6.補助的資格相通：行政院人事行政總處頒布施行之「行政院暨所屬各機關實施志願服務要點」，第十二條規定：志工服務時，遇危險事故致殘廢、死亡，得比照適用「公教員工因執行職務遭受危險事故致殘廢、死亡發給慰問金實施要點」。如文化義工仍維持原有名稱，不改為志工，亦可適用上述服務要點有關規定。

歸納上述論點，主張「志工」、「義工」二詞並用的主要理由，一是強調其實質意義相同，二是鼓勵相互包容。無論「志工」或「義工」，都是奉獻自己，以服務別人，都應該給予鼓勵，而不應該視為兩類不同的人，所以稱為「志工」或「義工」都可以，不必在名義上爭論不休。

五、主張彈性使用「志工」或「義工」之論點

有些人認為志願服務的意義，常因時空環境不同而有不同的界定，因此不必硬性規定使用「志工」或「義工」，而應依據不同情

況彈性處理。他們所持論點,包括:

1.市場區隔:文教領域稱為「義工」,社福領域稱為「志工」,彼此之間有所區隔,對於市場行銷有其正面的意義,而且可增加參與服務者的認同(文建會,1997)。

2.階段性使用:現階段為鼓勵國民參與社會服務,強調其個人的「志願」動機,以及參與社會服務的責任,宜稱為「志工」,將來如需統一名稱,則以「義工」為宜,有助於全體國民參與社會事務之推廣與普遍性,並減少阻力(文建會,1997)。

3.以其他名稱替代:「志工」或「義工」的名稱不重要,有些機構甚至不稱「志工」或「義工」,而使用其他名稱,例如經濟部中小企業處的志願服務人員稱為「榮譽輔導員」。

歸納上述論點,主張彈性使用「志工」、「義工」的主要理由,一是順其自然,二是權宜之計。站在推廣志願服務的立場而言,志願服務運用單位願意使用何種名詞,應尊重其自主性,將來志工人口提高到一定比率之後,如需統一用語,再從長計議。

六、從主流化看「志工」與「義工」的區隔

比較而言,「志工」一詞,多為學術界所採用,尤其是社工界,以致此名詞在不斷的研究和使用下,成為主流名詞,取代了「義工」的習慣用法(陳金貴,2002)。基於此種觀點,「志工」與「義工」兩者之間的使用,應該有所區隔,其所持論點包括:

1.出發點不同：義工的出發點是基於「義務」，義務與權利是相對的關係，必須先盡義務之後，始能取得權利，其間是一種交換的關係。至於志願服務的出發點是基於自由意志，心甘情願所做的服務工作，沒有權利與義務的關係。

2.性質不同：志願工作是為所「願為」，義務工作是為所「應為」，前者是屬於道德的範疇，無任何拘束力，後者則屬於法的體系，如有違背，應受懲罰（陳武雄，2001）。義工是義務工作，以不支薪為考量，志工是以犧牲奉獻的角色來從事服務行為，具有較高的心理動機（陳金貴，2002）。簡言之，義工的「義」是行之於外，志工的「志」可隱於內（陸宛蘋，2009）。

3.報酬不同：原則上，志工是不支薪的，但可以領取車馬費或誤餐費，義工則是犧牲奉獻，不拿任何報酬的服務者。志願服務既然是為所願為，係在已知的情況下參與工作，所以西方國家為了鼓勵民眾參與，對於志願工作者會提供一些酬勞，例如美國的「和平工作團」、「社區服務隊」，在工作期間有津貼，在服務告一段落有獎勵金。英國對於志願工作人員大多有交通補助，贈送制服，辦理平安保險等措施。至於義務工作，是克盡義務，通常沒有任何報酬。不過，國人做義工，也許有些人抱著行善、施惠、祈福、還願、消災、贖罪的念頭，有形無形還是在求報酬，不像西方人視義工為社會責任。

4.範圍不同：志願工作是「服務」，沒有限定，義務工作是「責任」應有限定（陳武雄，2015）。換言之，志願服務是人人可

以做，處處能展開，時時都可為，物物都可用，其服務範圍是無限的寬廣。相對的，義務工作具有強制性的意義，是法律規定應負的責任，通常依法從事服務工作，其範圍有一定的限制。

5.考量不同：志願服務的「志願」，固然可以做正事，做好事，也可以做邪事，做惡事，而義工便無為邪為惡的顧慮。韓愈說：「行而宜，之謂義。」義者，宜也，是正正當當的行為，而志卻有私意之解釋（熊智銳，2000）。

對於上述論點，可以摘要比較如表4-2-1：

表4-2-1　志工與義工的區隔

	出發點	性質	報酬	範圍	考量
志工	自由意志	為所願為 道德範疇 隱於內 無約束力	可以有一些酬勞	無限寬廣	可做好事，也可做惡事，有「為邪」或「為惡」的顧慮
義工	社會責任	為所應為 法的體系 形於外 有約束力	沒有任何酬勞	依法從事服務工作	正正當當的行為，沒有「為邪」或「為惡」的顧慮

資料來源：自行整理。

從表4-2-1的比較，「志工」一詞，可以簡單解釋為：一個人基於自由意志，致力於做好事，為所願為，以服務他人，而不計較有無酬勞。而「義工」一詞，則可以簡單解釋為：一個人基於社會責任，依法從事正當的服務工作，為所應為，而沒有任何酬勞。

七、結語

「志願服務」（volunteering or voluntary service）一詞，是近代才由歐美傳入台灣，在中文方面有些人將之譯為「志工」，但是有些人習慣上仍稱之為「義工」，另外有些人採取折中方式，主張兩者並用，或彈性使用。其實，這些主張，仁智互見，公婆各有道理，可能短時間之內還無法形成共識。

除了理念上的論辨之外，張英陣在專案研究中，曾針對「志工與義工」的議題進行抽樣調查，多數的受訪者主張將來統稱為「志工」，但是也有相當的比率不支持此主張。其中，志工方面，有69.2%表示應統一使用「志工」一詞，11%表示不支持；志工業務承辦人方面，有60.3%表示應統一使用「志工」一詞，20.6%表示不支持；從事教學及研究者方面，有50%表示應統一使用「志工」一詞，33.3%表示不支持（張英陣，2004a）。

由此顯示，不論是志工、業務承辦人、從事教學及研究者，在態度上傾向於支持將來統一使用「志工」一詞。也許，這是一種主流民意，可以在日後修訂志願服務法時列為考量因素之一。

4-3 志願服務與服務學習

一、前言

最近幾年，台灣實施教育改革，採取多元入學方案，有些學生

為了參加推薦甄選之需要，乃在學校及家長的協助之下，參加志願服務，以便取得志願服務時數的證明。

另外，一九九九年，台北市首先在中學推動「公共服務課程」，二〇〇〇年修正為「服務學習」（service-learning），規定國中及高中、高職一、二年級學生每學期至少須服務八小時。同一年，行政院青輔會也訂定「推動中等學校學生參與服務學習實施計畫」，協助中等學校推動服務學習，因而帶動台灣各地的國中及高中職陸續實施服務學習，參加服務的學生也日漸增多。

這裡，出現兩個名詞：一個是志願服務，另一個是服務學習。其中，服務學習是什麼？服務學習與志願服務有何異同？兩者可否相容？服務學習的發展趨勢如何？都有待探討。

二、服務學習的定義

依據文獻記載，「服務學習」（service learning）一詞，是一九六七年，由美國南部地區教育董事會（Southern Regional Educational Board）提出，主要目的是為了矯正學校教育與社區生活脫節的缺失，並促進個人發展。隨後，服務學習在美國各州普遍推展，但各州政策不一，因而衍生許多不同的定義和做法。

美國學者肯多爾（Kendall）在一九九〇年的報告曾指出，從文獻上可以找到 147 個有關「服務學習」的定義。相信，經過這些年，服務學習的定義必然又增加許多。在這些定義之中，比較常被引用的是一九九〇年美國「國家與社區服務法案」（National and

Community Service Act）所下的定義，包括四個要點（林勝義，2002）：

1.學校與社區結合：藉助於服務活動的參與，以促進學生的學習與發展。這些學習的活動，是由學校與社區一起協調後決定，以符合社區眞正的需求，並形成一種有組織的服務經驗。

2.服務與課程結合：透過服務學習，提供一些機會，讓學生應用其在學校所學的知識和技能，在自己社區生活的情境中提供服務。

3.強調學習的重要：將服務學習融入於學校課程之中，或者安排固定的時間，讓學生就其服務過程中所見所爲，進行思考、討論、寫作、展示，以達成眞正學習的效果。

4.重視自我的發展：服務學習是將學習的場所，從教室延伸到社區之中，以協助學生發展其關懷社會及服務社區的情操。

簡言之，服務學習就是「從做中學」（learning by doing），它是一種重視學習因素的服務，透過計畫性的服務活動與結構化的反思過程，以滿足被服務者的需求，並促進服務者的發展。

三、志願服務與服務學習的相同之處

依據前述美國「國家與社區服務法案」所下的定義，可知服務學習特別強調「服務」與「學習」並重。美國學者西格門（Sigman）曾分析服務與學習的各種不同關係，將其歸納爲：課程實習、志願服務、勞動服務、服務學習等四種型態，如表4-3-1：

表4-3-1　服務與學習不同關係的類型

	服務與學習的關係	著重點
課程實習	服務 — 學習 （service-LEARNING）	以學習目標為主，較不重視服務。
志願服務	服務 — 學習 （SERVICE-learning）	以服務成果為主，較不重視學習。
勞動服務	服務 ，學習 （service , learning）	服務與學習的目標，沒有關聯。
服務學習	服務 — 學習 （SERVICE- LEARNING）	服務與學習的目標，同等重要。

資料來源：Sigman（1996）The problem of definition in service learning.

　　由表4-3-1顯示，課程實習以「學習」為主，志願服務、勞動服務兩者以「服務」為主，服務學習則同時注重「服務」與「學習」。其中，志願服務與服務學習之間，服務與學習二者，仍有所關聯，只是有倚重與倚輕之別而已。

　　換言之，志願服務與服務學習兩者之間，有其相同之處，也有其相異之處。其中，相同之處略述如下：

　　1.核心價值方面：都強調以「學習」作為服務的基礎。志願服務主張「以學習為基礎」（learning-based），運用志工的知識、體能、經驗、技術等去服務。至於服務學習，更具體強調要將「服務」與「課程」結合，讓學生應用學校所學的知識和技能去參與社區服務。

　　2.服務項目方面：都有多元化的項目可供選擇。志願服務的項目，依據志願服務法第四條規定，涵蓋社會服務、教育、輔導、文化、科學、體育、消防救難、交通安全、環境保護、衛生保健、合作發展、經濟、研究等項。這些項目，除了消防救難、合作發展、

經濟等項之外，也是服務學習常見的服務項目（林勝義，2002）。

3.服務場所方面：都以「社區」為優先考慮的場所，然後再逐步擴及其他。依據社區化的原則，志願服務運用單位應盡量任用草根志工，並落實在地服務。至於服務學習，其起始目的就是要學生透過社區服務的經驗，強化學習的效果，以解決學校教育與社區生活脫節的問題。

4.服務規範方面：都必須接受專人的督導，並遵守服務規範。依據志願服務法第十一條規定，運用單位必須指定專人負責志願服務之督導，而第十五條則規定志工應有的義務。至於服務學習，在學校必須依相關課程的規定進行服務，而且同時接受學校老師與機構人員的督導。

5.學習及成長方面：都鼓勵服務提供者參加相關訓練及成長活動。從事志願服務，必須參加基礎訓練、特殊訓練，以及相關的研習、觀摩。至於服務學習，在服務之前，除了課程要求之外，也有參加講習的機會，並且在教師的指導下，進行反思活動，以達到學習與成長的目標。

四、志願服務與服務學習的相異之處

志願服務與服務學習，固然有一些相同之處，但是志願服務是一個使用比較廣泛的用語，服務學習通常只運用於學生階段的服務，兩者之間仍有一些差異。其相異之處略述如下：

1.參與者的來源方面：志願服務的參與者，以成年人居多，近年

才逐漸擴及少數在學的兒童及青少年。至於服務學習的參與者，通常以學生爲主。即使一般成人志工也可以從服務中獲得一部分的學習效果，但習慣上不稱爲服務學習。

2.個人的自由意志方面：志願服務是民眾基於個人意志，自由參與服務，不是外力所能強迫。如果是出於個人義務（如照顧親人）或法律責任（如法院判決的公共服務）而必須參加服務，則不視爲志願服務。至於服務學習，是學校課程的一部分，或者是學校規定必須參加的活動，即使學生對於服務的場所或項目，可以自由選擇，但是參加與否，似乎沒有選擇的餘地。

3.督導的機制方面：志願服務依規定必須由運用單位指定專人擔任督導，至於服務學習，除了運用單位的督導之外，通常學校也還有相關的教師擔任協同督導的工作。

4.服務過程的結構性方面：在志願服務的實施過程，通常有訓練、安置、督導、激勵等措施，但不是每一項都具有結構性。至於服務學習的運作，則必須依循：計畫、實施、反思、慶祝等四個步驟，次第進行，其結構性的程度較高。

5.服務結果的受益者方面：雖然，志願服務與服務學習的參與者本身都可以從服務中獲得成長，但是，志願服務強調先幫服務對象完成心願，再完成志工想服務、想成長的心願。至於服務學習，理論上強調服務與學習並重，實際上可能是參與者受益較多，至於服務對象的受益有多少，尚待評估及加強。

五、志願服務與服務學習的相容問題

正因為志願服務與服務學習兩者之間有同有異，當學生準備進入機構參加服務時，有些機構難免有所疑慮。其主要疑慮，包括：學生未受過志願服務基礎訓練，是否符合志願服務法的規定？學生只想做滿學校推甄所規定時數，是否真心服務？學生能服務的事項有限，如何安排？

有了這些疑慮，對於機構運用學生志工，或者對於學生參加服務學習，都可能造成不利的影響。基本上，學生的服務學習，無論對學生或機構都有正面的價值，應予支持和鼓勵，而且志願服務與服務學習，應該也可以相互融合，相輔相成。以下針對機構的疑慮問題，探討服務學習與志願服務相容的對策：

1.志工基礎訓練問題及對策：如果學生只參加短期的服務，可由運用單位辦理半天或一天的講習，讓他們對於機構的成立宗旨、組織概況、服務項目及服務須知等有所了解。如果學生能參加較長時間的服務，則應比照一般志工，讓其接受志願服務基礎訓練與特殊訓練。不過，對於訓練的安排，可以考慮依其教育程度，分為高中組、國中組，並採用高中版、國中版的教材及教法，以提高訓練效果。目前，東吳大學對學生志工營的基礎訓練，已經採用大專版的教材，至於高中版、國中版，則尚待開發。

2.學生服務時數問題及對策：通常，學生參加社區服務的時數，長短不一。有些學生是依照教育行政當局或學校的規定，每學期必須服務滿八小時以上；有些學生是準備參加推薦甄選入學，依

申請學校的要求須取得若干小時的服務證明；有些學生則因父母或師長的鼓勵，與家人或成人一起做志工，其服務時間比較長。無論何種情況，學生參加機構或社區的服務，不僅值得鼓勵，而且對於機構或社區也有一些好處，至少可以帶動機構或社區新的活力，也使機構或社區獲得實質的幫助。所以，機構或社區不妨針對學生志工的需求，彈性規劃若干時段，提供學生選擇。目前，台灣大學附屬醫院、衛福部台北醫院、國立自然科學博物館等單位，在暑期規劃四十小時的服務學習，並分上、下午兩個時段，以及集中與分散服務兩種方式，可以作爲安排學生從事服務時參考。

3.學生服務項目問題及對策：學生志工還在求學階段，其在學校所學，不一定符合機構服務的需求，所以運用單位必須事先評估及規劃適合學生志工的服務項目。其實，學生有熱情、有活力，資訊能力也不差，可以服務的工作相當廣泛，譬如：製作海報、資料建檔、帶領活動、維持秩序、接聽電話等，都可以釋出給學生志工服務。尤其，機構的服務對象如果包括兒童在內，更適合運用學生志工，爲兒童提供服務。目前，國立自然科學博物館、台北市政府探索館、台北市立動物園，以及許多公共圖書館的兒童圖書室，都招募學生志工，服務小朋友，比一般成人志工更受歡迎。

質言之，服務學習與志願服務的相容應該不成問題。目前迫切需要實施的對策，是強化服務學習的配套措施，包括：開發學生志工版本的志願服務訓練教材、規劃適合學生參加服務的時段與項目。苟能如此，無論是服務學習或志願服務，在運作上都將更有制度，而對於志願服務的往下扎根及普遍推廣，也有助益。

六、台灣服務學習的發展趨勢

自從台北市於一九九九年率先在中小學推動「公共服務課程」以來，服務學習已逐漸推廣到台灣各地，並且有一些新的發展趨勢：

1.由社團服務到整體規劃：台灣在引進服務學習初期，大多數學校是採取學生社團模式，運用原有的服務性社團，或者成立新的服務性社團，在指導老師的協助之下，由社團成員共同訂定服務計畫，定期、定點進行服務學習。目前，學校對於服務學習的運作模式已日趨多元，並且重視整體規劃，包括：事前由學校彙整及公告願意接受學生服務的機構、整合服務內容與相關課程、統一辦理服務時數的登錄、期末安排全校性的觀摩或慶祝，使服務學習成為全校性的一種活動。

2.由服務時數到服務態度：也許是台北市規定學生每學期必須參加服務學習八小時，同時推甄入學也是要求檢附服務時數的證明，因而有些學生在完成規定的服務時數之後，就很少再繼續留下來參加服務。其實，只重視服務時數，有違學校教育的本意，也不符合服務學習的精神。所幸，學校與機構最近已開始注意學生參加服務學習的心態，希望透過督導的過程，改變學生將其追求「數量」的想法，提昇到重視服務的「品質」，尤其在服務態度上，希望他們能夠以「服務為榮」，以「助人為樂」，並且能夠虛心學習，持續服務。

3.由一般服務到專業服務：不必諱言，台灣很多學校所推動的服務學習，還是停留在社區掃地、做資源回收、到老人院訪視慰問，

或參加預防登革熱、禽流感之類的宣導活動。不過，最近有些學校
已由一般服務，慢慢轉而將服務學習與專業課程的教學相互結合，
讓學生應用課堂所學到的知識和技能去社區服務。例如，配合幼保
課程，去社區為小朋友說故事；配合資訊課程，去老人院維修電
腦。這種轉變，不只是服務，也有助於提高課程教學的效果。

4.由推廣服務到理論支持：早先，學校是依據教育行政當局的
公文指示，或者因應學生參加推甄入學的需求，而安排學生參加
服務學習，因此偶而會引起一部分教師與家長的質疑或反彈，而
未能全力配合。為了使服務學習的推動更具說服力，學校當局乃開
始引用專家學者的相關理論來支持服務學習。目前，較常被用以支
持服務學習的理論，包括：杜威（John Dewey）主張「從做中學」
（learning by doing）、皮亞傑（Piaget）強調具體經驗和機會學習、
布魯納（Bruner）強調學生應該是參與者（participants）和主動學習
者（active learner）（林勝義，2002）。

5.由社區服務到國際接軌：本來，服務學習的基本精神，所強
調的是社區服務，而台灣的服務學習活動，也是鼓勵學生就近參與
社區服務。後來，為了配合青少年服務的特質，也為了喚起全球青
少年參加社區服務，美國於一九八八年由「青年服務美國」（Youth
Service American）與「校園外展行動聯盟」（Campus Outreach
Opportunity League）共同發起「全球青年服務日」（Global Youth
Service Day, GYSD），並於二〇〇〇年起成為全球性的活動，通常
約有一七五個以上國家約三百萬青年響應此項活動。台灣於二〇〇
一年正式加入這項活動，每年四月間將服務學習的成果，透過全球

資訊網（WWW）的連結，與各國進行經驗分享，並相互學習（林勝義，2006）。

此外，在教育部青發署的贊助下，台灣的非營利組織也參與服務學習的推動，使學生對於服務學習的參與，更能符合社會實際需求。

七、結語

志願服務的推動，需要往下扎根，而學生的服務學習，正是志願服務往下扎根的一種具體措施，目的在使兒童及青少年從小就養成服務社區的習慣。

其實，服務學習可以視爲一種志願服務，或者是學生階段的志願服務。因爲學生階段的主要任務是學習，所以學生階段的「志願服務」，特別稱之爲「服務學習」。

無論如何，服務學習與志願服務兩者，雖然同異互見，但是兩者之間的相容應該不成問題。尤其最近幾年，除了政府與學校積極推動服務學習之外，許多非營利組織也相繼投入服務學習的推動，例如白茂榮、敦安、水源地、勵馨等社會福利基金會，都參與辦理服務學習的宣導及訓練。相信假以時日，志願服務與服務學習兩者將在台灣各地普遍實施，而且彼此相輔相成，相得益彰。

4-4　志工與志工業務承辦人

一、前言

　　現代社會，擔任志工的人愈來愈多。但是志工的異質性很高，不願意人家約束，事實上也不容易管理。因此，運用志工的單位要把志願服務業務辦好，必須有一些要訣，包括：良好的規劃、妥善的招募、審慎的甄選、有效的訓練、健全的組隊、完善的督導、系統的考評、適當的獎勵。

　　這些工作，幾乎都落在志工業務承辦人的身上。所以，志工業務承辦人任重道遠，對於志工及志願服務業務有關事項應有所認知。此處針對其可能的挑戰、角色定位及相關知能，略加說明。

二、承辦人可能面臨的挑戰

　　當機構在政策上決定運用志工之後，通常會指定某一員工來承辦志工業務。如果這個機構之中有社會工作人員，他可能就是志工業務承辦人的優先人選。必要時，機構其他成員也有機會承辦所屬部門的志工業務。無論如何，志工業務承辦人可能面對一些挑戰，包括：

　　1.被指定兼辦志工業務而增加負擔：志工業務承辦人都有自己本職的業務必須辦理，志工業務通常屬於兼辦性質。一旦被機構指定兼辦志工業務，即使不是自願的，而是被迫的，或者是剛到這個單

位服務，長官分派這項業務而不能不辦理，因而成為一種額外的負擔，甚至在心理上會覺得是一種沉重的負擔。

2.機構同事對於志工不一定能認同：機構有些同事對於志工並不重視，認為志工可有可無。原先，志工滿腔熱血，卻被澆冷水；本來，志工主動幫忙，卻被視為多事。其實，志工來機構服務，別無所求，只希望受到應有的尊重和肯定。如果，同事對志工缺乏認同，承辦人應該做溝通橋樑和潤滑劑，利用志工訓練、聚會或適當機會，邀請機構主管和同事參加，讓他們和志工多接觸、多了解，同時也讓志工有表達意見的機會，彼此增加互動。

3.志工的自主意識日增而不易管理：通常，志工的異質性較高，自主性較強，常有自己的看法，不願意被約束，也不願意被管理。當然，絕大多數志工都很有愛心，也熱心服務，但仍有極少數志工有一些缺點，例如：來去自如、不願受訓、公器私用、假公濟私、藉機營利、挑撥是非、越俎代庖、倚老賣老、欺侮菜鳥、尸位素餐。如果有這些情形，又會增加承辦人在管理上的負擔。

4.社會大眾對志工仍有所質疑：大概是擔任志工之後，有意外保險、交通費、誤餐會等福利，而且有些機構對於志工的獎勵比較優厚，以致引起一些民眾側目。事實上，機構對於志工參與服務，應該給予支持和鼓勵。即使有些機構安排績優的志工到國內外參觀訪問，其用意也是為了慰勞、觀摩和學習。對於社會民眾的質疑，也有賴志工承辦人加強社會行銷。

無論如何，既然擔任志願服務業務的承辦人，就必須接受可能

的挑戰，並且扮演其應有的角色，以便有效結合志工人力，完成機構交付的任務。

三、承辦人的角色定位

角色是一種人際互動的觀念，也就是一個人站在什麼位置，社會期待他應該表現的某種行為特徵。例如，做老師的要教不倦，做學生的要學不厭，做醫生的要懸壺濟世，做法官的要廉明公正，這就是他們應有的角色。

志工業務承辦人在辦理志願服務業務的過程中，必須經常與某些人打交道，包括機構主管、同事、志工、民眾，因而至少須扮演下列角色：

1.對機構主管而言，承辦人是行政者：依據行政上的需求，安排志工參與機構相關工作的推動，並作為機構與志工之間的溝通橋樑，一方面，將機構有關志願服務的政策和訊息或決定，轉告給志工；另一方面，則將志工的意見，反映給相關單位。

2.對機構同事而言，承辦人是協調者：做為志工和內部各單位同事之間的橋樑，協調有關服務工作的分配、支援、改進等事宜。

3.對志工夥伴而言，承辦人是督導者：對於個別志工，提供行政督導、教育督導及情緒支持；對於志工團隊，以「服務」代替「管理」，讓志工團隊自治，並從旁提供必要的協助。

4.對社會大眾而言，承辦人是服務者：依據機構成立的宗旨，以

及志願服務運用計畫，協同志工為有需要的民眾提供適切服務。

此外，社會大眾對於機構的服務項目，以及志工做了些什麼事，不一定了解，甚至有所質疑。這可能是機構對外行銷做得不夠，所以，承辦人還有一個重要角色，就是結合志工，共同行銷志願服務。

四、承辦人對機構運用志工的認知

機構為什麼要運用志工呢？大家想到的可能是機構人手不夠，又沒有經費僱用工讀生或臨時人員。其實，機構即使不缺人，不缺錢，也需要運用志工，因為志工對機構業務的推展有很大的幫助。包括（林勝義，1998）：

1.增加機構和民眾的溝通：機構經常推出許多活動，這些活動都經過精心設計，但有時候來參加的民眾不如預期的多，我們應該思考這些活動是否不適合他們？是否不是他們所需要的？俗話說：「君自故鄉來，應知故鄉事」，志工來自各基層、社區、角落，志工最知道民眾的心聲，知道他們需要哪些活動。如果承辦人沒有時間做需求評估，不妨將志工視為社區的一種意見領袖，聽聽他們的意見，適時反應給機構，使規劃的活動更貼切民眾的需求。

2.擴展機構的服務項目：志工幫忙機構做些例行性或庶務性的工作，機構的專業人員就可以省下一些時間，用來研究發展，以配合社會脈動，開發新的服務項目。而且，志工來自各行各業，各具專長，他們也可以幫忙規劃一些新的活動，例如有些非營利機構，

運用志工之後，就將服務對象擴展到老人和盲人，並且運用志工訪問地方耆老，建立地方文史檔案，直接間接協助機構擴大其服務範圍。

3.開發使用服務的人口：這些年來，在營利機構的競爭之下，非營利機構的利用人口好像有下降的趨勢。尤其，處於社會經濟不利的地區，民眾比較少有資訊及機會來使用非營利機構的服務，因而機構必須不斷地開發服務的使用人口。事實上，志工也可以協助機構開發使用人口，因為志工可以幫機構服務做行銷，還會帶動家人、鄰居、親戚、朋友來參加機構的相關服務，像滾雪球一樣，使利用人口繼續增加。

五、承辦人與志工建立良好關係的原則

承辦人與志工之間，是一種工作夥伴的關係，必須建立良好的互動關係。建立良好關係的基本原則是：

1.確認雙方的角色期待：承辦人與志工都互有期待，承辦人期待志工把工作做好，志工則期待承辦人重視他們、關心他們、尊重他們。對於這種期待，必須及早確認（曾華源，1992）。例如，機構對於志願服務有新政策或新措施，要利用機會向志工說清楚，讓志工明白，並聽聽他們的意見。這樣的做法，一方面表示「在乎」他們，另一方可以形成「共識」，一起打拼。

2.適時提供協助和回饋：志工的事，無論大事或小事，都是重要的事。有時候，連請假補班的事，都可能引起志工反彈。所以，

承辦人對於志工所提出來的事，沒有大小之分，都要及時回應，有話直說，能解決，就解決，不能解決，就說明原因，以取得志工諒解。

3.暢通雙向溝通的管道：承辦人要採取「門戶開放政策」，透過意見箱、座談會、電話、手機、網路等各種管道，讓志工很容易、很方便，及時與承辦人聯繫或溝通。不過，承辦人也要讓志工了解每個人都有個人的生活，必須相互尊重。

此外，志願服務與社會工作有很密切的關係，社會工作所強調的個別化、有目的表達感受、適度的同理心、尊重自我抉擇、不批評、保密等原則，也可以作為承辦人和志工建立良好互動的原則。

六、承辦人督導志工的技巧

通常，志願服務業務承辦人，也是志工督導，必須對志工提供督導工作。為了發揮督導功能，必須講究一些技巧：

1.以「民主」推動行政管理：對於志工服務項目與服務場所的安排，最好是依據機構的需求，再配合志工的意願、興趣、專長，透過民主的過程，經由溝通、協調而決定，而不是一個命令，一個動作。至於志工團隊的管理，可以考慮充分授權，讓自治幹部自行管理。

2.以「啟發」引導服務學習：學習與成長，是志工來機構服務的動機之一，承辦人必須協助志工在服務中學習，獲得自我成長，也藉此提高服務品質。如果，志工偶而有一些過失，則應該先包容

他，當作一時無心之過，再以「暗示」的方式，引導他自我省察，
自我改過。

3.以「真誠」提供情緒支持：我們常說做志工要有愛心、熱心
和耐心，其實，最重要的是「真心」。因為「精誠所至，金石為
開」，做志工固然需要真心投入服務，做督導人員也要真心對待志
工，尤其新進志工缺乏經驗，容易挫折，督導人員必須真誠的給予
情緒上的支持。

七、承辦人行銷志願服務的方法

有些民眾對機構運用志工有所質疑，對機構的服務不甚了解，
對於服務活動的參與較少，這可能是機構的宣導不夠，必須加強行
銷。行銷的方法包括：

1.認知服務行銷的特質：非營利組織的產品是服務，不同於企
業有具體的產品。這種服務行銷的產品或活動，有四個特質（黃深
勳，1996）：

(1)無形：志願服務是無形的，不像企業產品有具體的物品可以
　　用感官檢驗。

(2)不可分離：任何服務活動，提供者和使用者必須同時出現在
　　現場。

(3)異質：一項服務活動辦得好不好？使用者的感受和評價可能
　　不盡相同。

⑷不可儲存：服務活動大多現場演出，不像有形產品可以屯積備用。

2.把握品管行銷的要素：正因為志願服務的產品或活動具有上述特質，所以要有特別的行銷方法，也就是重視品質管制，把握五個要素（黃深勳，1996），進行品管行銷：

⑴可靠：系列性服務活動，第一次就要辦好，以建立良好的口碑。

⑵有形：服務場所、志工穿著、海報等有形的物品，要「用心」設計。

⑶反應：志工必須具有服務的意願，隨時待命。

⑷保証：志工要具備服務所需知能，讓人有信心。

⑸同理：站在服務使用者的立場思考問題，處理問題。

3.兼顧內部外部的行銷：服務行銷有一句名言：「先安內，再攘外」。意思就是先對機構內部進行行銷，形成共識之後再一致對外行銷。其中，機構內部的行銷又包括承辦人與機構管理當局之間、承辦人與志工之間相互的行銷，這是一種互動行銷。所以，承辦人對於機構長官、同事、志工，先進行內部的互動行銷，然後再結合志工朋友，一起向社會大眾行銷。

至於對外行銷的管道，並不是將所有平面媒體、電子媒體一網打盡，而應該有市場區隔的觀念，依據消費者使用媒體的習慣，分

開行銷，比較有效。

八、結語

　　承辦志工業務，不論是出於自願、被指定或被逼迫，基於行政權責，必須盡忠職守，不容怠忽。

　　雖然，帶領一群異質性高，自主性強的志工，有時難免感到「人少，事繁、壓力大」，但是，能與有這群有熱誠、有活力的志工共事，在工作生涯中留下一些同甘共苦的回憶，也是一種難得的經驗。

　　無論如何，承辦志工業務固然要靠感情和經驗，更要認知自己可能面臨的挑戰，確定自己的角色，了解承辦人與志工建立關係的原則，善用督導的技巧，以及服務行銷的方法，使自己的工作勝任愉快，而志願服務業務也能順利推展。

第 5 篇

管理篇

　　對於志願服務運用單位而言，志工是一種重要的人力資源。為了讓志工資源做最有效的運用，通常從管理著手，透過計畫、組織、用人、領導、控制等機制，以協助志工發揮潛能，提高服務效果。

　　本篇內容包括：志願服務運用計畫、志工招募、志工訓練、志工團隊經營、志工督導、志工激勵、個別志工評量、志工單位評鑑等八個單元。這些單元幾乎涵蓋了運用志工的整個流程，其目的在協助志工業務承辦人有計畫、有步驟地進行志工資源的管理。其實，志工也可以藉此了解機構運用志工的流程，以及機構與承辦人在各個流程中對志工的期待，進而自我管理或全力配合，以發揮志工資源的力量。

5-1　志願服務運用計畫

一、前言

　　志工管理（volunteers management），是運用管理的原理原則，以協助志工妥善進行服務的運作過程。對於管理的機制，一般區分為：規劃（planning）、組織（organizing）、任用（staffing）、領導（leading）、控制（controlling）等五項。在這五項之中，規劃，就是計畫的擬訂，有時也稱為方案設計（program design），它位居管理機制的首位，其重要性不言可喻。

　　況且，依據我國志願服務法第七條規定：志願服務運用者應依據志願服務計畫運用志願服務人員，並應於運用前檢具志願服務計畫，送主管機關備案，運用結束後二個月內將志願服務計畫辦理情形函報主管機關備查；未依規定辦理備案或備查時，志願服務計畫的目的事業主管機關應不予經費補助，並作為服務績效考核之參據。另外，第六條亦規定：志願服務運用單位招募志工時，應將志願服務計畫公告。由此可知，無論是管理上或實作上，都需要事先擬訂志願服務計畫，作為實施的藍圖。

　　至於志願服務運用計畫的擬訂過程，大致上與方案設計類似，包括：進行需求研判、設定計畫的目標、考慮運作的策略、規劃具體的行動、確定評估的方式等五個步驟（王麗容，1992；張英陣，1997）。

二、進行需求研判

志願服務運用者在擬訂志願服務計畫之初，首先必須透過需求評估（needs assessment）的過程，研判所欲服務對象的需求，以便規劃適切的服務措施。

然而，志願服務的實施領域非常廣泛，各個運用單位的服務對象不盡相同，其對需求的呈現方式也可能不同，我們必須採取適當的評估方法，始能了解其真正的需求所在。以下依據需求的四個面向，提出比較適當的需求評估方法：

1.感覺的需求（felt need）：如果服務對象是身心健康，而且具有一定的教育程度，他們可以感覺到自己有何需求。對於這類服務對象，可以採用問卷調查、實地訪問、使用者分析等方法，來進行需求評估。

2.表達的需求（expressed need）：如果服務對象是遭到暴力、性侵、壓迫、剝削的弱勢者，他們可能以行動表示自己的需求。對於這類服務對象，不妨採用參與觀察、社區論壇、公聽會等方法，來進行需求評估。或者利用民意調查、媒體評論、社會統計等二手資料，據以分析服務對象的需求。

3.規範的需求（normative need）：如果服務對象是心智發展上有障礙者，可能無法表示自己的需求。另外，有些服務對象受限於溝通管道、接觸機會，或出於自己不願意接受幫助，或者對於提供服務者缺乏信心，而不願意表示自己的需求（王麗容，1992）。

這類服務對象的需求，可能有賴專家學者本其專業素養加以判斷、認定，或者由代言人（如家長、監護人）代為表示，其需求評估的方法，以焦點團體法（focus groups）、社區論壇、德惠法（Delphi technique）等為宜。

4.比較的需求（comparative need）：如果運用單位是首次辦理志願服務工作，除了透過前述評估方法以了解服務對象的需求之外，也可以與那些有相同或類似服務對象的團體作比較，參考其需求，再依本單位的情況略加調整。換言之，比較性需求的評估方法，是利用不同機構、地區或國家的相關資料，進行比較，並從供給面了解其間差距，據以判定服務對象的需求。

其實，服務對象對其需求的表示，可能不是單一方式呈現，而是上述四種需求面向之中的兩種或多種方式，因此需求評估及研判也不能以一種方法為已足，必須審視實際情況，選擇比較適當的評估方法，以便掌握服務對象的真正需求。至於各種需求評估方法的使用，如果不是很熟悉，則可參考方案設計或研究方法之類的書刊，按圖索驥，善加運用。

三、設定計畫的目標

透過需求研判，確定服務對象的需求之後，志願服務計畫的規劃者即可根據服務對象的需求，設定整個計畫的目標。

由於志願服務的對象不同，其所顯示的服務需求，在性質上和程度上可能不同，因而計畫目標的重點可能也不同。有些計畫著重

於服務活動的目標，有些計畫強調服務過程的目標，有些計畫將焦點放在服務結果的目標，或者是兼具這些目標而形成多元目標。此外，依據計畫目標的完成期限，也可以設定為短期目標或長期目標。

無論如何，志願服務計畫目標的設定，必須具體、可行，以期將來計畫實施之後，真正能夠用這些目標來檢視服務對象的需求是否獲得滿足？其滿足的程度如何？為了使計畫的目標更為明確，以利執行及評估，懷特利等人（Whiteley, et al;1996）認為進行目標設定時，必須遵守SMART的原則，也就是計畫的目標要力求：簡單（simple）、可測量（measurable）、可達成（achievable）、有資源（resourced）、可追蹤（trackable）（黃源協，2003）。其中，計畫目標的用詞必須簡單、明瞭，以便於大家理解和溝通，否則，可能成為計畫推動的一種障礙。

四、考慮運作的策略

計畫的目標設定之後，接著就是考慮計畫推動的各種運作策略。就志願服務計畫而言，其推動的運作策略，主要是招募志工來協助運用單位推動各項服務活動，因而這一部分可以將焦點放在志願服務計畫的內容上。

依據我國志願服務法第七條規定，志願服務計畫應包括：服務人員之招募、訓練、管理、運用、輔導、考核及其服務項目。茲簡述如下：

1.志工招募：說明志工招募的對象、類別、資格、人數、時間、地點、報名方式、遴選過程等。

2.志工訓練：說明志工基礎訓練、特殊訓練、成長訓練、領導訓練及其他相關訓練的規劃。

3.志工管理：說明志工管理的相關規定，包括：志工的權利與義務、服務時間、服務地點、值勤及請假之規定、服務證及服務記錄冊之使用、各種服務證明書之申請、離隊及申訴辦法等項。如果，志工運用單位已訂定志願服務隊管理辦法或志願服務須知之類規範，可以直接在計畫中註明係依據某項法規辦理，並將該項法規列為附件，或者擇要列出志工管理的要點。

4.志工運用：說明志工的工作安排、志工團隊的組織方式、志工幹部選舉辦法、志願服務促進措施、志工意外事故保險、交通費及誤餐費補助，以及相關福利措施等。

5.志工輔導：就是志工督導，說明志工督導的人員配置、督導項目、督導方式、督導次數等。

6.志工考核：說明志工考核的項目、考核方式、考核程序、考核次數，以及考核結果之獎懲措施等。如果，志工運用單位已訂定志願服務考核（獎勵）相關的辦法，可以直接註明係依據某項法規辦理，並將該項法規列為附件，或者擇要列出志工考核（獎勵）的要點。

7.志工服務項目：就是志工的服務內容，說明志工服務包括哪些

項目。如果在志工團隊之中，已經將志工分成若干服務組別，則可分組說明其服務項目。

上述七項，只是針對志願服務法的規定，說明志願服務計畫的內容。其實一般計畫的運作策略，必須考慮的事項更多，除了上述提及的工作人員（招募志工）及服務內容（志工服務項目）之外，尚可包括：服務對象、實施時間、實施地點、經費來源與社會資源的結合等項。必要時，我們也可以將這些項目列入志願服務計畫之中適當的位置，使整個計畫更加完整。

五、規劃具體的行動

有關計畫的推動策略，經過仔細考慮，提出計畫的運作項目之後，緊接著就是規劃服務內容執行的具體行動，以達成目標。這一階段的重點有兩項，一項是確定工作進度，另一項是經費編列，前者是時間的管制，後者是經費的支援，否則計畫無法落實。

1.工作進度：志願服務計畫的實施進度，可以依據前述計畫推動的運作項目，排定優先順序，列出執行的時間表。通常，對於工作進度時間表的規劃，常見的有：時間序列法、甘梯圖（Gantt Chart）、波特圖（Program Evaluation and Review Technique, PERT）（黃源協，2003）。其中，時間序列法，就是一種「行事曆」，製作簡單，是目前志工運用單位最常使用的一種方式。但是，就志工管理的觀點而言，甘梯圖是一種值得引用的方式，它除了使用較明顯的符號來標示進度之外，還可以計算某一期間的完成率，

有助於隨時檢視工作執行的進度，並作必要的調整。至於波特圖
（PERT），就是計畫評核術，是一種高度簡化的網狀圖，適用於教
育及軍事領域的計畫，但在志願服務計畫中並不多見。甘梯圖的製
作方式舉例如表5-1-1：

表5-1-1　○○○○機構○○○年度志願服務計畫工作進度

項　目＼時　間	第一個月	第二個月	第三個月	第四個月	第五個月	第六個月	第七個月	第八個月	第九個月	第十個月	第十一月	第十二月
公告志願服務計畫	**											
志工招募報名	*	**										
志工招募面談		*	**									
志工基礎訓練				**								
志工實習					**							
志工特殊訓練						**						
志工授證						*						
志工工作安排							**					
個別督導						*	**	**				
志工成長訓練								**	**			
志工幹部會議							*	**				
志工考核									*	**		
績優志工表揚											**	
志工期末聯誼												***
完 成 率（％）	5	10	20	25	35	45	55	65	75	85	95	100

資料來源：自行整理。

　　2.經費編列：志願服務計畫的規劃者可以針對計畫執行的實際需
要，參酌運用單位推展志願服務的預算額度，以及其他可能的經費
來源，據以編列預算。至於預算的編列，一般可分為三種取向：

(1)支出項目取向：依據各種支出的項目來編列預算，例如講師鐘點費、場地費、交通費、誤餐費、意外事故保險費、印刷費、郵費、雜支等項的支出費用。

(2)活動項目取向：依據計畫必須執行的相關活動來編列預算，例如志工招募、志工訓練、志工福利、志工獎勵、行政管理等活動的支出費用。

(3)執行方案取向：依據計畫必須執行的相關方案來編列預算，例如兒童外展服務、獨居老人居家服務、志工運用、行政管理等方案的支出費用。

　　上述三種取向，以支出項目取向的預算編列最簡單，也是志願服務運用單位經常採用的一種方式。但是，無論何種編列方式，通常必須包括收入項目、支出項目，以及收支細目的金額，必要時在支出項目註明其單價、數量、金額、用途說明。茲舉例如表5-1-2：

表5-1-2　○○○○機構○○○年度志願服務計畫經費預算表

收入項目	收入金額	支出項目	單價	數量	金額	說明
上年轉入	40340	志工保險	200元	42人	8400	
申請補助	106500	志工訓練	450元	2次	9000	鐘點費及餐點
中心提撥	120000	志工聯誼	20元	50人	10000	用餐及禮品
理事捐款	30640	志工月訊印刷	7元	12000份	84000	每期印100份，一年12期
		慶生蛋糕	60元	8個	4800	半年一次
		租借場地	200元	2次	4000	慶生會使用
		○○之旅	300元	31人	62000	慰勞服務滿一年的志工
		年度結餘			54000	轉入次年度
收入合計	236200	支出合計			236200	

資料來源：自行整理。

六、確定評估的方式

　　一旦志願服務計畫被發展出來，也開始付諸實施，仍需針對計畫的執行情況繼續進行評估，以便檢視工作進度及實施成果，因而在規劃之時即應確定評估的方式。通常，計畫的評估方式，依據評估時間的先後，可以區分為下列兩種：

　　1.過程評估（the evaluation of process）：類似形成性評估（formative evaluation），是對於計畫開始實施之後，到目標達成的整個過程，進行監督和評量，其目的在檢視計畫的進行是否符合原先設定的目標和進度，如果其間出現落差，必須適時加以調整。

　　2.結果評估（the evaluation of outcome）：類似總結性評估（summative evaluation），是對於計畫執行的結果及影響進行評估，以檢視預期目標達成的情況，顯示出志願服務的績效，並作為後續計畫之改進依據。

　　其實，志願服務計畫執行過程的評估，是一種持續性的工作。至於結果評估或總結性評估，可視為志願服務的績效評估。如果是針對當年度的計畫進行評估，則其評估結果即可作為該年度志願服務計畫的辦理情形，函報主管機關及目的事業主管機關備查。

七、結語

　　事豫則立，不豫則廢。志願服務運用單位對於志願服務的推動，以及志工管理，都要事先擬訂計畫，以確保志願服務可以有效地執行，並達成預期目標。

　　回顧上述志願服務運用計畫擬訂的過程，從需求研判、設定計畫目標、考慮運作策略、規劃具體行動，到確定評估方式，對於一份計畫或方案設計所應具備的項目，大致上都已包括在內。如果將這些項目妥加組合，事實上就可以形成一份志願服務計畫書。

　　具體的說，志願服務運用計畫書的撰寫格式及項目，可以歸納如表5-1-3：

表5-1-3　志願服務運用計畫書

1.依據或緣起	（例如，依志願服務法規定、需求研判結果，說明計畫之必要）
2.計畫目的	（例如，運用在地志工的力量，關懷在地的獨居老人）
3.主辦單位	（例如，主辦單位：○○○○；協辦單位：○○○○）
4.辦理期間	（例如，○○○○年○月○日至○○○○年○月○日）
5.服務對象及服務項目	（例如，服務對象：中低收入的獨居老人；服務項目：關懷訪視、送餐服務、居家服務）
6.志工招募的對象及方式	（例如，招募對象：志願關懷獨居老人的熱心人士；招募方式：通訊報名、網路報名）
7.志工訓練方式	（例如，基礎訓練、特殊訓練、其他訓練）
8.志工運用及管理	（例如，組織分工、服務紀錄冊管理、保險、福利等）
9.督導或輔導	（例如，督導方式、相關會議等）
10.考核與獎勵	（例如，考核辦法、考核方式、獎勵項目、獎勵方式等）
11.工作進度	（例如，甘梯圖、行事曆等）
12.經費預算	（例如，經費來源、支出預算、社會資源等）
13.評估方式	（例如，形成性評估、總結性評估、評估人員的組成等）
14.附則	（例如，本計畫經○○會議通過，送○○長核定後實施，修正時亦同）
15.附件	（例如，志工管理辦法、志工隊組織章程等）

資料來源：自行整理。

5-2　志工的招募及遴選

一、前言

　　志工的管理，從招募開始。志工招募（volunteer recruitment）的主要目的，是找到適當的志工，以便配合運用單位的需要而提供服務。簡單的說，就是「如何找對人，作對事」。

　　但是，有些單位只是看到別的機構運用志工，也趕流行跟著招募志工，卻不知道要安排志工做些什麼事，因而經常造成志工的失望和流失。這其中很重要的一個原因，是在招募志工之前，缺乏審慎的思考與規劃。

　　事實上，志工招募有一系列的作業流程，而且在不同招募目標之下，往往有不同的招募方法與技術，最後再經過適當的面談，找出運用單位所需要的志工。茲就志工招募的流程、招募方法、招募技術、面談等四方面略加敘述：

二、志工招募的流程

　　志工招募是運用單位透過各種管道，吸引（attract）社會大眾注意到機構徵求志工的訊息，並且邀請（invite）合乎資格者前來應徵的過程。大致上，整個招募的流程如下：

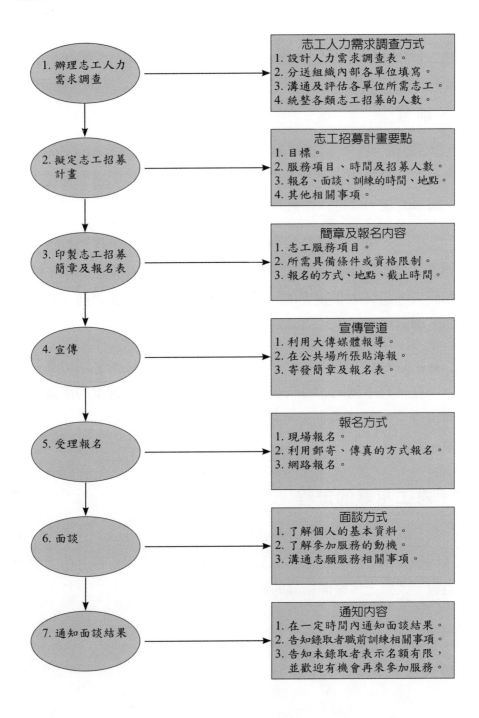

1. 辦理志工人力需求調查

志工人力需求調查方式
1. 設計人力需求調查表。
2. 分送組織內部各單位填寫。
3. 溝通及評估各單位所需志工。
4. 統整各類志工招募的人數。

2. 擬定志工招募計畫

志工招募計畫要點
1. 目標。
2. 服務項目、時間及招募人數。
3. 報名、面談、訓練的時間、地點。
4. 其他相關事項。

3. 印製志工招募簡章及報名表

簡章及報名內容
1. 志工服務項目。
2. 所需具備條件或資格限制。
3. 報名的方式、地點、截止時間。

4. 宣傳

宣傳管道
1. 利用大傳媒體報導。
2. 在公共場所張貼海報。
3. 寄發簡章及報名表。

5. 受理報名

報名方式
1. 現場報名。
2. 利用郵寄、傳真的方式報名。
3. 網路報名。

6. 面談

面談方式
1. 了解個人的基本資料。
2. 了解參加服務的動機。
3. 溝通志願服務相關事項。

7. 通知面談結果

通知內容
1. 在一定時間內通知面談結果。
2. 告知錄取者職前訓練相關事項。
3. 告知未錄取者表示名額有限，並歡迎有機會再來參加服務。

三、 志工招募的方式

志願服務運用單位招募志工的目標不盡相同，其所採用的招募方法也各有不同。有些單位是每年定期招募，有些單位則是長期招募，沒有間斷；有些單位是單獨招募，有些則聯合起來共同招募。麥克里與林區（McCurley & Lynch, 2000；李淑珺譯，2000）曾提出六種招募方法，加上台北市政府所實施的聯合招募，可得而言者，共有七種志工招募的方法：

1.暖身招募：所謂「暖身招募」（warm body recruitment），是為了某項活動的暖身活動而招募志工。例如，在特殊奧運中擔任一天志工。台灣曾經在辦理世界大學棒球賽時，招募一批具備外語能力的大專生擔任宣導及接待的志工，也屬於暖身招募。這種招募方法的優點是在短時間可以招募到大量志工，其服務工作大多數人都可以勝任，或者經過短時間的講習即可上場服務，例如發送傳單、協助園遊會活動。缺點是志願服務的時間通常很短，在志工管理上較難伸展，需要志工自動自發，自我約束。

2.目標招募：所謂「目標招募」（targeted recruitment），是先確定哪些人會想做這些服務工作，然後直接針對這些人進行招募。例如，智障者家長總會招募志工，可以直接向各大專院校特殊教育學系學生或相關社團進行招募；康復之友會招募志工，可以針對那些曾經患有精神障礙者的家屬進行招募；地政志工，可以針對有過土地買賣經驗的人進行招募。這種招募方法的優點是招募的對象明確，招募工作有焦點，事半功倍，而且志工的經驗背景與服務項目

能緊密結合，有助於提高服務意願及服務效果。缺點是招募的對象只是瞄準某一特定的群體，招募範圍較狹隘，有時候不容易招募到所需的志工人數，而且可能因而造成對於此類服務有興趣的某些民眾失去參加志願服務的機會。

3.結合暖身及目標招募：也就是在設計暖身招募活動時，運用目標招募的方法，迎合潛在志工的可能動機，藉此吸引人數較多，既有興趣，又夠資格的民眾前來應徵志工。例如，聽障者福利團體招募志工，可以透過辦理聽障兒童園遊會活動的時機，來招募短期志工，同時鎖定那些具有中等以上手語能力，並有聽障家庭相處經驗的志工，邀請他們繼續留下來擔任機構的長期志工。這種招募方式的優點是擴大目標招募的範圍，使更多人有機會參加服務；缺點是兩種招募方法同時進行，難免顧此失彼，兩方面都沒有做好。

4.同心圓招募：所謂「同心圓招募」（concentric circles recruitment），是由已經跟機構有關聯的志工或員工，往外擴散，設法找到所需要的志工人選。簡言之，就是由現有的志工或員工，邀請他的朋友或認識的人前來應徵志工。這種招募方法，好比把一塊石頭丟進池塘裡，激起了一圈圈的漣漪，往外不斷地擴散開來。同心圓招募法的優點是原有的志工或員工對機構已有一些正面印象，請他們幫忙推薦志工，其說服力與可靠度較高，這是大眾媒體的宣導，以及由陌生人招募所難以相比的，而且在宣傳和時間的成本上，都較為節省；缺點是員工或志工推薦，如果未被錄用，較難交代；而且，以此種方法招募進來的志工，可能已經與現有志工認識，或因為被推薦的關係而形成一種非正式團體，對於志工管理有

所不利。

　5.**團體招募**：所謂「團體招募」（ambient recruitment），就是在團體中創造一種「志工文化」，讓其成員相信擔任志工是非常有意義的事，一旦成員認同這種價值觀，就會尋求擔任志工的機會，以實踐這種志願服務的價值觀，而運用單位亦可直接與該團體洽商，招募其團體成員擔任志工。例如，台積公司為塑造企業回饋社會的良好形象，鼓勵員工及其眷屬利用公務之餘擔任志工，獲得台積電文教基金會成員的高度認同。近年來，國立自然科學博物館與台積電文教基金會簽訂團體志工服務協議書，由台積電以團體方式認養科博館「積體電路的世界」展館之導覽解說服務。這種以「團體」為對象的招募方法，優點是招募成本降低，志工的認同感較高，會自動服務及自我管理，因為他們必須維護團體的榮譽；缺點是團體志工的風氣未開，能夠招募到的團體不多，國內的情況更是如此。

　6.**尋求專業機構協助招募**：就是聯絡某些以提供志工給社會服務團體為宗旨的組織，請其介紹志工前來服務，或者請其代為招募所需之志工。在美國，可以尋求協助招募志工的專業機構，包括當地的志工中心、某些公司的企業志工計畫、扶輪社，以及兄弟會、姊姊會等從事社區服務工作的團體。在台灣，對於青少年志工的招募，可就近聯絡台北、桃竹苗、台中、雲嘉南、南投、高高屏、花東等青年志工中心；至於成人志工的招募，則可聯絡中華民國志願服務協會及各縣市志願服務協會，請其提供協助。這種招募方法的優點是節省招募成本，缺點是此類專業機構管轄的地區遼闊，較難

配合運用單位的需求而介紹在地的的志工。

　　7.聯合招募：就是運用志工的單位聯合起來，定期集中辦理招募工作。例如台北市政府為擴大宣傳，鼓勵市民參加志願服務，並節省招募志工的人力、物力，每年都定期辦理聯合招募作業。市政府所轄各機關（構）將其該年度需要招募志工的人數、服務項目、服務時間、服務地點、具備資格等資料，報請社會局統籌印製志工招募手冊，上網公告，聯合宣傳，並在某一期間，在市政府大廳展出相關資料，接受市民報名，然後將報名資料分送各運用單位自行辦理甄選等後續工作。這種聯合招募的方法，優點是單一窗口，宣傳擴大，效果較佳，而且整體的成本較低，民眾也不必到處尋求擔任志工的機會；缺點是一年通常只辦理一次，對於臨時需要補充志工人力的單位，可能緩不濟急，尚須自行招募。

　　事實上，各種志工招募的方法，互有優點與缺點，運用單位必須依據招募的目標，選擇一種適當的招募方法。同時，盡量克服所採用之招募方式的缺點，或者善用招募技術，以發揮志工招募的最大效率和效益。

四、志工招募的技術

　　通常，在同一個地區，或同一個時間，辦理志工招募的運用單位可能不只一家，因而想參加志願服務的民眾就有許多選擇的機會。那麼，民眾為何優先選擇到甲機構擔任志工，而將乙機構列為第二優先？其中影響因素固然很多。如果，運用單位的條件相當，

可能就有賴志工招募技術的靈活運用，以增加招募方面的競爭力。

　　對於志工招募的技術，學者的論述頗多（Jacobson,1990；McCurley & Lynch, 2000；李淑珺譯，2000，陳金貴，1994）。以下綜合各家說法，提出常見的幾項；

　　1.當面邀請：許多有關志工招募的學術研究，都證實由機構人員當面、口頭邀請民眾來參加志願服務，是最有效的一種招募方式。如果，在招募期間，正好有民眾來到本機構參加活動、借書、借場地、借器材，或者只是進來逛逛，此時只要機構人員當面告知志工招募的訊息，誠懇地邀請他們加入志工行列，並且當場解答相關疑問，其招募的成功率相當高。

　　2.個別接觸：民眾擔任志工，大多出於自願，透過個別接觸，一對一，面對面的雙向溝通，最能讓人感受到被尊重，也比較容易體會到招募單位的用心和誠意。因之，無論招募的對象是個別志工或團體志工，負責招募的人員應該加強個別的對話、溝通、協調。這些工作，不一定由志工管理者親自辦理，有時候也可以商請現有的志工協助，個別將機構運用志工的情形告訴他的朋友，並說服他報名參加志工行列。

　　3.現任志工協助宣導：透過專人演講的方式，向目標團體說明運用單位的情況，是招募團體志工的重要方式。至於演講、說明或宣導的人選，除了機構人員之外，應有現任志工參與。由志工來招募志工，通常會比支薪人員的招募效果來得好。因為參與宣導的志工，等於為志工招募提供了有利的保證，他可以直接或間接地說：

「這個機構很好，這份志願服務工作很不錯，我就在這裡服務，所以很清楚，我覺得這裡很值得你貢獻時間，一起來參加服務。」這是相當有說服力的一種技術。

4.提供個別化資訊： 一般招募志工的單位會透過電郵或傳真的方式，將招募志工的簡章或傳單送給相關團體，請他們轉告有意擔任志工的人，或者直接寄給可能的志工人選。但是，目前「垃圾信件」幾乎已經到了氾濫成災的地步，很多人接到這類信件之後，就直接丟入垃圾筒，其效果等於零。因此，有關招募志工的資料或訊息，一定要個別化處理，不厭其煩地一一填寫收件人的姓名、頭銜、地址，而且資料必須隨時更新。否則，通函很少有人會看，個別資料有誤更可能引起反彈，不可不慎。

5.開放參觀： 在招募志工之前，選擇一個適當的日子，將運用單位有志工服務的部門開放給潛在的志工前來參觀。並且，由現場服務的志工親切地接待、引導、解說，讓參觀者了解機構的環境、業務，以及志工服務情況。這樣的作法，一來可以讓參觀者得到機構提供服務的感覺，二來可以增加他們加入志願服務的興趣和信心。這種做法，正如各級學校招生前邀請考生前來學校實地參觀一樣。

6.服務成果展示： 雖然，志願服務是服務弱勢者的工作，在付出之後，不一定有相對的回報，但是志願服務仍應講究服務的效率和效益。如果在招募期間，能夠在適當的場所，將機構最近幾年有關志願服務的成果公開展示，可以提高機構的知名度，也讓社會大眾了解志工的貢獻，以及招募志工的需求，進而爭取民眾報名應徵

志工。至於展示的場所，可以在本機構辦理，也可以配合某些展覽會、公益活動，設攤展示、播放視聽資料或發放印刷資料。

7.發行通訊函：運用單位可以發行一種通訊函件，主要是報導機構各項服務工作的動態，在志工招募期間，則酌增志工招募的相關訊息。這種通訊函，一般是作爲機構內部傳遞訊息之用，讓成員知道組織有何新的政策和措施，其他部門有何新的規劃和活動，藉此凝聚組織的共識，齊一推動業務的步調。必要時，通訊函也寄發給相關單位，以爭取了解及支持。因此，發行通訊函來傳佈志工招募的訊息，不僅快速地讓組織內部的成員知悉，以協助招募，而且有助於爭取相關單位的支持，以推介熱心人士來參加志願服務。

8.運用公益廣告：在國內，有線電視具有社區性的特質，而且依據有線電視法之規定，必須提供10%免費服務的時段給非營利組織。運用單位應善加利用，主動提供志工招募的訊息，給有線電視定時播放，或以跑馬燈方式循環宣傳，其效果不錯。此外，廣播、報紙、刊物，也歡迎地方性的訊息，尤其是溫馨感人的事蹟，可以塑造其關懷社會的形象。運用單位不妨在招募志工前夕，適時撰寫志工服務事蹟的新聞稿，供這些大眾傳媒在其地方版面廣爲宣導，藉以釋放志工招募的利多消息。

9.辦理特定活動：規模較大的組織，有時會在志工招募之前，推出一系列的特別活動，例如發動機構的員工和志工訪問社區獨居老人、慰問當地安養院的老人、參加社區環保活動，或者以關懷弱勢爲主題，舉辦慢跑、園遊會、週末聯歡會等活動，藉以吸引民眾踴

躍參加,也強化志工招募的宣導。

10.加強招募行銷:將志工視為消費者,從志工的需求面出發,再運用行銷(marketing)的技術,去吸引民眾來擔任志工。這種行銷,屬於服務行銷或社會行銷,並非單指促銷、廣告或公共關係,還應考慮市場研究(market research)、市場區隔(market segmentation)、行銷組合(marketing mix)等要素。具體言之,運用單位可以從資深志工身上挖取其應徵志工的一些經驗,再依招募的特定人口群,訂定適當的招募策略,透過集中行銷的過程,找到具有特定條件的準志工。

以上這些志工招募的技術,主要是針對長期志工(long term volunteer)的招募而言,至於短期志工(short term volunteer)的招募,比較適合於以現有的志願服務形態來吸引民眾,必要時也可以採取當面邀請、個別接觸、辦理特定活動等技術,來啟動民眾參與志願服務的動機。無論如何,運用這些技術,或多或少都要投入一些人力與經費,所以運用單位應該審視組織的規模及資源,來決定採用何種招募技術。通常,小規模的機構缺乏資源去使用大眾媒體,只能以最省錢的方式進行;大規模的機構有較多的資源,其選擇招募技術的空間較大,但應以能否招募到適當的志工作為優先考量。

五、準志工的面談

志工的招募,在受理報名之後,接下來的工作就是從報名的準

志工之中，選出適合於機構需求的志工。對於志工的遴選，最常使用的一種方法，就是面談。

面談的主要目的，一方面是讓運用單位了解報名者是否適合擔任本機構的志工，以決定錄取或割愛；另一方面是讓報名者了解機構及志工所需扮演的角色是否適合於自己，以決定去留。換言之，會談是經由雙向溝通的過程，有效地找出「適合」的志工。

雖然，志工的面談作業，可能不像非營利機構甄選職員那麼嚴謹，但其目的都在找到適當的人，擔任適當的位置。因此，非營利組織以面談甄才的一些準則（楊集濤，1994），對於準志工的面談，仍然有其參考價值：

1.有系統地進行資料分析：在面談之中最忌東拉西扯，漫無目的地交談，而沒有具體的資料，遴選的工作好像在碰運氣。所以，運用單位的面談者在執行面談之前，必須詳細閱讀應徵者在報名表上所填寫的個人基本資料、專長、興趣、志工經驗，以及服務項目、時段、地點的意願，以便在正式面談時，可以進一步查證及確認。有些機構在面談之前，要求報名者填寫一份「志工自我評量表」，採用五分標尺評量自己擔任志工的「適合度」。這樣的做法，可以使面談的結果更加客觀和準確。

2.留意面談的限制：由於每一個志工的面談時間有限，會談的內容應該聚焦在志工的基本資料，以及參加志願服務的動機、期待等相關事項，避免涉及一些難以評量的資訊，例如性善、性惡、忠誠、良知等抽象意念。有些機構在志工招募計畫中規定志工應具備

的資格,包括:年滿幾歲、口齒清晰、儀表端正、每週能服務幾小時、服務期間一年、能參加志工訓練、有電腦文書處理能力、能操作錄放影機等條件。如果依此條件進行面談,應較具體、明確,不致於浪費面談的寶貴時間。

3.讓申請者多發言:面談不是質詢,更不是說教,應該多從志工的需求面著想,讓申請者多表示他對於志願服務的看法,以便了解他是否適合擔任志工。如果主持面談者自己滔滔不絕,而申請者很少有機會針對問題表示看法,可能就失去面談的意義。所以,主持面談者應該留意本身說話的比重,一般以不超過面談時間的三分之一為宜。

4.建立和諧氣氛:在面談之中,無論申請者對志願服務的意見、看法或價值觀如何,都應受到尊重,這樣申請者才樂於繼續表達他的意見,我們才可以多搜集一些資料。萬一,申請者的意見與主持面談者相左,也應盡量包容,不宜當面駁斥、批判,或引起爭執,以免申請者感到難堪、受辱,甚至因此拂袖而去。當然,申請者對志願服務如有嚴重偏見,面談時可以適度加以澄清。即使面談主持人已決定不予錄用,其態度仍應保持委婉,避免申請者對機構產生不良印象,傷害機構良好的形象,不利於日後的志工招募。

5.留意起承轉合:為了提高面談的效率,對於面談作業應有充分的準備,在問題的設計上多下一些功夫,盡量使彼此的對話自然、流暢。如果是分組進行面談,或者由兩人共同主持面談,則其所提出問題必須力求一致,並且注意分工及時間的控制,以示公平、

公正。否則，任何申請者對面談程序有所質疑，或者向機構提出異議，都可能增加管理上的麻煩。簡言之，面談要有好的開始，也要有好的結束，起承轉合，順利運作，以達成甄選志工的目的。

最後，面談結束時，主持面談者可以按照面談所得資料，客觀地評估申請者的適合性，以初步決定錄用哪些人成為本機構的志工。不過，為求慎重，有些機構對於初步入選的志工名單，還會透過電話或面訪，向該志工相關人員查詢，進一步了解申請者的適合度。也有愈來愈多的機構在面談之後，辦理新進志工的職前訓練，並安排「實習」或「試用期」，讓面談之後所錄取的志工先行服務一段時間，看看自己是否喜歡這份工作，再決定要不要繼續下去。再者，員工也可以看看他們是否喜歡這個志工的表現，而給予必要的督導或協助。質言之，志工招募，不是找到志工就好，而是要找到喜歡服務、願意持續服務的志工。

六、結語

無論是定期招募志工，或者是不定期招募志工，其實招募的工作永無止境。有些志工管理者認為招到機構所需的志工人數，招募工作就可以結束，這是一個嚴重的錯誤。事實上，志工是一種高度自願性的工作，招募進來的志工，隨時都可能有人離去，必須準備補充新的志工；而一般民眾或潛在志工，也隨時在「觀察」機構的志工，準備下一次前來應徵。因此，招募工作必須隨時準備，沒有終止。

5-3 志工的教育訓練

一、前言

有效的訓練,是運用志工的八大要訣之一。其他要訣包括:良好的規劃、妥善的招募、審慎的甄選、健全的組隊、完善的督導、系統的考評、適當的獎勵。

一般而言,國內運用志工的機構,或民間的志願服務團隊,大都能體會志工訓練的必要性,而辦理職前訓練和在職訓練。然而,機構在辦理志工訓練的過程中,難免遭遇某些困擾問題,譬如:志工的程度參差不齊、不知提供何種訓練內容、找不到適當的師資、不知採用何種訓練方法比較有效?

為了因應志工訓練可能遭遇的困擾問題,此處試著將志工的教育訓練當作教育工作之一環,以一種有目標、有計畫、有方法、有步驟的活動來辦理。

二、志工訓練的目標

教育工作,是一種有目標的活動,其目標通常可以區分為認知(cognitive)、技能(psychomotor)和情意(affective)三個層面。因之,志工的教育訓練,允宜把握下列三個目標:

1.認知志願服務的內容:這是有關志願服務的認知層面,包括:了解志願服務的意義、服務機構成立的任務、服務機構的內部

組織、志工的工作項目等，而此目標乃在協助志工儘快認識服務的環境，及早進入工作狀況。

2.熟練志願服務的技巧：這是有關志願服務的技能層面，包括：熟練個別、團體、社區的服務方法，以及建立人際關係、運用社會資源、組織自治團隊、進行溝通協調等技巧，而此目標乃在協助志工充實服務所需的方法和技巧，以便提高服務品質，增進服務的效益。

3.啟發志願服務的精神：這是有關志願服務的情意層面，包括：體認志願服務的價值、養成正確的服務態度、信守志願服務的倫理、塑造志願服務文化等，而此目標乃在協助志工體會「為善最樂、服務最榮」的真諦，促其真心投入志願服務工作。

一般而言，教育工作的目標，乃在啟發受教者自我成長與自我實現，因而志工訓練應該著重於啟發志工自我成長的動力，以便盡其所能把志願服務工作做得更好，這是志工訓練的最終目標。

三、志工訓練的策劃

教育工作，是一種有計畫的活動。通常，在學校教育方面，任課教師在教學之前必須撰寫教案或教學計畫。同樣的道理，志工的教育訓練，也應該事先策劃，提出訓練計畫或方案，作為實施志工訓練的藍圖。有關志工訓練的策劃，大體上適用一般方案設計的模式，其重點包括：

1.訓練需求的評估：訓練前的需求評估，乃在界定志工對於

教育訓練的需求,或其有待解決的問題,以便規劃訓練課程和教學活動。至於需求評估的方式,可以從資源盤點(resources inventory)、問卷調查、使用者分析、社區重要人物訪談等方法之中,選擇一種適當的方法,著手蒐集資料,進行評估。其中,資源盤點就是清點附近其他機構或團隊辦理志工訓練的情況,在不重複的原則下,規劃志工訓練的課程。

2.訓練課程的設計:依據志願服務法規定,志工訓練的課程分為基礎訓練與特殊訓練兩種。基礎訓練課是志願服務的通識課程,目的在協助志工了解志願服務的基本理念。目前,衛福部所訂頒基礎訓練課程,包括:志願服務內涵、志願服務倫理、自我了解與自我肯定、志願服務經驗分享或快樂的志工就是我(二選一)、志願服務法規之認識、志願服務發展趨勢等六個科目,合計十二小時。至於特殊訓練課程,則由各目的事業主管機關依其實際需要訂定之。再者,上課時間的配當,不妨將理念與實務的課程加以區隔,上午排理念課程,下午排實務課程。這種分散學習的方式,對於志工訓練較為有效。

3.授課教師的接洽:負責志工訓練的承辦人員,常有師資難找之感嘆。其實,無論是學者專家或資深志工,如果對於志願服務具有專業素養或豐富經驗,其本身或多或少都有志工的一些人格特質:熱心、投入、肯犧牲、好商量。因此,只要承辦人誠懇邀約,除非其時間衝突,否則多半會欣然答應,前來擔任講師。至於尋找師資的管道,不妨從附近大專院校教職員名錄、志願服務協會講師檔、志願服務相關期刊論文的作者著手,或者直接洽商當地政府相

關局處、學校輔導室、志願服務協會,以及曾經辦理過志工訓練的
機構,請其推薦。再者,師資之延聘,最好能就地取材,由本地的
師資來擔任,使授課內容與實際需求密切結合,所舉實例較富親切
感,並取其聯絡及接送之方便。

　　4.訓練經費的籌措:有關志工訓練的經費,可能來自多方面,包
括本機構編列的預算、申請上級補助、洽請民間團體或熱心人士贊
助。此外,尋求相關單位合辦或委辦志工訓練,也可以樽節經費。
例如,當地社教機構或文化中心辦理專題演講,我們可以主動將志
工訓練相關課程的需求送請他們列入規劃,或者選擇該機構相關的
專題演講,鼓勵我們的志工前去參與,同樣可以達成教育訓練之目
的。目前,已有一些機構要求受訓志工預繳保証金,然後視其出席
情況,於結訓時無息退還。這種做法,不僅可以約束志工積極參與
教育訓練,而其所收的保証金亦可作為籌備階段的周轉金。

　　在上述訓練課程、授課師資、訓練經費等重點工作決定之後,
承辦人即可依據方案設計的格式,擬訂志工訓練實施計畫,並循行
政程序送經機構負責人核定後,付諸實施。

四、志工訓練的方法

　　教育工作,是一種專業,教育的活動必須講究適當的方法,使
預期的目標順利達成。基本上,有關志工訓練的方法,必須配合訓
練的目標、課程的特性、教材的內容、受訓志工的背景等因素,選
擇一種或數種適當的方法,進行教學活動。其中較常使用的方法包
括:

1.專題演講：演講或講述，適合於闡述理念或傳輸訊息，是一種廣泛被使用的方法，也是一種經濟有效的教學方法。不過，為了提高專題演講的效果，除了盡可能延聘學識淵博、經驗豐富、知名度高、有號召力的優良師資擔綱之外，如果能事先分析受訓學員的背景資料，提供給講師參考，或者就課程需求及主辦單位之期待，事先與講師溝通，並請其提供講授大綱（outline）或簡報資料（ppt），則一方面可以促使講師及早準備，不致於臨場隨意發言，不知所云，甚或所講內容南轅北轍，偏離主題。另一方面，在行政作業上也可以早日編印手冊，並將相關資料事先寄給受訓志工預習。

2.分組討論：係由講師引導學員對於某些主題進行討論的一種方法，也是激發思考和練習表達能力的一種策略。志工教育訓練之所以採用分組討論，其考量因素有二：一是受訓志工的人數眾多，必須分組進行，以提高訓練效果；二是配合志工的經驗背景、服務領域、課程性質之不同，透過分組教學，以吸引志工的學習興趣。此外，分組討論還具有鼓勵志工分享經驗的作用，志工訓練不妨多加使用。至於分組討論的準備工作，最好是由志工預先選組，以利後續作業。

3.參觀教學：參觀相關機構或其他志願服務團隊的運作，也是志工訓練常見的一種方法。例如，參觀老人養護中心或醫院慢性病房，對於老人居家服務的技巧，以及志願服務精神的啟發，都有一定程度的功用。事實上，參觀教學除了教育功能外，也含有慰勞志工的意味。不過，參觀教學常須花費較多的時間和經費，且有安全

上的考慮，可能一年只能辦一、二 次。同時，爲了提高參觀教學的效果，避免流於蜻蜓點水或走馬看花，事前必須詳加規劃。

　　4.閱讀書刊：就一般情況而言，即使同一個機構的志工，其年齡、教育程度、志工經驗及職業背景，可能參差不齊，個別需求也各異其趣，因而在集中訓練之外，還可以考慮提供相關的書刊、資料，鼓勵志工自我學習。另外，如果本機構選派志工代表去參加外界的訓練，其所帶回來的講義及相關資料，也是志工訓練相當寶貴的教材，不妨裝訂陳列或輪流傳閱，使這些資料發揮附加價值，充作另類的志工訓練。

　　除上述方法之外，角色扮演、實務操作、網路教學、錄影教學等方法，也可以靈活運用，使志工訓練的方式更多彩多姿，以因應志工在學習上的多元興趣與多元需求。

五、志工訓練的實施步驟

　　教育工作，是一種循序漸進的過程，教育活動通常可以分爲準備階段、執行階段、整理階段。因而志工訓練的實施也應該依序進行，其步驟包括：

1.準備階段：

⑴調訓學員：依據志工訓練實施計畫，發函通知志工參加訓練。通常在通知函上可以附加報名表格，採取事先報名方式，以便估計受訓人數，安排場地、交通、食宿、分組，及準備講義、手冊等。有時，爲了配合實際需要，也可以在調

訓通知單上加註交通路線圖、建議攜帶休閒服、運動鞋、游泳衣等物品，則更富人性化，是值得參考的一個做法。

(2)準備器材：配合講師教學之需要，準備筆記型電腦、單槍投影機、擴音器、幻燈機、錄音機、錄影機、粉筆、奇異筆、膠紙、空白紙等教學器材。究竟必須準備哪些器材？最好事前問明授課教師的需求，而預作準備。同時，為了預防意外狀況發生，應該事先檢查這些器材是否堪用？必要時，可以多加一個備份，以防萬一。

(3)工作協調：辦理志工的訓練工作，往往涉及許多人、事、物，必須事先組成一個工作小組，彼此分工合作。並且，志工訓練的承辦人對於相關單位或個人，應該多聯繫，多溝通，多協調。必要時，也可以召開行前會議，當面協調。

2.執行階段：

(1)說明課程：在志工訓練的開訓典禮上，或者上課前的教育準備時間，承辦人應該向受訓志工說明本次訓練的課程，使學員了解各個課程的目的及其關聯性，在心理上有所準備，而不致於不知為何受訓？不知將學些什麼？

(2)介紹講師：每一門課程開始上課時，最好能由單位首長陪同講師到達上課場所，並向受訓志工介紹講師的背景和專長。這不僅是一種禮貌，也是一種尊師重道的做法。古人說：「道尊而後民知敬學」，如果講師受到尊重，講課會更認真，而志工也會更加努力向學。

⑶巡視課堂：從消極面言，巡視課堂可以預防受訓志工溜課，或者做學習以外的事。從積極面言，巡視課堂也是一種尊師重道的做法，可以適時為講師提供必要的服務。不過，巡視課堂應以不妨礙講師授課及學員學習為原則。

3.整理階段：

⑴績效評量：教育訓練必須講究績效，並透過評量的程序，協助受教育者將學習的結果加統整。至於評量志工學習績效的途徑很多，承辦人可以審視受訓志工的情況，分別採取紙筆測驗、實務操作、成果展示、競賽、表演、綜合座談、意見回饋等方式進行，但以不增加志工的壓力為原則。

⑵核發證明：每一期志工訓練結束，成績評量合格，即應登錄受訓科目及時數，同時發給結業證明書，一以肯定志工的學習成果，二則建立制度，避免志工重複參加訓練。至於結業證明書的格式，可以參考衛福部「祥和計畫」所訂格式辦理，正面由機構首長及志工團隊隊長簽署，背面記載受訓科目、授課教師及時數，並且證書的印刷力求精美，頒授的過程簡單隆重，藉以激勵志工繼續學習的動力。

六、結語

　　教育工作，依其實施領域，有家庭教育、學校教育、成人教育之分。志工大部分已經成人，本質上志工的教育訓練，也是一種成人教育工作。

作為成人教育工作之一種，志工訓練除了遵循一般教育活動的實施過程，從事有目標、有計畫、有方法、有步驟的訓練之外，還必須把握成人教育的特質。也就是，以志工的生活經驗做為教學的基礎、提供近便性的學習機會、鼓勵志工自我學習、強調「即學即用」。

總而言之，志工訓練是一種繼續教育的過程，其終極目標乃在鼓勵志工參加教育訓練之後，能將受訓所獲得的理念與技巧，實際應用於服務之中，而使其服務對象得到更大的好處。

5-4　志工團隊的經營

一、前言

如果運用單位已有志工團隊的組織，在招募新志工並完成訓練之後，新進志工即可加入原有的志工團隊，與其他成員一起從事志願服務工作。如果運用單位是第一次招募志工，則必須將招募的志工組成志工團隊。

推究志願服務之所以採取團隊方式提供服務，其目的乃在整合志工的力量，提昇志願服務的效果。雖然，志工大都具有服務的熱忱，但是個別的力量究竟有限，如果能夠整合成為一個團隊，其所發揮出來的效果必然較佳。

打個比方，每一個志工都像一塊木炭，單獨燃燒，火力有限，而且容易熄滅，要加在一起，才能燒出熊熊烈火。志工團隊就像一個大熔爐，將每一塊燃燒的木炭匯集在一起，形成一股龐大的力量。

當然，志工不是木炭，志工團隊的經營也不像燒木炭那麼簡單。基本上，志工團隊是一個生命有機體，必須先確定團隊組織的類型，經過一定的程序建立團隊，再採取適當的策略，用心經營，始能發揮團隊的功能，從而提高團隊服務的效果。

二、志工團隊組織的類型

通常，志工團隊組織的成立，常因其支援的主體不同，而有不同的定位和任務。明乎此，志工團隊的經營才有明確的方向和重點。

但是，國內還是有一些志工團隊對於自己的定位和任務，似乎不是很清楚，甚至一味強調團隊要有自主性，以致與支援成立的運用單位發生衝突、對抗，其經營績效可想而知。因此，志工團隊的經營必須先了解團隊組織所屬的類型，各就定位，才不致於如同下棋放錯位子，全盤皆輸。

就台灣的情況而言，志工團隊依其支援主體大致可區分為四種類型：

1.由政府機關（構）支援成立的志工團隊：例如，總統府志工隊、行政院志工隊、法務部志工隊、社會局志工團、鄉公所志願服

務隊、衛福部老人之家志願服務隊、公立醫院志工隊等。這些，都是由政府機關（構）支援而成立的志工團隊，在地位上，附屬於政府機關（構），是政府機關（構）的內部組織之一環，而不是獨立的團隊，其主要任務是協助政府機關（構）推展業務，或擴大為民服務。

2.由非營利組織支援成立的志工團隊：例如，生命線協會志工團、創世基金會義工隊、社區發展協會長青服務隊、啓智中心志工隊等。這些，是由非營利組織支援而成立的志工團隊，在地位上也是附屬的團隊，係非營利組織的內部組織之一種，不是獨立的團隊，其主要任務在協助非營利組織推展相關業務。有時候，非營利組織的職員或會員認為自己是義務職，其所從事的工作應該也是志願服務，而與志工團隊混淆不清。事實上，非營利組織的職員或會員，與志工屬性應有所區隔，職員及會員不必然具有志工身分，除非他們受過志工訓練，並且在本分工作之餘有參加志願服務的事實。否則，非營利組織的理監事、幹部、會員，雖為義務職，但其處理會務或業務的時數，不應計入志願服務時數。

3.由熱心公益人士組成的志工團隊：例如，中華民國志願服務協會、彰化縣愚人志願服務協會、民間愛心會等。這些，是由社會熱心人士支援而成立的團隊，它具有獨立的地位，享有充分的自主性，可以自行運作，而其任務通常依據團隊的成立宗旨而定，或者由團隊會議決議辦理之。

4.由志工團隊聯合組成的團隊：例如，各縣市政府祥和計畫志

工大隊、慈善團體聯合協會志工隊等。這些，是由相關的團隊所組成，其地位類似「中央銀行是銀行的銀行」一般，它是志工隊的志工隊，其任務除了從事本身既有的服務之外，還要爲組織內部的各個志工團隊提供服務，包括辦理訓練、聯誼、獎勵、出版等事項。其實，各縣市的志願服務協會，以及教育部青年發展署的青年志工中心，也應該有這種功能，而不應該只侷限於團隊自己的服務工作。

依上述分析，由政府機關（構）或非營利組織所支援而成立的志工團隊，宜定位爲附屬團隊，其經營應該是配合運用單位的需求而提供服務，不應該有太多自己的主張。相對的，由熱心公益人士支援或志工自行組成的志工團隊，可定位爲獨立團隊，具有完全的自主性，可以依照團隊自己的決定行事。至於由志工團隊聯合組成的團隊，或志願服務協會與青年志工中心，在某種程度上可以獨立運作，但不能忽略對其內部或轄區的志工團隊提供相關服務。其中，志願服務協會與青年志工中心，還要顧及目的事業主管機關對它的期待，如果接受其補助或委託，則應配合行事，完成任務。

三、志工團隊建立的程序

團隊（team）是一種團體（group），但比一般團體更強調成員對整體的共識及效率（Skidmore,1995）。就志願服務而言，如果將許多志工集合在一起，充其量只能稱爲「志工團體」，而必須在志工與志工之間，志工與團體之間，彼此相互溝通、相互支持、相互影響、共同承擔成敗的責任，才可以稱爲「志工團隊」。

因此，志工團隊的組成，不是自然形成的，也不是找一些人來，就可以把志工組成一個團隊，而應該運用一套比較有制度的程序來建立志工團隊，以避免團隊淪為少數人所把持的「小團體」，因而分散志工組織整體運作的能力（陳金貴，2004）。

綜合專家學者（Wellins, Byham, & Wilson,1991；陳金貴，2004）的意見，建立志工團隊有幾個重要的程序，包括：

1.確定團隊組織的目標：依據志工團隊組織所屬的類型，配合支援者或委托單位的需求，來決定團隊組織的目標，使團隊經營有清楚的定位，而團隊成員也有共同努力的方向。基本上，由政府機關（構）與非營利組織支援而成立的志工團隊，其目標不能脫離其所隸屬單位的總目標。至於獨立的志工團隊，不妨依其組織的宗旨或服務對象的需求，來決定團隊的目標。

2.選取團隊組織的召集人：為了達成團隊的目標，需要有一個人擔任團隊籌組工作的召集人，或者臨時組成一個任務小組，來籌劃團隊建立的相關事項。至於召集人或任務小組的人選，通常由運用單位在組織內部選取適當的人來擔任。如果一時找不到適當的人選，也可以先指定有經驗的志工，在機構相關人員的指導之下，進行籌備工作。有些機構就近洽請其他志工團隊的隊長或資深志工代為籌組團隊，或提供技術上的指導，也是一種不錯的點子。

3.召集志工成立團隊：當志工團隊的籌備工作告一個段落，召集人即可參考人民團體成立的方式，召集全體志工，舉行志工團隊成立大會，通過志工團隊組織章程或設置要點。然後，依據組織章

程或設置要點，實施內部分組，選舉團隊幹部，包括正副團（隊）長、各組正副組長及其他幹部。

4.訂定團隊發展的重點：志工團隊的組織成型之後，應即依照組織章程或設置要點之規定，召集幹部會議，訂定團隊的工作要點，使團隊成員有所依循，而不致於各自為政，缺乏聚焦。當然，為了發揮團隊精神，在訂定團隊工作要點的過程，如果能在事前廣泛徵求志工的意見，在事中舉辦說明會或公聽會，在事後將要點全文提到志工會議報告，必可增進團隊經營的績效。

5.發展團隊成員的共識：一個新成立的志工團隊，可能無法立即運作，因為團隊成員彼此之間還不熟悉，對於團隊的規範有待適應，對於工作要點或分配任務也有待釐清。況且，團隊之中可能有人中途離開，也可能有新進志工中途加入，因此，志工團隊必須透過會議、聯誼或其他非正式的活動，逐步發展共識。

6.志工團隊的改進或調整：除了少數志工團隊是為了因應短期任務之需要而成立，例如長青運動會、單親園遊會、街友尾牙等類志工團隊，必須在完成任務之後解散之外，大部分志工團隊都希望能永續經營，持續發展。因而志工團隊必須配合實際需求，不斷地檢討改進，或者在結構上和功能上適度地調整，藉以長保團隊的生機和活力。

以上六個程序，可以提供我們在建立志工團隊時作比較有制度的思考。不過，每一個志工團隊的發展情況不盡相同，尚須針對本身的實際需求，彈性運用，而不是「十二點鐘，打十二下」，一板

一眼，不知變通。例如，新近建立的志工團隊，不妨照單全收，依序實施；已經成熟的志工團隊，則可參考這些程序，檢視本身較弱的部分是在哪些程序，及時加以補強。

四、志工團隊經營的策略

志工團隊建立之後，要能有效經營，發揮團隊功能，提高服務效果，團隊才有存在之必要，也才有持續發展之可能。

通常，一個組織的經營管理可以區分為：規劃（planning）、組織（organizing）、用人（staffing）、領導（directing）及控制（controlling）等五個機制。而志工團隊特別強調組織的統合與協調，不妨參考這五個機制，靈活運用：

1.建立志工團隊的規章：就「規劃」而言，志工團隊在成立之初，即應規劃團隊將來要做些什麼？如何去做？其具體的措施，就是訂定志工隊的組織章程及相關規定。通常，志工團隊的組織章程或設置要點，其內容可以包括：名稱、目標、工作範圍或服務項目、團員來源及其權利義務、各組分工及任務、幹部產生方式及其職掌、會議種類及召開方式等。其中，團隊目標的設定，必須符合「SMART」的原則，也就是簡單（simple）、可測量（measurable）、可達成（achievable）、有資源（resourced）、可追蹤（trackable），以使團隊成員有明確而一致的努力方向。至於相關規定，則有志工的服務要點、服務須知、倫理守則、獎勵辦法、幹部選舉辦法、志工隊基金管理辦法、志工訓練計畫、志工隊

年度計畫、中長程計畫、行事曆等等。無論如何，團隊在運作上有所需要，就應事前周詳規劃，並經過會議程序，建立書面文件，以便團隊經營時有所依循。

2.依組織需要實施內部分組：就「組織」而言，志工團隊的經營是集合眾多志工的力量，透過分工合作的運作，共同完成團隊的任務，因此在組織內部實施分組，是必要的措施。然而，各個志工團隊的規模大小不一，其定位與服務項目也不盡相同，所以內部結構應該依其實際需要而分組。如果依據「祥和計畫」的做法，志願服務隊可以設置下列各組，分別辦理有關事宜：

(1)組訓組：負責志工之招募訓練、組織編隊及資料管理等有關事宜。

(2)輔導組：負責志工之任務分配、輔導考核及團康聯誼等有關事宜。

(3)行政組：負責隊本部文書、庶務、會計及出納等有關事宜。

也許，這只是最基本的分組方式，而且側重於團隊行政運作方面，其實任何志工團隊都可依其實際需要而調整，例如某老人養護中心志工隊就可以依據志工的服務項目分為：生活關懷、宗教靈性、休閒活動、往生關懷、居家服務、行政庶務等六組。必須注意的是，內部分組應該建立「分工」與「合作」的雙重關係，以突顯團隊工作的特質。

3.以民主方式推選幹部：就「用人」而言，志工團隊除了依據志

工人力的需求，在適當的時機招募到適量的志工之外，更重要的是如何選拔適當的幹部，作爲經營團隊的主力。大致上，一個志工團隊的主要幹部，包括：正團（隊）長、副團（隊）長，以及各分組的組長。有時候，組織規模較大的志工隊，也增加副隊長的人數，或者在各分組增設一個副組長。至於這些幹部的產生，通常採取民主方式，由全隊或全組的成員直接選舉。如此，被選上的幹部，具有民意基礎，比較容易獲得團隊成員的支持，而有利於團隊的經營。反之，如果僅由機構指定，或者以輪流的方式擔任幹部，易因違背民主潮流而窒礙難行。另外，有一些志工團隊有一種不成文的慣例，凡是擔任副隊長、副組長的幹部，除了襄助隊長、組長處理相關事務外，還必須認眞準備接班，在默契上優先被列爲隊長、組長的候選人。同時，對於卸任的隊長，則禮聘爲志工團隊的榮譽隊長或顧問。這兩種非正式的運作策略，不僅有利於團隊經驗傳承，對於團隊內部的穩定、和諧也有幫助。

　　4.透過團隊會議形成決定：就「領導」而言，志工團隊是由志願參加服務的志工所組成，理論上比較適合採用參與式的領導（participative leadership），而非專制式領導（autocratic leadership）或放任式領導（laissez-faire leadership）。所謂「參與式領導」，就是一種民主的領導（democratic leadership），讓團隊成員有參與決定的機會。陳武雄（2004）曾指出：志工團隊的領導幹部務必深切體認「團隊的主權在志工」，對於志工應有的權益，諸如幹部的選舉、活動的舉辦、計畫的訂定等，皆應絕對給予尊重，透過開會，以民主的方式集思廣益，取決於多數，而非將一切決定權均操於領

導幹部手中。事實上，志工不是機構的專職人員，通常只有開會的場合，才有實際參與決定的機會，所以志工團隊必須依組織章程的規定按時開會，必要時召開臨時會議，並且鼓勵與會成員踴躍參加討論，凝聚共識，做成決議，以利執行。假如志工團隊的成員有機會參與決策過程，將可提高其對整個團隊的目標和任務有更大的承諾，進而激發其服務動力，這對於團隊經營有其正面的促進功能。

5.考核及獎懲力求公正：就「控制」而言，志工團隊需要透過督導考核、績效評量、激勵等過程，適時了解其服務績效與預期結果之間有無落差，並採取必要的補救措施，及時加以引導或匡正。然而，志工團隊強調成員之間的同心協力，分擔責任，因此對於志工的監控措施，務必公正客觀，勿枉勿縱。苟能如此，則賞罰分明，凡是得獎志工都是名至實歸，稱頌鄉里；而無心之過的志工也可以自我省悟，加倍努力，這對於志工團隊的經營是減少阻力，增加助力。至於具體的策略，有些團隊係採取志工自我管理，由志工團隊以民主方式推選代表，實施自我評量，再依據評量結果，推薦績優志工接受獎勵，同時對於表現欠佳的志工予以記點存查，讓其有改過遷善的機會。再者，有些志工團隊還建立申訴管道，傾聽志工的心聲，尊重志工的意見，營造一個溫馨的組織氣氛。這些，都值得志工團隊推廣運用。

綜言之，上述經營策略是將志工視為團隊的一種人力資源，而透過計畫、組織、用人、領導、控制等機制，結合眾多志工的努力，共同達成團隊組織的目標。同時，在這些經營策略之中，我們分別提到一些團隊的經驗，作為志工團隊借鏡或參採之用，藉以縮

短自我摸索或嘗試錯誤的時間。其實，面對快速變遷的環境，現代的志工團隊應如同美國學者彼得聖吉（Peter Senge, 1990）所倡導的「學習型組織」（organization learning），快速學習來自環境的刺激，轉化為寶貴的經驗，建構一種「苟日新，日日新」的組織文化。

五、志工團隊運作的原則

志工團隊建立之後，並不代表志願服務就會成功，因為有些團隊缺乏整合，人心渙散，士氣低落；有些團隊的規範過於嚴苛，也容易引起志工反彈，中途流失。換言之，志工團隊的運作，必須在團隊與成員之間找到一個均衡點，否則，過與不及，都無助於提高志願服務的效能。

尤其，志工團隊的組成，目前面臨一個挑戰，就是經常被質疑：志工團隊強調整體性，可能妨害志工的自主性。

為了使志工團隊的運作可以發揮集體的力量，而又能兼顧個別志工的自主空間，真正把志工凝聚成一個團隊（team），展現出機動、靈活和創造的團隊特質，許多專家學者（鄭錫鍇，2003；張英陣，2004）曾經提出團隊運作的一些基本原則。其中犖犖大者，包括：

1.以團隊的使命凝聚人心：通常，能夠吸引志工積極投入而且無怨無悔的誘因，不是志工福利或獎勵表揚，而是對於團隊使命感的認同。因此，志工團隊的運作，必須使志工深刻了解團隊組織的目

標，讓志工感受到他正在從事一項非常有意義的工作，而願意全心投入，甚至樂在其中。

2.培養互信的團隊文化：志工團隊是由志同道合的一群志工所組合而成，團隊的經營者，對於任何重要決定，都應該抱持開放的胸襟，歡迎志工參與，並且相信志工會真誠相待，無論褒或貶，都是一番好意。此外，應該讓團隊成員有機會分擔領導者的角色，在「用人不疑」、「充分授權」的原則下，逐步養成一種互信的組織文化。

3.建立志工專長互補的關係：志工團隊的成員來自各種不同的領域，通常具有各種不同的專長及能力。志工的專長及能力，在團隊之中應該被充分運用，使其各展所長，為團隊做出貢獻。其具體的做法，可以配合志工的專長，賦予適當的角色，擔任適當的服務工作。但是，用其所長的目的在於互賴互補，仍應凝聚為團隊行動，才有助於達成共同的任務，而避免各自為政，淪為個人表現。

4.強調成員的共同承受與分享：志工團隊是一體的，舉凡團隊的使命、計畫、決策的運作，都應由全體成員共同承受成敗的責任。當然，團隊所獲得的成就與榮譽，也是全體成員共同努力的結果，應該由大家共同分享。這樣，團隊榮辱與共，休戚相關，任何人不居功，也不諉過，才是真正的工作夥伴。

5.化解成員之間的差異性：本質上，在志工團隊之中，每一個志工都具有愛心，也會熱誠地付出，但是由於個性、價值觀、生活經驗不同，志工之間對於問題的看法，以及處理事情的方式，可能也

有所不同。因而志工團隊的運作，不論開會、安排服務或活動，應該多溝通、多協調，以化解成員之間的差異性，使一些可能的衝突或阻力，轉變成為助力，發揮「一加一，大於二」的加乘效果。

　　6.保持彈性的團隊作業方法：正因為志工團隊的成員之間存在著或大或小的差異性，所以團隊的作業方法應該保持彈性，以適應志工的個別情況。其實，方法本身並沒所謂「好」或「壞」，只有「適合」與「不適合」而已。只要團隊的目標一致，個人的角色明確，即使個別志工的作業方法稍有不同，仍然可以殊途同歸，共赴事功。正如中共領導人鄧小平生前所言：「不論黑貓、白貓，能夠抓到老鼠的，就是好貓。」況且，志工應該都是「好人」，相信他們都會盡心盡力把事情做好才是。

　　7.集思廣益發揮創造力：一個志工團隊由初期稍具團隊雛型，逐漸發展成較為成熟的團隊，其成員對於團隊目標的認同增強，對於團隊的發展也開始有所期待。此時，志工團隊的運作應盡量開放機會，鼓勵成員參與決定，以便集思廣益，提昇團隊績效。尤其，志工團隊不斷地追求成長的過程，更需要志工經常提出具有創造性的意見和行動，使團隊有新的構想，新的資源，產生新的能量。當然，志工的個人創意，還須形成團隊共識，所以團隊的聚會不可免。不論例行會議或非正式聚會，有時不妨採取較輕鬆的方式進行，多開放討論，藉由腦力激盪，發揮團隊的創造力。

　　除了上述原則之外，志工團隊要有效地的運作，尚應把握其他原則，例如，有計畫地處理各種衝突、鼓勵成員遵守團隊的規範、

協助成員認知本身的角色及責任、具有檢討和評估的功能和程序（陳金貴，2004）。這些原則，都是促成志工團隊不斷發展的重要因素。

六、結語

早期的志願服務，志工可以各盡所能，默默行善；現代的志願服務，講究團隊合作，群策群力，共同完成志願服務的使命。

其實，透過團隊運作以提供志願服務，無論對於志工或團隊，都有好處。就志工本身而言，至少可以從團隊之中獲得經驗分享與情緒支持，使其服務工作更有動力和效率。就志工團隊而言，至少可以結合眾多志工的愛心、智慧和能力，使更多的人得到更有效的服務。

然而，一個有效的志工團隊，不只是一群有愛心、有智慧、有能力的志工聚集在一起，而是要用心去建立與經營。本文首先強調在建立志工團隊之前，必須找到合理的定位，然後依循一定的程序，逐步建立志工團隊，再透過計畫、組織、用人、領導、控制等五個機制，掌握管理的焦點，使團隊經營更加有效率、有效益。最後，提出志工團隊運作的原則，期待志工團隊能夠兼顧團隊本身與個別志工的雙重需求，獲得「雙贏」的結果，而且不斷成長。

一言以蔽之，志工需要組成團隊，團隊經營更需要志工參與，兩者相互統合，協力並進，志願服務將可望逐步邁入佳境。

5-5 志工的督導

一、前言

通常，志工經過教育訓練及短暫的實習之後，就加入運用單位的志工團隊，開始從事服務工作。此時，運用單位必須指定專人擔任志工的督導工作，以協助志工團隊順利運作，而個別志工也得以有效執行所排定的服務工作。如果沒有志工督導，等於告訴志工，他們的工作是無足輕重的。這樣，很容易失去良好的志工。

志工督導，是以志工為對象的一種督導工作。依據社會工作教育學者托勒（Towle）的解釋，督導工作是透過行政程序來達成教育性目標的過程（曾華源，1992）。換言之，督導工作是訓練人員的方法之一，但其實施必須與行政工作相互配合。如果以此觀點來看志工督導，就是透過行政程序，對志工及團隊提供教育及支持的過程。

通常，志工督導是由運用志工的機構指定專人負責，最近的發展趨勢則開始由資深優良的志工擔任督導工作。因此，志工督導也可以界定為：由機構專職人員或資深志工，督促及指導志工與團隊進行服務工作。

二、志工督導的重點工作

卡督遜（Kadushin,1992）有關督導的概念，經常被引用。他認

為督導有三種功能，包括行政的功能、教育的功能、支持的功能。後來，李查德（Richard）增列一項仲裁的功能，也有人再加入管理的功能，以與行政的功能作區隔（江盈誼等譯，2000）。其實，志工的督導也是涵蓋這些功能。以下依據這些功能，提出志工督導的重點工作：

1.安排志工的服務工作：志工來到機構，是為了服務，督導人員必須及時安排志工的服務工作。對於服務工作的安排，固然必須衡量機構的需求，但是也要考慮志工的興趣、專長、服務經驗，以及他們希望服務的項目、時間。必要時，督導人員可以個別徵詢志工的意見，透過協商才做決定，切勿一廂情願地以為志工應該做某些事。

2.增強志工的服務動機：志工參加志願服務，其背後一定有某些動機使然，督導人員可以從甄選面談或平日與志工接觸的過程，得知志工為何參加志願服務？其主要動機何在？然後在每次的督導時間，不忘針對他的動機給予增強。其實，無論志工的個別動機如何，督導人員可以隨時協助志工檢視服務的成果，使他們感受到投入志願服務的價值和成就，藉以增強其持續服務的動力。

3.提供志工的服務諮詢：志工對於機構的宗旨與使命，可能不是很清楚；對於從事服務工作所需要的方法與技巧，可能不是很熟練；或者在工作觀念及服務態度上與機構的要求有所出入，而感到疑惑。這些，都需要志工督導適時提供諮詢，或委婉地加以開導及教育。尤其對於新進志工，「新手上路」，需要「多予包容」，督

導人員必須主動關心他的服務工作，協助他及早進入服務的情境。

4.處理志工的服務問題：志工不是機構的專職人員，在服務過程難免遭遇到一些問題，而有待督導人員協助處理。有時，志工與一般專職人員一樣，也有請假、補班、工作倦怠、情緒困擾、不滿現狀，甚至同事之間發生衝突等種種問題。此時，督導人員基於工作職責，必須正視問題，尋求適當的解決之道。

5.落實志工的服務評量：「督導」與「考核」經常被相提並論，顯示志工的督導不能忽略志工的工作評量。具體言之，志工是否按時值勤？是否如期完成交辦事項？其服務品質如何？其服務對象的滿意度如何？都需要督導人員客觀加以評量。有時，督導人員也針對本機構的情況，發展出志工自我評量的表格，鼓勵志工隨時對自已的服務加以檢視。這樣，自評與他評，雙管齊下，以落實志工的服務評量。

6.改善志工的服務品質：督導也好，評量也好，其最終目的，無非是要改善志工的服務品質，真正發揮志願服務的功能。換言之，志願服務不是有做就好，志工既然投入志願服務工作，就應該盡心盡力把服務工作做好。而志工督導的職責，就是透過各種激勵的措施，協助志工改善服務品質，把服務工作做得更好。當服務品質改善之後，不僅塑造運用單位良好的形象，而且也是確保機構志願服務的責信，使服務對象可以得到更好的服務。

以上這些工作，對於志工督導而言，可能是任重道遠。為了督導志工，督導人員勢必要參加志工的活動，或多或少會犧牲一些假

日時間，並且投入許多心力。

　　此時，志工督導的腦海中可能浮現這樣的問題：「究竟是我們在服務志工？還是志工在服務我們」？記得，早期各縣市青年救國團的門口，都有一句標語：「我們爲青年服務，青年爲國家服務」。據此引申，我們也可以說：「督導爲志工服務，志工爲社會服務」。

三、志工督導的方式

　　志工督導，是存在於督導者與志工之間的雙向過程，因而督導的方式，端視督導的情境而彈性運用。茲列舉志工督導可以採用的幾種方式（江盈誼等譯，2000），並歸納如表5-5-1：

表5-5-1　督導志工的方法

督導方法	督導者	被督導者	適用時機
一對一督導	一人	一人	新進、資淺、情緒困擾的志工
一對二督導	一人	二人	同組、同需求的志工
團體督導	一人	數人	爲省時、經驗分享
團儕團體督導	被督導志工組成一個團體		大型活動、重要活動
團隊督導	專業領域督導	參加同一服務活動的志工	衛生、教育、福利等不同領域志工一起服務時

資料來源：自行整理。

　　1.一對一的督導（one on one supervision）：也就是個別督導的方式，由一位督導者，對一位志工，定期或不定期進行督導。此種督導方式，通常以新進志工及資淺志工爲主要對象，或者針對志工

的服務工作、個人情緒等問題，進行溝通及討論，以協助志工適當的處理。

2.一對二的督導（one on two supervision）：由一位督導者，同時爲兩位志工提供督導。採取此種督導方式的原因，包括節省時間成本，以及兩個志工有相同的需求，例如兩個志工一組，共同訪視一個低收入獨居老人，或者同時接受志工訓練之後被分配到同一個部門服務。

3.團體督導（group supervision）：由一個督導者，與數個志工，以小組討論的方式，定期舉行會議，共同討論服務過程上的問題。採取此種督導的方式，除了時間較爲經濟之外，還可以增進志工互動及經驗分享。但是志工之間也可能因爲觀點不同而發生衝突，必要時可以再針對衝突的雙方進行一對二或一對一的督導。

4.同儕團體督導（peer-group supervision）：由志工組成一個團體，以個別互動或團體討論的方式，達成督導的作用。此種督導方式，其參與的成員不必然是同一團隊或同一機構的志工。有些經驗老道的資深志工，也會自己安排此類活動，藉由同儕的力量相互督促，相互支持。例如，針對某一大型活動或重要服務項目，邀請其他機構的資深志工，加上本機構志工代表，組成督導小組，進行督導工作。有時，爲了某項服務的需求而組織志工讀書會，其性質也類似同儕團體督導。

5.團隊督導（team supervision）：也稱爲科際間的督導（interdisciplinary supervision），是由不同專業領域的督導者，對於

服務同一對象的志工進行督導。此種督導方式，較常出現在衛生、教育、福利的服務情境之中。例如在身心障礙機構服務的志工，經常涉及醫療復健、特殊教育、社會福利等方面的綜合服務，必須結合相關專業的督導者，組成一個督導團隊，定期爲那些從事身心障礙服務的志工進行督導。

　　除此之外，史基摩（Skidmore）所提出的目標督導（supervision by objectives）、巡迴式督導（supervision on wheels）、調整式督導（adaptive supervision）、現場督導（live supervision）等（蔡啓源譯，1998），也可供志工督導採擇運用。其中，目標督導是針對工作表現的目標，或個人發展的目標而進行督導；巡迴式督導就是俗稱的「走動式督導」，也是一種選擇性的督導；調整式督導是依工作人員的程度而調整督導重點，針對程度較高的工作人員，採用「反省法」（reflective mode），督導者僅爲共鳴板，反之則採用「改變法」（proactive mode），強勢影響其態度和行爲。至於現場督導，是運用電話、參與會談等方式，將督導活動直接送到志工人員服務的現場，或者在服務之後，隨即進行檢討。

四、志工督導常見的問題及其因應

　　一般民眾，如果沒有困難，不會找上志工幫忙。同樣的道理，志工如果沒有遇到困難的問題，他也不會找督導人員幫忙。所以，志工督導幾乎都在處理那些發生在志工身上的疑難雜症。

　　所幸，絕大多數的志工都具有服務的熱忱，也會自動將事情做

好，不大需要志工督導操心，只有少數志工有問題，需要志工督導費神。至於志工的問題，大概可以區分為兩類：一類是有問題的志工，例如：個人酗酒、家庭不和、欠債，因而無心於服務工作；另一類是製作問題的志工，例如：無故不到班、遲到早退、批評同事、批評機構、向上級告狀、不接受督導、傷害服務對象、破壞團隊形象。以下擇要略述並提出因應之道：

1.志工值勤到班不穩定的問題：由於志工是志願參加，有些志工未能準時到班值勤，或者遲到、早退，造成工作安排上的困擾。在督導上的因應之道：

⑴招募之前確實調查志工的人力需求，避免招募過剩或不足。

⑵調查志工對於排班的意見，盡量依照志工方便的時間排班。

⑶要求志工準時打卡、簽到，以便掌握實際的值勤時數。

⑷縮短志工值勤的時間，以免影響其體力、情緒、服務品質。

⑸志工相關活動的策劃，提前展開作業，及早調配志工人力。

2.志工流失率偏高的問題：志工不是正式人員，可能因為工作、身體、家務、遷居或倦怠等因素而流失，導致機構必須一再辦理招募、訓練，既費時間、經費，也增加新舊志工相互適應的問題。為了減少志工流失，在督導上的策略：

⑴請機構首長親自頒發志工聘書，定期表揚績優志工，增加其歸屬感。

⑵定期舉辦志工聯誼活動，增進志工互動及其向心力。

⑶協調機構人員隨時肯定志工的貢獻，給予口頭讚美。

⑷邀請志工的家人，參加機構的重要活動。

⑸誠心關懷志工，分享志工大家庭的溫暖。

3.志工愛批評及告狀的問題：或許由於志工有一種「好管閒事」的人格特質，有些志工對運用單位的人、事、物，也喜歡管東管西，如果不如已意，可能就公開批評，甚至具狀舉發，要求改善，因而造成許多衝突和困擾。在督導上可以考量的作法是：

⑴設置志工意見箱，讓志工透過傳真、e-mail、line、fb、信件等方式，表達意見，並即時給予回覆。

⑵定期實施志工意見調查，讓志工表達其對機構的滿意度及建議事項。

⑶建立志工申訴制度，讓自己覺得受到委屈的志工，填寫志工申訴表，檢附佐證資料，交由志工團隊的自治小組進行評議，並將其結果回覆當事人。

⑷加強志工倫理課程的教育訓練，包括列舉案例，進行個案討論。

⑸協調機構內部運用志工的單位，指定專人，以協力方式共同督導志工。

4.志工不適任的問題：有些志工嚴重違反志工倫理，對於機構、志工夥伴、服務對象，造成傷害，必須妥善處理。其在督導上的處理方式（林明杰、張英陣，2000）：

⑴加強督導（supervise）：列為重點督導的個案，強化其對機構使命及相關規定的了解。

⑵重新分派工作（reassign）：調整工作，安排比較適當於他的服務項目和服務場所。

⑶再教育（retrain）：加強志工在職訓練，注入一些新的服務理念。或者指定志工研讀某些書刊，進行自我訓練。

⑷休息等待重新出發（revitalize）：暫時停止服務，讓違規的志工休息一段時間，一方面促其自我反省，另一方面減少工作倦怠感，養精蓄銳之後，再出發。

⑸轉介（refer）：協助志工轉到比較符合其需求的機構。

⑹退場（retire）：暗示志工依退場機制退出服務單位。

⑺解聘（dismissal）：如果上述方式都沒有效果，只好委婉辭退。

一般而言，志工的異質性相當高，他們來自不同的領域，有著不同的職業背景、教育程度、工作經驗，對於事情的看法與做法可能有所差異，因而產生一些問題，乃在所難免。基本上，志工的出發點都是要把服務工作做好，即使有所誤解、不滿、批評，相信

也是出於一番好意。因此，督導人員應以包容的心來看待志工的問題，並透過適當的督導策略，加以化解。

五、志工督導的重要原則

志工是出於自由意志而投入服務工作，他不是機構的正式職員，基本上不受機構正式規範的約束，也不能以法定的方式加以督導。所以志工督導必須遵循一些重要原則（曾華源，1992），包括：

1.建立互信的督導關係：本質上，督導關係有很強的互賴性，例如志工在服務過程中，對於服務所需知識、技巧、情緒支持的需求，期待能從督導人員身上獲得；而督導人員也依賴志工來幫助機構，期待志工做好服務工作，提昇服務品質。這是雙方都存在著「取與給」的關係。這種督導關係，並不是上下從屬的關係，而是對於職務的尊重，以及對於能力的信任，必須出於真誠、同理和接納。如果督導人員與志工之間缺乏互信，督導工作可能很難展開。

2.及早確認雙方的期待：有些志工可能認為機構不相信他們所做的工作，所以派一個督導來監督他們，因而容易產生抗拒的心理反應。因此，督導人員必須及早將督導工作的必要性告訴志工，並且透過溝通及討論，了解雙方在志願服務過程中的角色、權利及義務。如果雙方對於彼此的角色與職責有了共識，對於督導工作如何進行有所了解，則在督導過程不必要的的衝突可以減少。

3.適時提供協助和回饋：志工有愛心、有熱誠，但對於所分配的

志願服務與志工管理
268 —————————————————————— 做快樂的志工及管理者

服務工作並不一定有專長和技巧。因此，志工在服務過程可能會遭遇一些困難，尤其新進志工對於服務工作較生疏，容易緊張不安，需要督導人員給予較多的關心和協助。

有人建議，督導人員應該採取「門戶開放政策」（open door policy），讓志工有需要時就可以找到督導人員，並且得到支援或支持。此外，督導人員也應隨時留意志工的工作表現與服務情緒，適時表示肯定、關懷，並給予必要的協助或轉介。

4.做好雙向溝通的橋樑：督導人員一方面必須將志工的服務情況與意見反應給機構上層人員，以便在志願服務政策上作適當的調整；另一方面則將機構有關志願服務的訊息或政策傳遞給志工，以便齊一做法。因此，志工督導應該盡量避免個人成見，而能忠實地傳遞雙方的意見，扮演溝通者的角色。

5.以積極鼓勵代替責備：志工以成人居多，即使是青少年，自願選擇投入無酬的服務工作，也大都具有自主性及自省能力。因而在督導過程中，督導人員應該以尊重的態度，肯定志工對於公共事務的貢獻，並積極鼓勵他們精益求精，盡其所能把服務工作做好。換言之，志工督導只要發現志工有做得不錯的地方，就應立即給予鼓勵，就算有需要改進的地方，也應就事論事，千萬不要當面責備或批評志工的不是。至於志工需要改進的地方，每次的要求不宜太多，並與志工共同謀求改進之道。

其實，從事志工督導工作，其成敗的關鍵因素，在於督導者的心態是否正確。

　　如果，志工督導自己缺乏工作意願，把擔任志工督導當作「苦差事」，或者抱著「多一事，不如少一事」的心態，敷衍了事，則再多的督導原則也無濟於事。簡言之，志工督導的原則無他，真誠關懷志工而已。

五、志工督導的倫理

　　在志願服務領域之中，志工倫理與督導倫理是一體之兩面，不但志工要講倫理，志工督導更應以身作則，遵守督導倫理。美國志工管理協會曾於一九九五年訂定志工管理者的倫理守則，強調下列六個重點（張英陣，2000）：

　　1.社會責任（social responsibility）：志工督導的責任，是協助社會創造一種氣氛，在此環境中，服務對象的需求可以得到滿足，而且可以強化人性的價值。志工督導應時刻檢討自己，是否了解社區和本身專業的重要議題？是否能和不同性別、宗教信仰、年齡、文化的人共事？是否和他人討論或倡導足以影響志願服務的政策？是否積極參與社會議題的倡導，藉以促成社會變遷？

　　2.尊重隱私（privacy）：志工督導的責任，是尊重志工個人的隱私，並確保所有資料都能保密。督導人員應檢討是否建立保護志工與案主隱私的機制？志工的資料是否保存在安全的地方？是否告訴志工在工作場所有一些危險的地方應該特別留意？是否告知志工相關的保密規定？個人在公開場合引用志工的資料、圖片、或借用志工名義之前，是否事先徵得當事人同意？

3.自我約制（self-restraint）：志工督導為了長期的利益，必須和志工及同事坦誠溝通，並且共同做決策。督導人員必須檢討是否和志工及同事共同商討如何安排志工的服務工作？是否和志工及同事商討志工的績效考核標準？發佈志願服務訊息之前是否先行溝通並確認資訊的正確性？是否積極掌握機會扮演督導者的角色？

4.保持公正（impartiality）：志工督導的責任是運用公正與客觀的態度，進行督導工作，避免無意間出現歧視的眼光，或者帶有偏見的作為。督導人員應檢討招募志工是否特別考慮不同文化背景的人？是否落實志工績效的評估標準？是否經常檢視績效評估標準的相關政策以確保沒有歧視或偏見？是否建立一致性的獎勵標準？是否與志工溝通督導的責任與期待？

5.堅守承諾（promises-keeping）：督導人員在答應志工的要求時，必須顧及是否合理、切合實際需要、而且符合自己的專業？如果有所承諾，必須明確，所有契約與協議是清楚明白而且有共識。一經承諾，則必須克服任何障礙，確實履行，對志工絕對沒有欺瞞的行為。

6.利益迴避（avoiding conflict of interest）：對於志工，督導有責任了解可能會有哪些利益衝突的情況，並且妥善處理。督導人員應檢討是否清楚自己的法律責任？並盡量避免利益衝突；如果有志工送禮給自己，或者他人送禮給志工或同事時，是否有一套規範或程序來處理這些問題？

七、結語

擔任志工督導，不論是出於自願、被指定或被逼迫，基於行政權責，必須盡忠職守，不容怠忽。

雖然，帶領一群異質性高，自主性強的志工，有時難免感到「人少，事繁、壓力大」，但是，能與這群有熱誠、有活力的志工夥伴共事，在自己的工作生涯中留下一些同甘共苦的回憶，也是一種難得的經驗。

無論如何，督導志工固然要靠感情和經驗，更要了解督導的重點工作及其執行方式，並依循志工督導的原則，妥善處理可能面臨的問題，使自己的工作勝任愉快，而志願服務工作也能順利推展。

俗話說：「澆花澆根，帶人帶心」。志工的督導工作，最重要的原則與倫理，無非是「真誠無欺」與「以身作則」，以與志工共同達成志願服務的目的—提高公共事務效能，增進社會公益。

5-6　志工的激勵

一、前言

志願服務，是出於志工的自由意願。運用單位對於這些「自願來的志工」，要如何激勵他們？如何管理他們？這是機構及督導人員相當困擾的一個問題。

因爲志工不像支薪的工作人員，如果支薪人員的工作表現不佳，機構迫不得已還可以減薪或解僱。但是志工呢？他們不中途「落跑」就不錯了，事實上也很少請他們「走路」。

因此，如何讓志工維持服務的意願，而且對於服務工作心甘情願，樂在其中，則需要適當的激勵。否則，志工招募進來之後，無法留住他們，再好的招募與訓練也沒有意義。

有鑑於此，本文首先說明志工激勵的必要性，再從激勵的內容理論與過程理論申言激勵志工的因素及過程，然後分別從正式與非正式兩個層面提出激勵志工的措施，最後歸納激勵志工的基本原則。

二、志工激勵的必要性

激勵（motivation）是一種行動的誘因，它導引一個人行爲的方向及其持續性。雖然，志工是自願報名前來參加機構的服務工作，但是加入組織之後，就和組織內部的成員一起工作，因而其行爲必須與機構的期待有一致性與持續性，始能提高服務的效能。不然的話，志工一人一把號，各吹各的調，明明是助力，也可能變成一種阻力。

推究機構運用志工的目的，無非是爲了引進志工人力，以增加機構的助力。因而對於志工的激勵有其必要性，主要理由包括：

1.滿足志工的動機：一般而言，志工之所以願意奉獻自己，而服務他人，其背後必然有某種動機使然。動機與滿足，是兩個相互

關聯的概念。有動機，就需要滿足。因而，在志工加入志願服務之後，機構必須給予適當的激勵，使其當初擔任志工的動機，可以實現，或者感到滿意。這樣，他才會留下來服務。

2.提高志工的士氣：志願服務是一種心意，一般民眾加入志工行列之後，通常也是誠心誠意想把服務工作做好，而不願意得過且過，浪費寶貴的時間。可是，任何人長期做同一件事情，久而久之，難免會產生一些倦怠感，因而需要激勵。尤其，志工是無酬的付出，沒有金錢或物質的回報，而有賴精神上的激勵，藉以提高工作士氣，把服務工作做得更好。

3.減少志工的流失：志願服務不是正式的工作，有些志工由於本職工作調動、住所搬遷、健康欠佳等因素而中斷服務，在所難免。另外，有些志工是因為服務工作不合原先期待，或者對服務工作感到單調、乏味、沒有意義、沒有價值，因而中途離去。在這種情況下，除了繼續招募以補充志工之外，必須加強激勵措施，設法維繫志工持續服務的意願，從而減少志工流失，才是釜底抽薪之計。

4.增進服務的績效：根據心理學家的研究，一般工廠或辦公室之中，員工平均只用三分之一的能力來生產，但實施激勵措施的單位，其生產力可以提高十倍（張英陣，1997）。同樣的道理，志工所作所為，如果能及時獲得激勵，必然可以帶來正向增強的作用，使服務更有效率和效益。反之，志工熱誠付出，卻得不到應有的肯定與支持，任誰也會感到心灰意冷，意興闌珊，則其工作績效會是如何？也就可想而知。

　　論語有一句話：既來之，則安之。志工既然懷著滿腔熱誠，自動前來參加服務，運用單位就應該不斷地給予激勵，讓他們安心地留下來，而且願意盡其所能，持續努力，把服務工作做得更好。

三、從理論看志工激勵的因素

　　有關激勵的理論，大致上可以分為內容理論（content theories）與過程理論（process theories）兩種類型。顧名思義，激勵的內容理論，主要在探討激勵的內容，也就是哪些因素可以激發人們去從事某項活動。至於激勵的過程理論，主要在探討激勵的過程，也就是經由哪些歷程可以激發人們繼續從事某項活動。

　　在激勵的內容理論方面，馬斯洛（Maslow）首先提出「需求層次」（hierarchy of needs）的理論，後來歐德浮（Alderfer）加以修訂而提出「ERG」理論，亦即生存（Existence）、關係（Relatedness）、成長（Growth）三種核心需求的理論。到了一九五九年，賀茲伯格（Herzberg）提出「激勵—保健」（motivation-hygiene）的理論（林勝義，1986）。以上是經常被引用來探討激勵因素的三個理論。

　　其中，賀茲伯格（Herzberg）將那些能防止工作人員不滿的因素，稱為保健因素（hygiene factors）；將那些能夠帶來工作滿足的因素，稱為激勵因素（motivators factors），進而認為要使工作人員樂於投入工作，而且維繫其投入服務的熱誠，則必須從激勵因素著手。茲以「激勵」因素為例，探討激勵志工的因素：

1.成就感（achievement）：是指能否有效解決一項問題？或者能否看到自己的工作成果？據此申言，對於志工的激勵，應該讓他有事做，不閒散，而且能夠成功地協助服務對象解決問題，看到自己的工作有具體的成果。此外，讓志工從頭到尾，參加一件完整的工作，總比到處打雜，只做片斷式的服務，容易獲得較高的成就感。

2.受賞識（recognition）：指工作表現是否受到讚賞或獎勵？意見是否受到他人重視或接納？賞識可以來自上司、同事或民眾。據此申言，對於志工的激勵，一方面要重視志工所提意見，能接納的，從善如流；無法接納的，說明緣由。另一方面，對於志工的努力，機構主管及督導人員應該隨時注意，並對其付出表示感謝，對其服務成果，表示肯定，則志工在服務上必然更加賣力。

3.工作本身（work itself）：是指工作是否有意義？是例行公事或富有創意？是單調乏味或饒富趣味？據此申言，對於志工的激勵，應該協助他體會志願服務的意義及價值，並且盡量按照志工的興趣及專長來安排服務工作，必要時實施志工輪調，讓志工有機會參與多樣的服務工作。其實，志願服務是服務社會的工作，其貢獻深具社會意義，當其向人介紹自己的身分是「志工」時，常能令人肅然起敬，這是志工樂於參與的因素之一。

4.責任感（responsibility）：指工作是否能夠自主處理？能否得到授權而為自己的工作承擔較多的責任？是否有機會負責指導他人的工作？據此申言，對於志工的激勵，在分配服務工作之後，應該

盡量讓志工有自主性，相信他一定能夠把事情做好，也願意為工作成敗負責。同時，對於資深、優良的志工，應該有機會讓他擔任志工團隊的幹部，或者在相關活動之中，分享他的服務經驗。通常，一個人受到器重，他就會更加努力。

5.成長的可能性（possibility of growth）：指工作所需的知能是否有增進的可能？據此申言，對於志工的激勵，應該規劃並鼓勵志工參加相關的訓練及觀摩活動，藉以增廣見聞、拓展視野、增進人際關係、洗滌純淨心靈，以及實現自我理想。其實，志工在服務過程中就有許多成長的機會，例如關懷弱勢、辦理活動、推廣環保、導覽解說等，不但協助別人，也成長自己。

以上五個激勵因素，是針對一般情況而言。也許，不同的志工，對於這些激勵因素的需求程度並不相同。例如，有些志工喜歡找機會認識新朋友，拓展自己的人脈；有些志工滿腔熱血，希望對機構有所貢獻，能得到賞識；有些志工則希望能獲得工作經驗與成就感。所以，對於不同動機的志工，應該適用不同的激勵方式。

四、從理論看志工激勵的過程

激勵，除了針對相關的因素，適時加以激發及鼓勵之外，其實施的過程也不能忽略。俗話不是常說：「遲來的正義，不是正義」嗎？如果激勵的過程有瑕疵，或者賞罰不公不義，則可能造成反效果，不能不慎。

有關激勵的過程理論，較常被討論的是亞當斯（Adams）的公

平理論（equity theory）、弗洛姆（Vroom）的期望理論（expectancy theory）。其中，公平理論，也稱為社會對照理論（social comparison theory），或交換理論（exchange theory）。

亞當斯認為，員工感到公平的程度，往往影響其工作滿足與工作績效，而一般員工對於公平與否的衡量，通常是以自己的「投入」（input）與所得到「結果」（outcome）的比率，去和他的偶像人物（reference person）或參考團體（reference group）作比較。如果他感覺自己的投入與結果之比率，與其他人的比率相當，就認為公平，否則就認為不公平。如果，一個人感到有不公平的現象存在，心理上就會產生一些緊張的狀態。他愈覺得不公平，則想減低緊張狀態的動機就愈強烈，而且可能會採取某些因應方式（林勝義，1986）。以下針對不公平的因應方式，來探討激勵志工的過程：

1.改變自己對比率的計算：員工如果感到組織對待他們有不公平的狀況，他可能改變自己對於投入與結果之比率的計算，以減低緊張狀態。據此申言，對於志工的激勵，運用單位應該事先訂定志工獎勵表揚的辦法，對於獎勵的項目、條件、配分、評審過程、表揚方式等，都建立客觀的標準，並公告周知，以減少猜疑。

2.改變參考對象：員工如果感到自己受到不公平的對待，他可能改變拿來作比較的對象，藉以安慰自己「比上不足，比下有餘」，而減少不公平的感覺。據此申言，對於志工的激勵，應該鼓勵志工自己跟自己比，只要今日的我，勝於昨日的我，就值得慶賀。只要

自己覺得服務工作有改善、經驗有增加、知識有成長，就是一種進步。何必處處跟人家比呢？人比人，氣死人。

3.增加或減少自己的投入：員工如果覺得自己的付出比別人多，但是所獲得的結果卻不如別人，此時他可能有兩種因應策略：一種是加倍努力，以增加工作效果；另一種是減少付出，以節省力氣，反正再怎麼努力，也比不過別人。據此申言，對於志工的激勵，應該從積極面出發，透過個別督導，鼓勵那些心灰意冷的志工，面對問題，找出自己的優勢與劣勢，進而展現自己的優勢，往往可以提昇服務績效。

4.說服參考對象降低投入：員工如果覺得自己努力的成果總是比不上別人，他可能會設法說服別人不必那麼努力，甚至講一些「酸葡萄」的話，作為自我防衛的機轉。據此申言，對於志工的激勵，尤其是績優志工的獎勵，務必秉公處理，使獲獎者都是名至實歸，稱頌鄉里，而未得獎者也能心服口服，沒有怨言。再者，績優志工得獎之後，仍應鼓勵他們更謙虛，更努力，真正作為其他志工的參考團體，達到「勝者不驕，敗者不餒」的境界。

5.說服機構改變產出量：員工如果感到自己辛苦的付出，而沒有獲得相對的報酬，他除了責怪別人，也可能責怪機構，因而設法說服機構調整自己或參考對象的生產量。據此申言，對於志工的激勵，應該傾聽志工的心聲，尊重志工對機構的建言。如果志工所提意見合理，應列入考量，即使志工的建議窒礙難行，也應委婉解釋。換言之，志工願意提供建言，表示他有心求好，值得肯定。

6.增加缺席率：員工如果不滿自己的表現未能獲得應有的肯定，或者覺得老是被別人比下去，他可能因而退縮、倦勤，起初是請假、遲到、早退，後來則缺席的次數增多。據此申言，對於志工的激勵，應該盡量配合志工方便的時間，安排值班，以減少其藉故請假或缺席。此外，有些機構設有「全勤獎」或「服務時數排行榜」，以獎勵全勤志工或出席狀況優良的志工，不失為一種積極的激勵措施。

7.辭職不幹：員工如果感到有不公平的現象存在，而沒有其他方法來降低這種不公平的感覺，最後可能辭職不幹，甚至不告而別。據此申言，對於志工的激勵，可以考慮建立一種申訴的機制，讓那些自己覺得受到委屈，或者心生不滿的志工有申訴的機會。而且，對於志工的申訴程序，應該力求近便。至於評議過程，除了公平、公正之外，應讓申訴者有當面陳述或答辯的機會。

以上七種因應措施，簡單的說，都是出在激勵過程的「不公平」。因此，對於志工的激勵，必須建立一個公平的機制。以績優志工的獎勵為例，在實施之前，必須事先訂定獎勵辦法；在實施過程，必須透過督導方式，澄清觀念；在實施之後，必須傾聽建言，接納申訴。事實上，如果有這樣的過程，就是對於志工的一種激勵。至少表示機構在乎志工的加入，願意為他們建立一套激勵的體制。

三、正式激勵的方式

從激勵理論中，我們知道要激勵志工，必須先了解促使志工工作滿足的因素，並且在激勵過程中以適當的措施來激發志工的工作士氣。

基本上，面對多元的志工需求，必須規劃多元的激勵措施，包括正式的激勵方式與非正式的激勵方式。此處先說明正式的激勵方式。

在外國，常見的正式激勵方式，包括：舉辦餐會、茶會、平時的餐會、國際志工日慶典、機構的年度大會、工作人員與志工的聯誼餐會、平時的茶點時間（Macduff, 1993；張英陣，1997）。

在台灣，依據志願服務法所提及的促進措施，包括：獎勵服務優良的志工、發給志願服務榮譽卡、發給服務績效證明書、優先服相關的兵役替代役。此外，志願服務運用單位為了感謝志工的協助，有時也提供一些福利措施。以下擇要說明，以利參採運用：

1.辦理績優志工選拔獎勵：志願服務運用單位大都訂有志工獎勵表揚的實施辦法，每年定期辦理績優志工的選拔，並公開頒獎表揚。以心路社會福利基金會為例，其志工獎勵項目包括：

(1)考績獎；年度考核總成績80分以上者，頒贈獎狀乙紙及獎品乙份。

(2)服務獎：全年服務時數達○○小時以上，且年度考核之服務表現良好者。

(3)榮譽獎：考績連續三年甲等以上，且服務時數累積達300小時以上者。

(4)全勤獎：參加服務未有無故遲到、早退記錄，且集會及訓練全部出席者。

(5)榮譽徽章：累積服務時數達500小時者頒給第一枚黃色徽章，之後每年累計增加100小時者續發一枚徽章，每年以一枚為限。

除了機構內部的獎勵之外，尚可由機構推薦參加相關單位的志工獎勵。目前全國性的志工獎勵，至少就有：金駝獎、金手獎、金螢獎、金安獎、文化義工獎、環保義工獎、勞動志工獎、青年志工獎、志願服務獎章、社教有功獎、衛生保健志工獎，以及服務3000小時以上得申請內政部頒授的獎牌及得獎證書。另外，台北市的金鑽獎、高雄市的金暉獎，保德信的菁英獎，也都是正式激勵志工的獎項。

2.舉辦志工聯誼活動：為感謝志工的協助，運用單位通常會定期或不定期舉辦志工聯誼活動，包括；年終聚餐、迎新茶會、自強活動、志工大會師等，另有志工社團的各種活動。這些，對於志工，都具有激勵志氣的作用。

3.提供志工福利措施：對於志工協助機構推展業務，大多數機構都會提供一些回饋的福利措施，包括：辦理意外保險、交通津貼、誤餐費、福利社購物折扣、出版品贈送、劇場招待券、停車免費、

圖書館借書等。另外，有些機構將志工團隊得獎的獎金、志工捐出的交通津貼，或志工互助金等，成立志工團隊的基金，用以支應志工婚喪喜慶及相關費用，表達對志工的關懷，也含有激勵作用。以陽光社會福利基金會為例，其志工團隊基金的支出項目如表5-6-1：

表5-6-1　陽光社會福利基金會志工團隊基金的支出項目

項目	金　　額	說　　　　明
結婚	1600元	包禮金祝賀，以喜帖為憑。
新居	1000元以內禮品	購買家庭用品祝賀，以收據報帳。
開店	1000元以內禮品	購買實用物品祝賀，以收據報帳。
生育	1000元以內禮品	購買婦幼用品祝賀，以收據報帳。
住院	500以內禮品	購買鮮花、水果慰問，以收據報帳。
喪葬	1100元	包奠儀悼念，以訃聞為憑。
其他		視情況而定。

資料來源：陽光社會福利基金會（2005），九十四年度績優志工團隊推薦報告，13頁。

4.核發志願服務榮譽卡：運用單位依據志願服務法第二十條之規定，對於志工服務滿三年，服務時數達三百小時以上，而申請志願服務榮譽卡者，得向地方主管機關申請核發。志工憑志願服務榮譽卡，得以免費進入公立風景區、未編定座次之康樂場所及文教設施。目前，此項措施已正式實施，是一種積極的激勵方式。

5.核發志願服務績效證明：依據志願服務法第十七條之規定，運用單位對於參與服務成績良好之志工，因升學、進修、就業或其他原因需志願服務績效證明者，得發給服務績效證明書。此項證明書，對於在學青少年參加升學推薦甄選有加分作用，而對於一般志工也是一種肯定，都具有正面的激勵效果。

比較言之，國外機構對於志工的正式激勵，以志工聯誼的方式為主，國內則以績優志工的獎勵爲主，聯誼活動及相關福利爲輔。國內的機構通常透過各種志工獎勵的方式，包括：發給獎金、獎牌、獎章、獎狀等方式，並在年度的志工大會上，公開表揚志工的優良表現，肯定志工的奉獻。

四、非正式激勵的方式

除了正式的激勵方式之外，有些機構的主管、督導及其他職員在與志工的日常接觸中，隨時對志工的努力表示肯定，並感謝志工的協助，其實也可以滿足不同志工的多元需求。一般非正式的激勵方式，可以歸納爲下列幾項：

1.關心志工的生活：例如，機構員工對於志工的背景有充分的了解，見面時，能立刻叫出志工的名字。有空的時候，員工願意停下腳步，跟志工聊一聊生活上的點點滴滴。或者，大家坐下來，喝杯茶，聽聽志工的心聲，也一起懷念那些不久之前離開機構的志工朋友，讓志工感受到機構是有情有義的地方，而不是只知利用免費的勞力。

2.提供適當的空間：例如，爲志工安排一個舒適的空間，讓他們來值勤的時候，可以存放個人的物品；休息的時候，有個地方歇腳、聊天。這樣，志工會覺得機構是把他們當作自家人，因而在服務上加倍努力。否則，志工沒有自己的空間，像是機構裡的「孤兒」，到處流浪。不能「安居」，豈能樂業？

3.器重志工的專長：例如，邀請具有某方面專長的志工參加機構的相關會議，並且主動徵求他們的意見。或者，提供機會讓志工擔任重要會議的司儀或記錄、協助編寫或修改重要的文書案件，以及協助一些比較重要的其他工作。其實，志工即使沒有專長，也有豐富的經驗，只要機構器重他們，主動邀其參與，雖然他們不一定是基於知遇之恩，而力求回報，至少也是樂於效勞。

4.關心志工的成長：例如，提供志工在職訓練，或者推薦志工參加其他機構所辦理的訓練或研習，讓志工不斷地充實及成長。近年，有些機構一為因應志工聯誼及成長的需求，而開辦志工社團活動，包括：讀書會、有氧舞蹈、瑜珈、桌球、花藝、美食等。這些活動，固然有助於志工自我成長，但是志工的本份是服務，社團活動應適可而止，以免本末倒置。

5.體念志工的家人：例如，邀請志工的家人來參加機構所辦理的活動，包括園遊會、慶生會、聯歡晚會、自強活動、志工餐會等。或者在生日、結婚、生子、升官等特定日子，由機構首長寫一封信給志工的家屬，表示慶賀，並感謝志工對機構的貢獻。如果，志工參加服務，能夠獲得家人的「加持」，其服務興緻可能更高。

簡單的說，非正式的激勵，就是平常要跟志工「搏感情」，隨時對志工表示關心和感謝。這種平時、非正式的肯定，其效果有時並不亞於正式的激勵（張英陣，1997）。因為一年一度的獎勵，總不如一年三百六十五天的關心，隨時都可以對志工產生激勵作用。

五、志工激勵的基本原則

由前述志工激勵理論所揭示的激勵因素與激勵過程，對照正式與非正式的激勵方式，顯示理論與實務之間仍有一些落差。換言之，目前實際執行的激勵措施，並不一定符合激勵理論的期待。以志工獎勵爲例，劉香梅（2001）對於志願服務的獎勵表揚，曾提出一些必須好好檢討之處，包括：志願服務獎項太多、志工要獎志在必得、給獎流於人情用事、評審過程不夠嚴謹、職業得獎人漸浮現、推薦單位有欠公正、表揚單位尚缺愼重、得獎與服務成反比。

雖然，有關獎勵的缺失，不全是機構的責任，有些是志工的心態問題使然。但是，志工的心態有問題，運用單位難道就置身事外嗎？所以，爲了落實志工激勵應有的功能，無論正式的激勵方式，或者非正式的激勵方式，都應考慮一些基本原則：

1.實至名歸：任何獎勵措施，事前透過公開、公平、公正的推薦及評審程序，選出眞正值得獎勵的志工，並且採取公開表揚的儀式，讓得獎的志工覺得這是一種有價值的獎勵，也讓其他志工覺得受獎者是實至名歸，是值得傚仿的楷模。

2公平公正：凡是眞正付出的志工，都有得到獎勵的機會，而且依據志工付出時間的多寡，或其工作表現的情況，論功行賞，以示公平、公正。如果人人有獎，或者輪流得獎，則其激勵作用相當有限，對於積極參與服務的志工反而不公平，當然也不公正。

3.及時回饋：對於志工的激勵，必須及時辦理，而且誠心誠意表

示敬意和感謝,不流於僵化形式。尤其志工有特殊的工作表現時,應該隨時提報獎勵,至於例行性的獎勵措施,也應該定期辦理,適時發揮激勵作用。否則,事過境遷,延宕獎勵表揚的時機,可能失去激勵的效果。

4.持續增強:有些志工獲得獎勵之後,並沒有因為得獎而對志願服務更加努力,甚至在得到最高榮譽的獎項之後,已經失去誘因,反而降低服務熱忱及服務品質。因此,獎勵必須考量志工個別的情況,給予適當的激勵,並協助志工不斷地自我成長,能夠在每一次得獎之後,持續提高服務熱忱及服務品質。

五、結語

志工是否很願意從事某項服務工作,往往與他擔任志工的動機有關。一個人如果能在工作中滿足某種需求,自然就會有強烈的工作動機。例如兒童都喜歡拆開生日禮物的那一刻,因為這項動作可以滿足他們的某種心理需求。

因此,在志工激勵的內容上,必先了解志工的需求,針對激勵因素,掌握志工激勵的重點;在志工激勵的過程上,則必須了解志工的感受,針對其不滿的可能因應方式,建立志工激勵的公平程序。然後,經由正式與非正式的激勵方式,滿足不同志工的多元需求。

歸結地說,志工激勵的最終目的,積極面在於提高志工的士氣,發揮服務的效能;消極面則在維繫志工的動力,減少流失的比

率。要達致積極面的目的，必須建立公平的激勵程序；要達致消極面的目的，則必須妥善處理志工不滿意的問題。

5-7 個別志工的工作評量

一、前言

對於志願服務加以評估（evaluation），可以稱為工作評量（work appraisal）或績效評鑑（performance appraisal），它是志工管理的一環，更是促進志願服務發展的重要措施之一。

在台灣，志願服務法第十九條有關於評估的規定有兩方面：一是志願服務運用單位應定期考核志工個人及團隊之服務績效；二是主管機關及目的事業主管機關應對推展志願服務之機關及志願服務運用單位，定期辦理志願服務評鑑。

綜觀這兩方面的評估對象，包括志工個人、志工團隊、推展志願服務之機關、志願服務運用單位。如果從比較廣泛的角度來看，除了個別志工之外，其餘的評估對象都可以視為志工相關單位。所以，為了說明方便，此處先就個別志工方面的評估進行探討，並稱之為「工作評量」，下一單元再針對志工相關單位方面的評估加以探討，另稱之為「績效評鑑」，以作區隔。

二、工作評量的目的

志工的工作評量，是針對志工的實際服務，正式進行系統化的評估，以檢視其工作表現實際達成志工運用單位所定標準的情況。

對志工的工作評量，有的學者（黃一峰、何慧青，2003）從績效管理（performance management）的觀點，認為志工評量的目的在提高團體的競爭力，並作為改善個人能力及表現的一項有利工具。有的學者（陳金貴，1994）則從人力資源管理的觀點，認為志工評量的目的，在使志工人力作最有效的運用。綜合這些專家學者的意見，志工工作評量的主要目的包括：

1.增進自我了解：透過客觀的工作評量，讓志工知道自己的工作情況，了解自己的工作表現有何優點？有何缺點？

2強化志工信心：.依據評量結果，對於表現優良的志工給予肯定及獎勵，有助於強化志工的信心和榮譽感，並維繫其持續參與服務的動力。

3.改善服務缺失：如果工作評量的結果，發現志工表現欠佳或出現某些問題，督導人員可與志工溝通，協助其改善，使往後的服務工作做得更好。

4.調整服務工作：在工作評量過程，可以發掘志工所展現的特色，作為調整服務工作的參考，使每一個志工都能適得其所，發揮專長。

5.強化督導功能：依據工作評量結果，在督導人選、督導重

點、督導方式等方面，作一些必要的調整，以發揮志工督導的功能。

6.增進志工與機構的關係：機構從工作評量中發掘志工的優點及特色，將更加肯定志工的貢獻，即使志工表現有不足之處，也可以加強督導或相關資源之提供。而志工從工作評量之中，自我了解及自我改進，對其服務工作可以保持興趣和努力，從而加強志工與機構的關係。

由上所述，志工工作評量的目的，無非在促使志工與運用單位共同改善志願服務的績效，提昇服務品質，保障服務對象的權益。有時候，志工評量也被用來作為決定志工是否繼續留下來服務的參考，不過這不是工作評量的主要目的，不必過於強調評量結果不佳者無法續聘，否則容易造成受評志工的壓力、反感，甚至排斥。

三、工作評量指標的建構

在實施志工的工作評量之前，必須先確定評量的內容，並據以建立評量的指標。一般而言，有關志工評量的內容，大多數運用單位比較關心的是志工是否按時值勤？服務時數多少？是否如期完成交辦的工作？參加相關活動及訓練的情況如何？與機構的配合度如何？

不過，這些內容比較側重於志工的行為表現方面，應該還有更多可以列入評量的項目。綜合專家學者的意見，績效評量指標的建構，大致有可三個途徑：特質途徑、行為途徑、結果途徑（黃一

峰、何慧青，2003）。茲依據這三個途徑，並以陽光社會福利基金會志願服務團志工績效評估為例，說明志評量指標的建構：

1.特質途徑：以志工的特質作為評量標的，例如服務熱心、有自信、具親和力、具責任感、不計較、任勞任怨、具耐性、具創造力、積極進取、忠誠度高等指標。在這方面，陽光志願服務團所訂的評量辦法係以「服務態度」與「主動性」作為指標，其具體內容如表5-7-1：

表5-7-1　志工服務績效評量表（摘要一）

項目	內容	志　工　自　評				
		總是	經常	偶爾	很少	從未
服務態度	1.已排定之值勤及活動，我會準時。					
	2.已排定之值班／活動，我都會出席。					
	3.值班時間內，我都從事與服務相關的事情。					
	4.在時間內完成工作人員交辦的任務。					
	5.對於委任的工作，樂於接受，不挑別。					
	6.對於工作人員交辦的工作，不推卸於他人					
主動性	1.在各種會議中，會主動提出自己的意見。					
	2.會提供對機構或服務工作有益的資源。					
	3.對於自己職務以外的工作也表示有興趣或關心。					
	4.對於臨時分配的工作能盡力配合。					
	5.在服務過程能主動了解與工作有關之一切。					
	6.在服務過程能主動關心其他夥伴的工作狀況。					

資料來源：陽光社會福利基會（2005）。91-94年志願服務服務報告（未出版）。42-43頁。

2.行為途徑：以志工的行為表現作為評量標的，例如積極服務、高學習意願、高應變能力、善於溝通協調、具團隊精神、高配合度等指標。在這方面，陽光志願服務團所訂的評量辦法係以「學

習態度」、「夥伴關係」與「志工倫理」爲指標，具體內容如表
5-7-2：

表5-7-2　志工服務績效評量表（摘要二）

項目	內容	志 工 自 評				
		總是	經常	偶爾	很少	從未
學習態度	1.對於機構排定的在職進修課程能認真學習。					
	2.我有參與機構安排的在職進修課程。					
	3.將在職訓練所學之技能運用在服務過程中。					
	4.能透過學習、分享或自我檢視，以提昇服務效能。					
	5.我能透過學習，改善不足之處。					
夥伴關係	1.與其他夥伴維持和諧關係。					
	2.當意見分歧時，我能就事論事與夥伴溝通討論。					
	3.當意見分歧時，我會試著和夥伴溝通、討論。					
	4.我能提供適當的支援，以協助夥伴解決困難。					
	5.尊重並體諒夥伴的個別差異。					
志工倫理	1.我具愛心、信心、耐心，及服務熱忱。					
	2.我能虛心學習，不斷地追求自我成長。					
	3.我真心接納機構中每位朋友而不批評。					
	4.我嚴守業務機密，絕不洩漏個案資料。					
	5.我會徵詢機構同意，才以工作人員名義從事活動。					
	6.切實遵守志工服務規則。					

資料來源：陽光社會福利基會（2005）。91-94年志願服務服務報告（未出版）。42-43頁。

　　3.結果途徑：以志工的服務成果作爲評量標的，例如出席率、工作量、達成率、時效性、參與程度等指標。在這方面，陽光志願服務團所訂的評量辦法係以「志工團團務組織活動參與記錄」與「機構服務記錄」作爲指標，其具體內容如表5-7-3：

表5-7-3　志工服務績效評量表（摘要三）

	承諾	實際
參加志工團重要活動的記錄	1.應參加志工會議＿＿＿次。 2.應參加在職訓練＿＿＿次。	1.實際參加志工會議＿＿＿次。 2.實際參加在職訓練＿＿＿次。
機構服務的記錄	1.應服務總次數＿＿＿次。 2.應服務總時數＿＿＿時。	1.實際服務總次數＿＿＿次。 2.實際服務總時數＿＿＿時。

資料來源：陽光社會福利基會（2005）。91-94年志願服務服務報告（未出版）。42-43頁。

　　由表4-7-1、表4-7-2、表4-7-3顯示，陽光社會福利基金會志工團志工評量指標大致上涵蓋特質途徑、行為途徑、結果途徑等三個面向。雖然，其中有些內容彼此重複，例如學習意願，同時出現在「學習態度」與「志工倫理」項下；而有些內容並未列入評量，例如自信、親和力、忠誠度等。但是，各個志工組織或運用單位的情況不同，對於志工的期待或要求也可能各有其重點。因此，評量指標的建構應保持彈性，並依機構的需求酌予增減，或者針對某些指標「加權」計分。

四、工作評量的實施方式

　　傳統上，有關志工評量的工作，大都直接由志工督導擔任。但是，志工的工作時間、工作類別、工作性質，可能有所不同，如果只由志工督導進行評量，恐怕不夠周延。其實，志工評量的方式有好多種，各評量單位不妨衡量本身情況，選取適當的方式來實施。以下列舉常見的五種評量方式（陳金貴，1994；黃皇凱，1997）：

　　1.志工督導評量：由直接督導志工的人擔任評量工作，其優點是督導人員與志工的接觸機會較多，平日就有機會觀察志工的表現，

可拿來與評量指標相互驗證。缺點是督導兼評量，可能影響督導關係的建立，對志工造成一些壓力。

2.志工自我評量：由志工評量自己的工作表現，其優點是可以協助志工自我檢討、自我成長，壓力較小。缺點是信度較低，其評量結果不適宜作為獎勵的依據。

3.相關小組評量：由志工組織或運用單位的相關小組，例如志工隊內部的行政組、機構的研考部門，或者由機構與志工隊推舉適當人選而組成任務小組，負責評量工作。優點是一組人共同評量，信度較高；缺點是勞師動眾，有些人對志工業務並不熟悉，無法掌握評量重點。

4.服務對象評量：設計問卷或滿意度調查表，交由志工服務過的對象填答，其優點是以「以客為尊」，可以促使志工重視顧客的滿意度，進而營造優質的服務文化。缺點是服務對象個人的好惡，以及是否用心填答，都可能影響評量結果。

5.志工夥伴互評：由同儕志工相互評量，其優點是彼此接觸較多，對於服務工作相互了解，信度較高。缺點是被夥伴評量為表現欠佳的志工，往後對於團隊的凝聚力可能因而降低。

依上述簡單的分析，每一種評量方式都有優點和缺點，志工組織或運用單位允宜依據評量的實際需求選擇使用。不過，目前有一個趨勢，無論採用何種評量方式，都會加上志工自評。因為工作評量的最終目的是要協助志工改善服務，所以應該讓當事人參與評量

工作，有機會處理自己的問題。

再者，志工工作評量的工具，也不一定使用問卷或評量表，必要時也可以輔以觀察、訪問、工作座談會等多元方式，使評量工作更加周全。

五、工作評量的原則

志工既不支薪，又願意奉獻自己的時間和心力來服務他人，因此對志工進行評量，必須格外謹慎，以免對志工造成傷害。維尼亞德（Vineyard, 1988）曾提出實施志工評量的一些原則，以下略加闡釋：

1.事先告知：尊重受評對象，事先告知有關工作評量的訊息，讓他們心理有所準備。必要時，可以舉行說明會或座談會，當場解釋，爭取合作，使評量工作有效進行。

2.評量必須公平：志工都是組織的一份子，應該一視同仁，有關實施評量的時間、方式、過程，應有其一致性，以示公平。有時，機構對於資深志工的評量次數會酌予減少，但應事先經過會議通過，並公告周知，避免引起誤會。

3.對事不對人：志工的工作評量，是針對工作績效進行評量，而不是針對志工個人。所以，評量的標準，一體適用，不宜因為擔任團隊幹部而有優待、加分，也不能因為受評者與評量者有特殊交情而徇私、偏袒。

4.以合作為前題：評量者與受評志工必須合作，評量工作始能順利進行。例如評量的時間，必須事先協調，相互尊重，不能只顧評量者的方便。

5.提供必要的支持：「事欲善其事，必先利其器」，志工組織或運用單位必須事前就提供志工從事服務工作所需的資訊和資源，然後才評量其服務績效。否則，「要馬兒會跑，又不給馬兒吃草」，合理嗎？

6.即時指出錯誤：工作評量的目的，在於找出志工的服務問題，並協助其解決問題，使服務做得更好。一旦服務過程出現錯誤，造成問題，評量者即應指出錯誤，及時導正，以免傷害到服務對象。

此處，再度重申，與志工有關的事，應該盡量邀請志工參與。對於志工工作評量有關的事，包括評量指標的建構、實施時間、實施方式、評量結果的應用，都應該盡量邀請志工共同參與。這是一種尊重，一種趨勢，也是一種基本原則。

六、結語

評量是過程，應用才是目的。對於志工工作評量的結果，必須妥加應用，這樣的評量工作才有較大意義和價值。如果只是為了符合志願服務法的規定，而定期實施評量，則其意義不大。

至於志工工作評量結果的應用，大致上有「獎勵」與「改進」兩個層面。在獎勵方面，必須在評量之後，立即敘獎，適時發揮增

強作用。如果延宕給獎，事過境遷，其影響力道可能遞減。在改進
方面，則必須提出具體的改進意見，適時調整志工工作，或者調整
督導重點，藉以引導志工逐步改善，共同完成工作評量的目的。

5-8 志工單位的績效評鑑

一、前言

在國內，對於志工個人的工作評量，實施的時間較早，實施的
範圍也較普遍。相對的，對於志願服務相關單位的績效評鑑，為時
較晚，尚未普及。

一九九七年，中央政府為激勵省市及縣市政府積極推展「廣結
志工拓展社會福利工作—祥和計畫」，首次辦理全國性的志願服務
績效評鑑，並於二○○○年辦理第二次評鑑工作。

到了二○○一年志願服務法公布之後，中央政府於二○○三年
對各直轄市及縣市政府推展志願服務的績效進行評鑑，並於二○○
四年起併入中央對於地方政府執行社會福利績效考核項下，同時辦
理志願服務績效考核。

約在同一時間，有極少數的縣市政府也依據志願服務法之規
定，開始對府內各局處推展志願服務的績效實施評鑑，例如台北
市、高雄市。另外，有較多的縣市政府對轄區內社會福利類志願

服務運用單位（即祥和計畫志工隊）辦理評鑑，例如台北市、高雄市、台中市、桃園市、台南市、屏東縣、花蓮縣。

事實上，無論志願服務的推展機關、運用單位、志工團隊，其志願服務績效評鑑，是環環相扣，也是上一級單位對其評鑑的績效之一，而且都與志工及志願服務承辦人密切相關，不能置身事外。

二、績效評鑑的重要性

對於志願服務的推展機關、運用單位、志工團隊等相關單位，進行績效評鑑，表面上似乎是基於行政需求，作為排名、敘獎、補助經費的依據。其實，從比較宏觀的角度看，志工相關單位績效評鑑的重要性不只如此，至少還包括：

1.檢視績效：通常，志工相關單位，在推展或運用志願服務之前，必須擬訂志願服務計畫，並於年度終了，提出成果報告。績效評鑑的主要目的，就在檢視志願服務計畫實施結果是否達到預期績效。

2.履行責信：志願服務的目的在於提高公共事務的效能，並增進社會公益，而不是為了謀取報酬，因之志工相關單位定期實施評鑑，可以向社會大眾證明其對志願服務是有信用地負起責任。況且，多數運用單位的志願服務工作，都曾接受上級政府補助、民間捐款或運用社會資源，其辦理成果如何？必須透過評鑑，呈現績效，俾有交代。

3.發現問題：志願服務評鑑大多著重於結果，而忽略過程。其

實，透過客觀的評鑑過程，可以發現受評單位未能察覺的一些問題，並提供建議，協助改進，這才是評鑑的最終目的。

4.樹立標竿：任何評鑑，事先都會訂出評鑑項目與評分標準，提供受評單位據以準備受評資料。有些主司評鑑的單位也會事先邀請受評單位共同研擬評鑑指標，或者公開說明如何準備評鑑資料。這些評鑑指標，正是受評單位必須努力達成的標竿，而被評鑑爲績優的單位，也往往成爲其他單位學習的榜樣。

5.累積經驗：評鑑是針對某段期間志願服務實施情況作一次總檢討，也就是透過評鑑，檢討過去，策勵來茲。其中，成功的經驗，繼續維持，精益求精；萬一有過失敗的經驗，也有助於記取教訓，避免重蹈覆轍。

6.建立制度：志願服務工作，包括招募、訓練、安置、督導、激勵等措施，都有一定的制度。績效評鑑就是針對這些措施加以檢視，有優點，給予肯定，如有不足之處，則列爲缺點或建議事項，以促使受評單位逐步改進，從而建立志願服務的制度。

由上述可知，績效評鑑不僅可以促使受評單位持續檢討、改進，而且有助於帶動整個志願服務的持續發展，其重要性已不待多言。

三、績效評鑑指標的建構

目前，台灣地區推展志願服務的機關，包括中央政府各部會、地方政府各縣市及其內部各局處室。至於志願服務的運用單位，實

際上就是志工團隊。以下僅就地方政府推展志願服務的機關（含目的事業主管機關），以及志工團隊的績效評鑑，各舉一例，略述其評鑑指標的建構：

1.志願服務目的事業主管機關績效評鑑的指標

就地方政府而言，志願服務的主管機關是縣市政府，目的事業主管機關是有運用志工的各局處室，主辦評鑑工作的單位是社會局。

以台北市爲例，依據台北市政府社會局辦理全市志願服務目的事業主管機關績效評鑑實施計畫，係由社會局聘請專家學者五人組成「志願服務評鑑小組」，並就評鑑項目研訂具體指標，據以進行評鑑。茲將其評鑑指標摘要如表5-8-1：

表5-8-1　志願服務目的事業主管機關績效評鑑的指標（摘要）

評鑑項目	評鑑細目	自評分數	委員評分
法制面	1. 志願服務獎勵辦法（或計劃）之訂定及進度（5分）		
	2. 志願服務評鑑辦法（或計劃）之訂定及進度（5分）		
	3. 設置專責（或兼辦）人力辦理志願服務業務（5分）		
	4. 編列預算或結合社會資源推動志願服務（5分）		
	5. 所屬單位每年度提報志願服務辦理情形（5分）		
訓練及宣導面	1. 統籌規劃所屬單位之年度教育訓練計畫（7分）		
	2. 志工基礎訓練之執行情形（8分）		
	3. 志工特殊訓練及其他教育訓練之執行情形（5分）		
	4. 擬定志願服務推廣、宣導計畫（5分）		
績效面	1. 志願服務推動績效（含運用單位志工人數及服務人次）（6分）		
	2. 志願服務會議與聯繫會報召開情形（5分）		
	3. 志工團隊資料建置情形（含運用單位及志工個人基本資料）（6分）		
	4. 志願服務證及紀錄冊發放管理情形（6分）		
	5. 志願服務考核評鑑之辦理情形（6分）		
	6. 志願服務獎勵表揚活動之辦理情形（5分）		
	7. 志工保險之辦理情形（6分）		
	8. 志工福利與聯誼活動推動情形（5分）		
	9. 社會資源聯結及運用情形（5分）		
創新項目	請列舉志願服務創新方案（另行計分）		

資料來源：台北市政府社會局志願服務目的事業主管機關績效評鑑實施計畫。

　　由表5-8-1可知，台北市政府對其所屬各局處推展志願服務績效評鑑的指標，包括四個層面：

⑴法制面：依志願服務法規定，各目的事業主管機關應訂頒之法規及其應辦事項之辦理情形，包括獎勵、評鑑、專人、預算或結合社會資源、填報資料等項。

(2)訓練及宣導面：即志工訓練及志願服務理念的宣導，包括辦理志願服務相關訓練、宣導及推廣志願服務的情況等項。

(3)績效面：即推動志願服務的具體績效，包括志工人數、服務數量、會議、資料整理、服務證及紀錄冊的管理、考核、獎勵、福利、社會資源運用情形。

(4)創新方案：即對於推動志願服務的創新作法。

這些指標，除了鼓勵受評機關對於推動志願服務方案，有所創新之外，幾乎都是依據志願服務法的相關規定而建構，其範圍相當狹窄。而且，這些評鑑指標的建構偏重專家取向，未能主動邀請受評機關相關人員共同參與決定。其實，推動志願服務的目的乃在協助運用單位推展相關業務，或擴大為民服務，應可酌增這方面的指標，並且提供機會讓受評機關參與指標的研訂，使評鑑指標更切合志願服務推動機關的實際情況。

2.志願服務運用單位績效評鑑的指標

在台灣地區，對於志願服務運用單位進行績效評鑑者，重點放在社會福利領域，此與社政單位曾經實施「祥和計畫」志工隊的評鑑或許有關，因而目前針對志願服務運用單位所實施的評鑑，實際上就是志工團隊評鑑。

以台南市為例，依據台南市志願服務運用單位推展志願服務工作評鑑實施計畫，其評鑑對象即為加入祥和計畫年滿一年之志願服務隊。此項評鑑的指標，係由社會局志工業務承辦人先擬定草案，經全市志

願服務隊聯繫會報討論後，再提第一次評審會議，由評鑑委員就評鑑指標及評鑑方式進行討論。其正式實施的評鑑指標摘要如表5-8-2：

表5-8-2　志願服務運用單位推展志願服務工作評鑑指標（摘要）

評　分　項　目	配　分
(一)志工運用情形（20%）	
1.志工招募	3%
2.志工基本資料之建立及更新情形	3%
3.志工教育訓練之辦理	5%
4.志工工作手冊訂頒情形	6%
5.其他	3%
(二)團隊組織功能之發揮（20%）	
1.團隊之運作情形及輔導機制	5%
2.社會資源開發及運用	5%
3.團隊服務目標達成之程度	6%
4.其他	4%
(三)志願服務管理制度建構（40%）	
1.志願服務證、志願服務記錄冊之發放、登錄管理情形	5%
2.年度計畫之擬定與核備	4%
3.志願服務績效證明發放情形	3%
4.志工福利辦理情形（包含聯誼、聚餐、戶外活動與保險等）	6%
5.志工考核辦理情形（包含考核、獎勵、表揚情形）	6%
6.志工幹部組織與會議	4%
7.經費、編列預算	3%
8.行政管理（各項行政、活動之檔案建立及管理情形）	5%
9.其他	4%
(四)服務績效（20%）	
1.服務成果	5%
2.創新方案的設計與執行成效	6%
3.配合目的事業主管機關各項工作	4%
4.其他	5%
合　計（100%）	

資料來源：台南市志願服務運用單位推展志願服務工作評鑑實施計畫。

　　由表5-8-2顯示，志願服務運用單位或志工團隊的評鑑指標，主要包括四個層面：

⑴志工運用：運用單位或志工團隊對於志工的運用情形，包括志工的招募、訓練、基本資料之建置、工作手冊之訂頒等項。

⑵團隊功能：運用單位或志工團隊發揮其組織功能的情況，包括輔導機制、社會資源之運用、團隊目標之達成等項。

⑶管理制度：對於志願服務法相關規定的執行情況，包括計畫之擬定及核備、服務證及紀錄冊之管理、會議、預算、檔案整理、考核、獎勵、福利等項。

⑷服務績效：運用單位或志工團隊的具體績效，包括服務成果、創新方案、配合目的事業主管機關的工作等項。

　　這些指標與中央政府辦理全國績優社會福利志工團隊選拔的評選指標大同小異。內政部所訂的評選指標，包括組織功能（25分）、服務績效（35分）、教育訓練（20分）、服務倫理與文化（10分）、其他（特殊貢獻、發展願景）（10分）。

　　比較言之，台南市的評鑑指標著重在志工的管理制度，占40分，並且重視志工團隊配合目的事業主管機關的各項工作，是其特色。但是，既然是績效評鑑，則服務績效所占分數20分應酌予提高，方為合理。另外，志願服務的倫理與文化，漸受重視，亦可考量將其列為評鑑指標。事實上，已經有一些縣市將「志工倫理」列

為志工團隊的評鑑指標，例如台北市於辦理社會福利類志願服務運用單位績效評鑑，志工倫理一項占10%。當然，志願服務運用單位或志工團隊績效評鑑，是地方政府的工作，各地情況不盡相同，仍應依其實際需求建構適當的評鑑指標。

四、績效評鑑的實施方式

志願服務推展機關、運用單位或志工團隊績效評鑑的實施方式，與前一單元所述志工的工作評量略有不同。因為志工工作評量的對象是志工個人，而相關單位績效評鑑的對象是組織或團隊，而且志工工作評量的工作，係由運用單位或志工團隊自行辦理即可，至於相關單位績效評鑑的工作，除了辦理自評之外，還要準備資料接受主管機關的評鑑。具體言之，相關單位績效評鑑的實施方式常須經過幾個階段，茲略述如下：

1.受評單位自評：接受評鑑的機關或志工團隊，必須依據評鑑主辦單位所公布的評鑑指標及相關規定，準備受評資料，裝訂成冊，並自行組成評鑑小組，事先進行自我評鑑，填寫自評分數。通常，志工團隊方面，在單位自評之後，必須先選出一定數量的績優團隊，以接受下一階段的評鑑。

2.初評（書面評核）：通常又分為資格審查與書面評審兩個階段：

(1)資格審查：是由各受評單位就評鑑項目實際執行的情形，提報書面資料，送至主辦評鑑工作的單位，依相關規定辦理資

格審查。例如志工人數未達一定標準、團隊成立年限不足、資料不全、資料逾期送達等，都可能被要求補件或淘汰出局，而資格符合規定者，團隊部分進入書面評審階段，機關部分直接進入複評。

(2)書面評分：志工團隊符合規定資格者，由主辦評鑑的單位聘請專家學者及志願服務相關代表組成評鑑委員會，進行書面評分，並決定一定數量的績優單位，接受複評。

3.複評（實地訪查）：符合評鑑資格的受評機關，或進入複評的志工團隊，由主辦評鑑的單位聘請評鑑委員到受評單位實地訪查。通常，受評單位必須先提出10 至15分鐘的簡報，並接受評鑑委員詢問及回答。另外，在現場必須準備相關資料的書面檔案或電子檔，供委員查閱，作為評鑑的佐證。必要時，評鑑委員也會要求受評單位相關人員在現場加以說明。

4.決審：召開評鑑委員會議，就複評結果，評定成績。有時，評鑑委員亦提出綜合評語，分別列出優缺點及建議，以供受評單位參考。

以上所列舉的實施方式，是針對縣市政府所辦理的志願服務評鑑而言，至於中央對地方政府推展志願服務績效評鑑，目前已併入年度的社會福利績效考核之中辦理，由相關的考核委員依據衛福部所訂考核項目及指標，實地考核，直接評分。至於中央實地考核之前，縣市政府是否辦理自評、初評、複評，由各縣市政府自行決定。

　　無論何種情況，透過上述評鑑方式，獲評為績優的單位，會由主辦評鑑的單位依據原訂評鑑計畫之獎勵措施，分別給予獎勵，或擇期公開表揚，以資鼓勵。

五、績效評鑑的原則

　　對於志願服務的推展機關、運用單位、志工團隊等相關單位進行評鑑，其基本原則與前述志工工作評量的原則，大同小異。不過，個別志工的工作評量是針對個人，相關單位的績效評鑑是針對組織或團隊，所以相關單位績效評鑑的原則應該從整體組織和團隊的立場著眼，包括：

　　1.受評單位對於評鑑指標有清楚的了解：評鑑單位應將評鑑指標事先告知受評單位，以便準備評鑑資料及相關事項。如果受評單位對評鑑指標不清楚，或另有意見，應有進一步了解或表達意見的管道。

　　2.評鑑的實施過程必須公平：評鑑委員應該利益迴避，同組委員並應全程參與，否則評鑑分數的核計，容易引起爭議。至於實地查訪及簡報的順序，可以抽籤決定，但受評的時間必須相等。

　　3.評鑑著重在工作而不是個人：志願服務績效評鑑的目的，是在檢視志願服務工作是否按照原定計畫進行？是否達到預期目標？有何問題或困難需要解決或改進？而不是針對某個機關首長、團隊隊長或志願服務業務承辦人是否盡職而評鑑。亦即對事，不對人。

　　4.評鑑應該在合作的氣氛下進行：評鑑委員與受評單位必須開誠

佈公，坦誠相待，在合作的氣氛之下，評鑑工作才得以順利進行，而評鑑的結果也才具有促使改進的作用。否則，評鑑委員百般挑剔，藉故找渣，或受評者刻意隱瞞，爾虞我詐，就失去了評鑑的意義。

5.受評單位應該有完成指定工作所需資訊和資源：評鑑目的是在於找出問題，以利改進，所以評鑑之前與之後，必須讓受評單位有充分的資訊和資源，可以成功地完成評鑑指標所指定的工作。否則，為評鑑而評鑑，如何能產生評鑑的作用？

質言之，志願服務相關單位的績效評鑑，是評鑑者與受評者雙向互動的過程，而其共同的目的，都在提高志願服務的績效。

六、結語

目前，在中央，只有衛福部對地方的志願服務主管機關實施績效評鑑；在地方只有直轄市政府對府內志願服務目的事業主管機關進行績效評鑑；在志願服務運用單位或志工團隊方面的績效評鑑，也只有社會福利領域首開風氣之先。至於中央衛福部以外各推展志願服務的機關、地方社會福利領域以外各類志工團隊，都有待積極規劃辦理其所屬機關或團隊的志願服務績效評鑑。

事實上，從辦理志願服務的經驗而言，對於志願服務相關單位進行評鑑，不僅是遵守志願服務法之規定，依法行政，而且對於志願服務的有效推展，以及志工團隊的有效運作，都有正向作用。麥克里與林區（McCurley & Lynch）就曾提出志願服務評鑑是一種

正向的RAP方法，目的在檢討過去（review the past）、分析現在（analyze the present）、計畫未來（plan the future）（李淑珺譯，2000）。可見，志願服務評鑑有其必要，應該擴大其實施領域。

第 6 篇

推展篇

　　志願服務是二十一世紀人類的重要資產，世界大多數國家都相當重視志願服務的推展。尤其，二○○一年，聯合國在各地推動「國際志工年」相關活動，而台灣也在這一年通過「志願服務法」，積極倡導及推展志願服務。

　　本篇內容包括：志願服務推展策略、公部門運用志工之探討、社會福利機構如何運用志工人力、志願服務與社會教育相輔為用、如何塑造志願服務文化、志願服務與臨終關懷等六個單元。這些單元只是舉例說明，指涉的範圍有限，其目的是希望運用志工的單位及承辦人能觸類旁通，靈活運用，逐步擴展其志願服務的廣度和深度。

　　其中，「社會福利機構如何運用志工人力」這個單元，對於運用志工的過程及實務問題有比較完整的探討。如果其他領域有意推展志願服務，似可參考。

6-1 志願服務的推廣策略

一、前言

近年來，台灣地區隨著經濟生活改善、政治民主深化、國民教育普及、社會價值多元，促使人們參加志願服務的人數日漸增多，而政府及民間單位運用志工的情況也日趨普遍。

但是我國國民參與志願服務的比率，較諸先進國家仍然瞠乎其後。如果，我們要躋身於現代化國家之林，除了持續發展經濟之外，對於人文關懷與服務文化的培養也不能忽略。其中一項具體作為，就是積極推廣志願服務，提昇志願服務的數量及品質。

二、推廣志願服務的相關政策

理論上，推廣志願服務對於個人、社會、國家都有許多好處，已不待多言。事實上，在政策面，推廣志願服務也是勢在必行的工作。其中，直接相關的政策，包括：

1.配合國際志工年的目標：二○○一年，是聯合國「國際志工年」，其所揭示的目標在於：增強認識志願服務、促進使用志願服務、建構志願服務網絡、倡導志願服務。我國雖然不是聯合國的會員國，但是作為國際的一份子，自然不能在國際志工年的相關活動中缺席，因而配合國際潮流，推廣志願服務，乃是時勢所趨，無庸

置疑。

2.因應志願服務法的實施：二〇〇一年一月，政府公布實施「志願服務法」，其第一條開宗明義說明立法的目的，是爲整合社會人力資源，使願意投入志願服務工作之國民力量做最有效之運用，以發揚志願服務美德，促進社會各項建設及提昇國民生活素質。

3.落實祥和計畫的推動：二〇〇一年十二月中央政府修正「廣結志工拓展社會福利工作—祥和計畫」，目的在鼓勵社會大眾秉持施比受更有福、予比取更快樂的理念，發揮助人最樂、服務最榮的精神；擁抱志工情，展現天使心，胸懷燃燒自己、照亮別人之德操，踴躍投入志願服務行列，積極散播志願服務種子，共同爲協助拓展社會福利工作及增進社會祥和而奉獻心力。

4.響應志工台灣的號召：二〇〇三年五月二十日，陳水扁在台北縣八里鄉樂山療養院做志工時表示，自從上任之後，便將「志工台灣」列爲全力推行的社會改造運動，同時，爲了能隨時提醒自己、警惕自己，在五二〇台灣志工日，暫時放下手邊的工作，擔任快樂的志工人，這是希望能夠拋磚引玉，號召更多的朋友加入志工的行列。他坦言「志工台灣」的道路十分長遠，而志工的工作也是永無止境的，誠摯盼望大家要有「一日志工、終身志工」的體認，積極鼓勵更多的朋友一起來響應「志工台灣」的運動。

三、向機構推廣志願服務的訴求焦點

推廣志願服務，涉及兩造：一是促使機構願意運用志工，二是鼓勵大眾願意擔任志工。其中，對於機構的訴求，必須告訴他們運用志工有何好處？包括（林勝義，1998）：

1.補充人力不足：機構員額的編制有限，適當地運用志工，可以補充一部分人力，協助業務順利推展。

2.輔助服務輸送：透過不同地區或不同類別的志工，可以協助機構將服務範圍擴及偏遠地區，服務更多的人群。

3.增進雙向溝通：志工來自社會各角落，可以作為機構與民眾雙向溝通的橋樑。志工一方面向機構反應民眾需求，一方面幫助機構行銷服務方案。

4.開創服務項目：機構可以透過不同專長的志工，開創新的服務項目。即使志工只是協助庶務工作，也可減輕專職人員的負擔，使其有時間和心力可以投入專業工作或研究發展。

5.強化社會資本：由於志工在服務過程自然流露出來的熱忱、親切，是機構的一種資本。而且，透過志工人脈，可為不同機構之間搭起橋樑，去除隔閡。

6.創造經濟價值：志工所替代的人力，或所輸送的服務，如折合人事費用，可因而節省經費，創造經濟價值。

四、向大眾推廣志願服的訴求焦點

　　為了鼓勵社會大眾擔任志工，必須告訴他們做志工有何好處？曾經有一位校長在退休之後做了十多年志工，提出了十項心得。這些心得也許可以作為鼓勵大眾擔任志工的參考（熊智銳，2000）：

　　1.做志工，經常勞動手腦身心，得到的是身體健康。

　　2.做志工，有事做，不閒散，不寂寞，得到的是生活充實。

　　3.做志工，不為名，不為利，得到的是心靈純淨和提昇。

　　4.做志工，表示自己有潛力，有價值，得到的是自我欣慰。

　　5.做志工，到處遊走，得到很多交朋友的機會。

　　6.做志工，隨時接觸新事物，得到很多學習成長的機會。

　　7.做志工，都在替別人做事，很容易得到別人的肯定和支持。

　　8.做志工，常和各式各樣的人交往，很容易成為通情達理的人。

　　9.做志工，身體健康，精神愉快，是家庭的安定劑。

　　10.做志工，終身學習，時時進步，是子女的好榜樣。

五、結合相關部門推廣志願服務的策略

　　目前，台灣推廣志願服務工作，遭遇到的困難是：民眾認知不清、配合經費不足、專業人力不夠、組織缺乏統整等。

　　二〇〇一年一月十四日，國際志工協會在荷蘭召開第十六屆年

會，通過「全球行動方案」，其目標乃在結合志工組織、政府、企業、教育界、媒體及其他相關部門的同心協力，創造一個有利的環境，使志願服務的重要性獲得了解與受到重視，並且找出開創性的辦法，鼓勵及支持民眾參與志工。茲參考其中有關推廣的方案，申言在台灣推廣志願服務的可行策略如表6-1-1：

表6-1-1　台灣推廣志願服務的可行策略

負責部門	推廣策略
志工組織	・強化現有志工的服務品質，塑造優質的志工形象。 ・為退休老人、家庭主婦、兒童、少年、身心障礙者，創造志願服務的機會，並協助他們克服參加志工所可能遭遇到的障礙。 ・找出使志願服務多樣化的方法。 ・包容社區中各種不同領域的志工。 ・善用新科技，讓民眾知道正在進行的志願服務活動。 ・主動向媒體提供有關志工活動、服務成果及和優秀志工的訊息。 ・運用有影響力的人，擔任志工代言人。 ・建立一個互動式志願服務資料庫。
政府	・建立志工獎勵制度，表揚績優的志工組織、志工計畫、志工團隊及個人。 ・提供經費及技術支援，協助志工團隊招募志工及運用志工。 ・每年十二月五日國際志工日定期舉辦志工慶祝活動。 ・推動公教人員擔任志工，作為大眾的榜樣。 ・開發新的科技，並鼓勵媒體發揮資訊的力量，喚起民眾關懷社區，服務弱勢。 ・廣泛收集及宣導志工的貢獻及溫馨感人的各種事例。
企業	・在營運政策上，將志願服務列入企業文化之中，塑造企業回饋社會的良好形象。 ・中高階主管率先投入志工服務，帶動員工參與志願服務的意願。 ・為員工提供有關志願服務的資訊，並訂定辦法鼓勵員工利用餘暇擔任志工。 ・邀請NGO代表或有經驗的志工前來演講，以增進員工對於志願服務的認知及參與的意願。 ・透過內部資訊，報導員工參與志願服務的事蹟。
教育機構	・訂定獎勵辦法，鼓勵學生參與社區公共服務或服務學習。 ・在相關課程及教材中，加強志願服務的認知及宣導。 ・鼓勵學校老師及學生家長參加社區服務，帶動社區志願服務的風氣。 ・學校教師主動協助社區志工團隊，規劃及推動志工計畫。 ・與志工團隊合作，對志工的服務成果予以肯定。

媒體	・經常報導志工運用單位、志工團隊及志工個人的優良事蹟。 ・定期找出志工努力服務的案例，予以深度報導。 ・宣揚志工對於提高公共事務效能及增進社會公益上所扮演的角色。 ・引導社會大眾以正確的觀念看待志願服務工作。 ・協助志工組織發展生動、有趣、多采多姿的志工事例，以吸引媒體報導的興趣。

資料來源：參考張菁分（2003），91年國內青年參與志願服務現況調查之附錄之一、二整理而成。

六、透過社會運動推廣志願服務的策略

推廣志願服務有一個比較高遠的理想，那就是希望志願服務能夠成為一種全民運動，每一個人都願意撥一部分時間來擔任志工，為有需要的人提供一些服務。

其實，對於志願服務風氣的營造，國內許多單位都曾經努力過。例如，在一九七○年代，全國義工總會、一日志工協會相繼成立，都曾經將該會成立當年界定為「志願服務元年」，意味著從此以後志願服務將全面展開，蓬勃發展。雖然當時也曾經引發熱烈的掌聲，可惜後繼乏力，如同曇花一現。

依據社會學的理論，一種社會風氣的養成，不是一朝一夕的功夫，也不是少數人所能為力，而必須經過長時間的醞釀，逐步形成一種「集體認同」（collective identity）。具體的說，可以透過社會運動（social movement）來營造某種社會風氣。

在諸多社會運動理論之中，資源動員論（the resource mobilization theory）頗適合用來說明如何透過社會運動來推廣志願

服務。茲略述其策略：

1.目標訴求：社會運動必須透過理念或目標的公開訴求，來凝聚志同道合的參與者，喚起大家為著共同的理想而奮鬥。因此，在推廣志願服務之前，必先建構一種明確的理念或目標，作為公開訴求的議題。例如，高雄市為迎接二○○九年世界運動大會在高雄舉辦，以招募一萬名志工來服務外賓為訴求，就是一個相當明確的目標。

2.參與人數：社會運動的參與者，必須人數眾多，而且有組織，則其對社會大眾的影響力勢必提高，而成功的機會也比較多。因此，志願服務的推廣，必須動員更多的志工夥伴與志工團隊，大家共襄盛舉，有組織、有計畫地推動某一項服務工作。例如，環境保護團體利用每年的世界環保日，動員台灣各地關心環境保護及生態保育的個人、團體、企業、機關、學校，以志願服務方式，分別在當地展開清掃、淨山、垃圾分類、資源回收等活動。這樣大規模的活動，比較容易引起媒體報導，達到擴大宣導及推廣的作用。

3.領導份子：社會運動需要一個優秀的領導人物或領導團體來帶動，以便發揮組織的功能，有效掌握整個推動過程的順利進行。因此，志願服務的推廣，也有必要邀請一個眾望所歸的領袖人物，來帶領志願服務向前行。例如，一日志工協會成立之時，邀請前行政院長孫運璿擔任榮譽理事長，其目的就是要借重孫院長的聲望，喚起社會大眾對志願服務的重視及參與。

4.財源：社會運動必須有足夠的財源，以便有效地擴大宣傳，吸

收新的成員加入，並影響那些未參與的人給予同情及支持。因此，志願服務的推廣也必須設法募集財源，或者爭取相關資源的贊助，才比較容易推動。例如，中華民國志願服務協會成立之後，積極爭取企業家的參與，禮聘他們擔任協會的理事長。而歷任長都能自願以企業盈餘撥款捐助協會，用以辦理志工訓練、獎勵、研發，對於全國志願服務的推廣，功不可沒。

5.時間：社會運動需要有時間的人來參與推動，如果參與者沒有時間，其持續性必大受影響。因此，志願服務的推廣，必須先動員那些比較有時間的人來參與，包括：家庭主婦、退休人員、大學生。例如，台灣地區許多社區發展協會，都能就地取材，邀請公務機關或學校的退休人員擔任志工，以協助辦理會務、財務、業務，效果良好。尤其，這些人對於社區有關資源回收、老人關懷、交通維護、守望相助等志工團隊的規劃及執行，貢獻良多。

6.外界支持：單打獨鬥的社會運動，效果有限。唯有透過組織的運作，或者爭取相關團體的支持，才能前後呼應，形成一股沛然莫之能禦的勢力。因此，志願服務的推廣，除了匯集志工團隊本身的力量之外，尚須積極爭學術界、民間團體及其他志願服務團體的支持。例如，美商保德信公司在台灣推廣青少年志願服務，設置「菁英獎」，以鼓勵青少年從事有創意的志願服務活動，就曾結合專家學者擔任獎項評審，並與聯合報、中國時報合作，藉以強化宣導效果，擴大影響層面。

7.溝通系統：社會運動必須運用大眾傳播媒體與資訊網絡，建

立有效的溝通管道，以利聯繫、協調、說明及宣導，從而凝聚團體意識，形成集體行為。因此，志願服務的推廣，不能忽略傳播媒體及資訊網絡的運作。例如，我國文化部每年會定期頒獎表揚優良的「文化義工」，在表揚之前就主動將志工的感人事蹟提供給媒體報導，而在表揚之後還將頒獎典禮的精彩畫面放在文化義工資訊系統，這對於推廣服務工作及塑造服務文化，都有正面的促進作用。

以上有關社會運動的七個要素，並不是各自獨立，而是相輔相成。政府機關、志工團隊及其相關單位在推廣志願服務的過程，不妨依據其各發展階段的實際需求，彈性參探，靈活運用。

七、結語

時序進入二十一世紀之後，促使人們開始思考在新的世紀應該有何種嶄新的想法與做法。其中，美國有些趨勢專家預測及倡導，在新的世紀應該發展出一種服務的道德觀，積極鼓勵社會大眾參加公共服務。

事實上，本文前面提及二○○一年，聯合國訂為國際志工年，台灣通過「志願服務法」，提倡「志工台灣」，其目的都在倡導及推廣志願服務。現在的台灣，無論運用志工的單位，或參加志願服務的人數，都逐漸增多，正是共同來推廣志願服務的大好時機。

綜合上述，志願服務的推廣策略，大致上有三個層次：首先是向機構與大眾推廣，希望多一些機構能運用志工，多一些民眾能加入志工行列；其次是結合現有的志工組織、政府、企業、教育機

構、媒體及其他相關部門，加強推廣志願服務的理念和行動；最後則是透過社會運動的方式，營造志願服務的風氣，使志願服務成爲每一個人生活的一部分。

總之，志願服務的推廣，是一種長遠的社會工程，需要關心志願服務的個人和團體，大家群策群力，有計畫性、有前瞻性，持續推廣，以期落實「志工台灣，活力社會」的願景。

6-2 公部門運用志工之探討

一、前言

印象中，民間的非營利組織較常運用志工，其實公部門運用志工參與公共事務也有一段相當長的時間。

在台灣，最早運用志工的公部門，是警察單位於一九六三年，首先成立「義勇消防隊」。目前，在中央機關之中，運用志工較普遍的部門，是公共安全、社會福利及教育文化，至於生態保育、觀光旅遊等部門則較少運用志工。同時，有些公部門的高層缺乏志願服務的認知，對於運用志工有所顧慮，擔心志工的可信度、害怕志工無法維護公務機密（歐育誠，2001）；而且，有些政府機關的公務人員也抗拒運用志工，認爲志工不易掌控，增加管理上的麻煩，害怕志工取代其工作，也擔心公務機關的醜聞被揭發（張英陣，2001）。

　　無論如何，政府的力量有限，民間的資源無窮，現代化的政府
為了擴大為民服務，為了提高服務品質，運用志工參與推動公共事
務，已然成為公部門必須慎重考量的要務之一。

二、公部門運用志工之理論

　　公部門是執行公共事務的政府機關，其存在的目的，就是要為
民眾提供各種服務，何以又要運用志工來參與公共事務？其理論
根據何在？早期的觀點是強調共同生產（co-production），近年來
則重視公民社會（civil society）與服務社區化（community based
service）。茲略加分析：

　　1.共同生產： 所謂「共同生產」，簡單的說，就是「生命共同
體」。政府的公務人員與鄰里組織、市民、社區組織之間，是一種
共生的關係，彼此必須合作，共同推動公共事務。因而民眾可以
基於自己的意願到公部門擔任志工，以協助公共事務之推動；而政
府亦可鼓勵民眾積極參與各種公共服務（林萬億，1992）。布魯聶
（Brudney,1990）認為共同生產模式有兩個優點：一是政府結合民
眾力量致力於公共事務，可在不增加經費預算之下，增強政府提供
服務的效能；二是政府提供民眾更多參與公共事務的管道，可落實
公民權，並改善民眾對於政府公務人員的觀感（張英陣，2001）。
不必諱言，政府之所以運用志工，其主要考量是財政因素，因而運
用志工來補充政府人力與財力之不足。但是，志工並不是免費的勞
力，政府運用志工也不是全然不必付出任何成本，至少應提供志工
訓練與獎勵表揚，彼此互惠，才得以發揮共同生產的效果。

2.公民社會：所謂「公民社會」，簡單的說，就是「大公無私的社會」，它是一種自由、開放、民主、平等的社會，有時也稱爲「市民社會」。顯然，「公民社會」不同於「私民社會」，公民社會反對一己之私。這種公民社會的概念，深受法國思想家托克威爾（Alexis de Tocqueville）的影響，認爲許多社會衝突不必由國家的層次來解決，可以由社團（association）在鄰里、工作場所及社區之中來達成公共目的，因而國家也應該將權力下放到地方（張英陣，2001）。基本上，公民社會是政府、企業與社會勢力均衡的社會，在這樣的社會之中，民眾可以積極參與社區事務，必要時則藉由獨立自主的中介組織向既有體制與官方表達不同的意見。相對的，官方或公共部門應該開放機會，鼓勵公民積極參與公共事務，包括參與直接服務工作，以及公共政策的決定。其中，在公部門擔任志工，從事志願服務工作，就是參與公共事務的一種重要途徑。

3.服務社區化：所謂「服務社區化」，簡單的說，就是「落實在地服務」，將需要服務或照顧的人留在社區（care in the community），並由社區熱心人士就近提供服務（care by the community）。自從一九八六年強森（Norman Johnson）提出「福利多元主義」（welfare pluralism）的概念之後，國家開始降低其對公共服務的主導角色，轉而增加工商企業、非營利組織及非正式部門分擔公共服務的機會。換言之，政府部門不再是公共服務的唯一提供者，而是由政府部門、企業部門、非營利（志願）部門、非正式（家庭、鄰里及社區）等四個部門，共同分擔公共服務的責任。在這種趨勢之下，政府必須結合民間的資源，共同推動公共事務。

其中，運用民間的人力資源的具體作法，就是運用志工參與公共事務。況且，在民主社會，政府凡事必須依法行政，對於公共事務的推動，尤其是對於偏遠地區、弱勢者的服務，往往因為法令規定的程序，造成緩不濟急或鞭長莫及的現象。此時，如果就地取才，運用當地志工，可以就近提供適切的服務，真正落實「在地人」為「在地人」服務。

除了上述觀點之外，社會融合（social inclusion）、終身學習（lifelong learning）、健康生活（healthy living）、積極老化（active ageing）等理論，也可以作為支持公部門運用志工的理論基礎。

三、公部門運用志工的功用

公部門運用志工參與推動公共事務，除了理論上有支持的理由之外，在實務上志願服務對於公共事務的推動也有許多功用，包括（林勝義，1998）：

1.輔助服務輸送：政府必須辦理的公共事務，種類繁多，服務的地區及對象相當廣泛，如果鉅細靡遺，事必躬親，不僅在經費與人力上不勝負荷，而且服務輸送的效率及效益也會受到影響。如果能招募志工，透過不同地區或不同類別的志願服務，將可協助政府延伸公共服務的範圍，擴及更多的社會弱勢或偏遠地區。

2.增進雙向溝通：有時候，政府精心規劃的服務事項，民眾並不知道使用；另一方面民眾迫切需要的服務項目，政府卻未能提供，以致招來民眾抱怨，這是供給與需求之間有了落差。如果政府部門

能夠運用志工，他們來自基層，來自社區，可以作為政府與民眾雙向溝通的橋樑，一方面向政府反應民眾的需求，一方面幫助政府行銷服務的方案。

3.開發服務項目：隨著社會快速變遷，民眾的需求不斷增加，以政府有限的經費與人力，要滿足民眾的多元需求，可能已經捉襟見肘，疲於奔命，遑論開發新的服務項目。政府如果運用志工，可以借重他們各種專長，在專職員工的指導及協助之下，開發一些新的服務項目，為民眾提供更好的服務。即使志工只是協助例行的庶務工作，也可減輕專職人員的負擔，使其有較多的時間，致力於公共事務的研究發展。

4.強化社會資本：政府處理公共事務，必須符合法令規定，並依一定的程序辦理，有時難免給人一種「官僚」的不良印象。政府如果運用志工，他們在參與服務的過程，自然流露出來的熱忱、親和、耐心，無形之中強化了人際的互動，拉近了政府與民眾的距離，形成一種正向的社會資本。同時，志工分散在各個部門服務，也在不同的部門之間搭起了橋樑，去除彼此的隔閡，間接累積了運用單位的社會資本。

5.創造經濟價值：雖然志願服務不是有閒者的專利，而是有心者的參與，但是政府運用志工，讓那些有空餘時間的人力用來協助公共事務，不致於投閒置散，事實上就是一種「勞務」（service）的生產，在經濟上有其價值。而且，運用志工的人力，每週以四小時計算，十五個志工約可抵充一個專職人力，其所節省下來的人事經

費，在經濟價值上亦頗爲可觀。

基於上述功用，公部門即使不缺經費與人力，也有運用志工的必要，因爲透過志工參與服務，有助於提高公共事務的效能，並促進社會公益。

四、公部門運用志工的模式

公部門對於志工的運用方式，通常是透過各種管道招募志工，然後組成志願服務團隊，展開相關的服務活動。但是，有些政府機關並不是親自招募志工，而是贊助非營利組織的志願服務方案，藉以推動相關的公共事務。

依據張英陣（2001）有關國內公部門運用志工之現況研究報告，目前台灣各政府機關運用志工的方式，大致上可歸納爲四種模式：

1.自組志願服務隊模式：由政府單位自行招募志工，組成志願服務隊，這是公部門運用志工最普遍的一種模式。例如總統府志工團、行政院志工服務隊、各縣市政府聯合服務中心志工隊、國家公園志工隊，以及公立圖書館、博物館、美術館、動物園、醫院、衛生所、社會福利機構等，大多數是自行組成志願服務隊。

2.整編民間志願服務隊模式：由政府鼓勵民間成立志願服務隊，或者將民間的志願服務團隊整編爲公部門的志願服務方案。例如，中央政府「廣結志工拓展社會福利—祥和計畫」，係由各縣市政府鼓勵境內原有的志願服務團隊，響應「祥和計畫」，協助推展社會福利相關服務，成爲祥和計畫志願服務隊，並在各縣市分別輔

導成立祥和計畫志願服務大隊，負責轄區內各志願服務隊之協調聯繫。其他，內政部消防署「廣結志工參與緊急救護工作—鳳凰計畫」、台北市政府「結合環保義工協助環保工作—天使計畫」，也是類似的運用模式。

3.準非營利組織模式：由政府單位成立財團法人或社團法人，並編列預算支助其招募志工，推展志願服務方案。例如，法務部的「財團法人犯罪被害人保護協會」及「財團法人台灣更生保護會」，係由政府編列預算，提供協會推展服務活動，而且協會的理監事大多數由政府主管部門的高階人員擔任，協會的主要幹部也是由政府的公務人員兼任。這樣的組織，雖然志工是由退休的公務人員或社會熱心人士所組成，其所作所為也是為了公共事務，但是經費及領導幹部由公部門支助，不是純粹的非營利組織，只能稱為準非營利組織。

4.委託模式：公部門為了推動某項公共事務，以契約方式委託非營利組織辦理，而且接受委託的單位在執行此項公共事務時，其主要人力資源是運用志工。例如，衛福部為了推動「社區健康營造」計畫，在各縣市衛生所或適當處所成立「社區健康營造中心」，並委託非營利組織來經營這些中心。這些非營利組織則以招募志工的方式，組成衛生保健志工隊，用以推展社區健康營造的各項服務。

本質上，這四種運用志工的模式，沒有「好」或「不好」的問題，只要適合於公部門的運作，而且有利於公共事務的推動，都可以在仔細評估之後，參採實施。

五、公部門運用志工的實務

公部門運用志工，必須建立制度，才能有效協助公共事務的推展。在建立志工制度方面，政府機關的作法與一般志工團隊的經營，其實是大同小異。其中，比較重要的實務工作，包括：

1.訂定志願服務的政策及計畫：公部門在運用志工之前，必須先有一個明朗的志願服務政策，然後再據以研訂志願服務運用計畫，作爲志工運用與管理之依據。同時，應依志願服務法之規定，將志願服務運用計畫函報主管機關備案。

2.依據機關需求評估招募志工：運用志工，必須配合業務需要，適時招募到適量的志工。通常，公部門的志工業務承辦人必須先聯繫內部各單位，徵詢其運用志工的需求情況，包括服務項目、人數、具備條件等，然後統籌招募，再將志工分配至各需求單位參與服務。

3.辦理志工教育訓練：志工有愛心、有熱忱，但不一定具備志願服務的理念及服務技巧，因而志工訓練有其必要。尤其公部門必須率先守法，依據志願服務法之規定，實施志工的基礎訓練與特殊訓練，並視實際需要，提供在職訓練的機會，協助志工成長及提昇服務品質。

4.輔導志工組成志願服務團隊：爲了發揮團隊功能，也爲了志工管理的需要，志工正式進用之後，運用單位必須輔導他們組成志工團或志工隊，以期透過志工自治的機制，有效地協助公共事務之推動。

5.指定專人負責督導及考核：依據志願服務法之規定，志工運用單位必須指定專人擔任志工的督導工作。雖然有關志工督導的任用資格，尚無明文規定，但是志工的異質性頗高，宜由具備志工管理知能的專職人員擔任，且應酌減其原有的職務負荷，以便有較多的心力投入志工的督導及考核。

6.提供適當的福利及獎勵：志工願意無酬參與公共事務的推動，其服務精神應受到肯定與支持。一般運用志工的單位，都會將志工視爲機關（構）的一份子，給予適當的福利，例如免費停車、獲贈出版品，必要時亦提供誤餐、交通津貼。至於服務表現優良的志工，則定期辦理績優志工的選拔及表揚，以資鼓勵。

上述項目，是任何運用志工的單位必要的措施，公部門更應確實執行，作爲民間非營利部門的典範。同時，公部門本身既是服務單位，又運用志工來協助公共事務，所以在運用志工的過程，似乎還應該針對公務機關的特質，加強某些方面的措施。例如，在招募上，鼓勵本機關員工利用公餘擔任志工；在管理上，加強志工人力資源資訊化；在運作上，加強公部門與私部門的聯繫與合作，共同營造志工社會。

六、公部門運用志工的疑慮問題

隨著經濟生活改善，民眾參與志願服務的人數逐漸增多；也隨著政治民主化，政府部門運用志工的情況日趨普遍。爲了有效運用志工參與推動公共事務，有一些可能引起疑慮的問題必須加以澄

清。這些問題包括：

1.運用志工是否減輕原有業務負擔？政府機關運用志工，並不是要替代一部分職員的工作，而且運用志工也不是完全不必任何成本。事實上，志工需要訓練，需要專人督導與管理，如果運用不當，可能徒增困擾，或者流失頻仍，必須經常招募、訓練，費時又費力。

2.運用志工是否影響職員工作機會？無論中外，都有職員反對運用志工，因為志工相對剝削職員的工作和升遷機會，甚至上級機關會因為志工的存在而縮減員額和經費。事實上，志工是民主化的產物，具有雙向溝通等多項功能，因此運用單位有必要加強職員對於志願服務的正確認知。

3.只有退休公教人員適合擔任志工？這個答案當然是否定的，事實上，只要有心，人人可以擔任志工，公部門除了鼓勵退休員工擔任志工之外，亦應開放管道，讓一般民眾有參與服務的機會。尤其，為了開發潛在志工，更應鼓勵兒童、青少年、企業人士等，一起投入志工行列。

4.不同領域的志工可否交流運用？這個答案是肯定的，先決條件是要逐步建立各類志工資料庫及聯絡網路，並且加強全國性或區域性志工組織的功能，例如透過祥和計畫志工總隊、中華民國志願服務協會，加強志工的聯繫與統整。

5.政府運用志工的最終目的何在？志願服務是一項社會工程，也

是心靈改革的具體作為,所以社會愈進步,參加志願服務的人口比率愈高。目前美國約有半數成人曾經擔任過志工,然而我國十五歲以上人口曾經參加志願服務者僅約18%,因此我國政府應加強推展志願服務,並由公部門運用志工做起,開啓示範作用。

七、結語

俗話說:「人在公門好修行」。無論是政府機關的公務人員,或者是公部門的志工,能夠參與公共事務的推動,就是一種服務,也是一種福分。因為在公部門服務的人,每處理一件公共事務,其實就是在幫助一群人,其影響至為深遠。

因此,公部門志工的運用,必須積極建立制度,以便有效地結合志工資源,擴大為民服務。

6-3 社會福利機構如何運用志工人力

一、前言

就人力資源(human resource)的觀點而言,志工與員工都是社會福利機構的重要人力。自從一九八〇年代,福利多元主義的興起,以及福利混合經濟的倡導,再加上「契約文化」引進社會福利機構的服務輸送,使得志工人力的運用愈來愈受到關注。

在台灣,二〇〇一年一月公布實施的志願服務法,開宗明義就

界定其立法的目的，乃在整合社會人力資源，使願意投入志願服務
工作之國民力量做最有效之運用，以發揚志願服務美德，促進社會
各項建設及提昇國民生活素質。而社會福利機構正是國家社會建設
的一環，必須有效運用志工人力，不言可喻。

尤其，二○○一年十二月中央政府修正「廣結志工拓展社會福
利工作—祥和計畫」，更強調其目的是為了激勵社會大眾，踴躍投
入志願服務行列，積極散播志願服務種子，共同為協助拓展社會福
利工作及增進社會祥和而奉獻心力。

有鑑於此，本文首先闡釋志工人力對社會福利機構的重要性，
然後扼要說明志工人力的運用過程、問題及對策，最後作簡單的結
語。

二、志工人力對社會福利機構的重要性

社會福利機構的服務範圍，相當廣泛。在縱的方面，涉及人生
的各階段，包括兒童、少年、婦女、老人、身心障礙者等服務；在
橫的方面，涉及生活的各層面，包括社會保險、社會救助、就業安
全、社會住宅及社區營造、健康及醫療照護等服務。在這樣廣泛的
福利措施，常常不是機構員工本身的力量所能承擔，而必須結合志
工人力以減輕負荷。尤其，民營的社會福利機構，如果沒有志工人
力，幾乎很難運作。

公、民營的社會福利機構，必須運用志工，不只在補充人力或
經費之不足，事實上對於福利輸送有其重要性，至少包括（林勝

義，1998）：

1.強化機構與服務對象的雙向溝通：社會福利機構的服務對象，以弱勢者居多，他們對於自己有何福利需求，往往缺乏自覺；對於福利機構可以提供何種服務，也常常缺乏訊息，或者不知如何使用。此時，運用志工，一方面協助機構將服務行銷至基層，使有需要的民眾可以充分使用；另一方面將民眾的需求反映給機構，使機構所規劃的福利方案更貼近民眾的需求。例如，高雄市社會局在各社區實施老人血醣檢測，即透過社區志工向其鄰居宣導，並引導鄰居的老人前來接受檢測，使此項福利服務得以落實。

2.擴展社會福利機構服務的對象：公營的社會福利機構，必須依法行政，其服務對象必須具備一定的資格。即使民營機構的資金是來自政府補助，或向民間募款，對於服務對象也有一定限制。如果運用志工，有時可以彌補社會福利制度化的缺點，為實際有需要者提供服務。例如，公民營社會福利機構對於獨居老人提供餐食服務，通常以低收入或中低收入者為限，至於那些非中低收入，但遭到不孝子女棄養的老人，有時可由有財力的志工認捐其餐食費用，或者透過志工人脈而動員當地教會、寺廟、熱心人士認捐，無形中擴展了服務對象。

3.增加社會福利機構的服務項目：社會福利機構的志工，可能對於弱勢者特別關心，希望能夠為他們多提供一些服務。加上志工有經驗、有專長，在機構專職人員的指導之下，可以擴展一些服務項目，為民眾提供更好的服務。例如，重陽敬老人活動，除了發放敬

老禮品、舉辦敬老晚會或園遊會等傳統活動之外，志工以其多元化的特性，可以透過腦力激盪，每年推出不同的敬老活動，包括敬老餐會、敬老書卡、關懷問安、選拔敬老楷模、老人走秀等，讓老人享受各種不一樣的服務。

4.提供更加貼心的服務方式：社會福利機構是提供福利服務的專業機構，專職人員常因專業的要求，必須依照一定的程序處理公務，難免給人一種官僚的印象。如果運用志工，他們沒有專業的束縛，可以依照服務對象的情況，彈性處理，無形之中給人一種親切、溫暖的感覺。例如，某兒童福利服務中心為了宣導兒童及少年性剝削防制措施，由該中心的志工隊員組成布偶劇團，巡迴各國民中小學演出，並邀請兒童及少年上台一起表演。這樣的做法，拉近服務提供者與服務接受者之間的距離，使服務更加有效果。

由上所述，社會福利機構即使不缺人力，也應該考慮運用志工，因為志工人力可以給機構帶來許多有用的資源。其實，運用志工人力，對於社會福利機構是一種投資。因為志工在參與服務的過程中，自然流露出來的熱忱，親和與投入，就是社會福利服務方案的最佳行銷者。況且，運用志工，每週以四小時計算，十五個志工約合一個專職人員的人力，其經濟價值亦頗為可觀，對於社會福利一向捉襟見肘的財務負擔不無小補。

三、社會福利機構運用志工人力的過程

社會福利機構對於志工人力的運用過程，與其他任何運用志工

的單位大同小異，大致上如圖6-3-1所列的步驟：

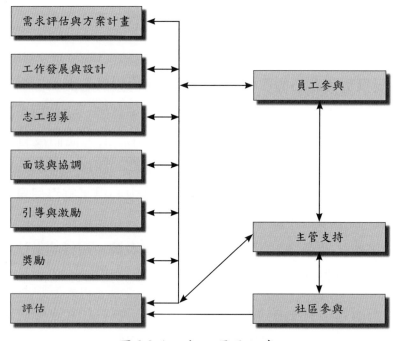

圖6-3-1　志工運用程序

資料來源：麥克里等著，李淑珺譯，2000，《志工實務手冊》，32頁。

　　在圖6-3-1 的左側，由上而下，依序是運用志工人力的主要步驟：

　　1.需求評估與方案規劃：在此階段，社會福利機構的志工管理者必先確定機構運用志工的目的何在？並且評估機構內部各個部門對於志工的需求情況，以便研擬運用志工的計畫，據以招募志工。如果機構在沒有仔細的評估及規劃之下倉促招募志工，可能招募不到

適當的志工，也無法在招募之後給予適當的工作分配。

2.工作發展與設計：在此階段，志工管理者應清楚將來志工來到社會福利機構之後，志工將可以協助機構做些什麼服務。因此，志工管理者必須與每一志工共同發展及設計工作職掌說明書（job description）。在工作說明書之中，分別列舉志工的服務項目、服務時間、服務地點、基本知能的要求、教育訓練內容，以及志工督導的人選，藉以協助志工明確了解自己的服務內容，並且在服務中自我成長。

3.志工招募：在此階段，主要工作是透過招募，找到機構預期的志工。因為志工有許多選擇的機會，社會福利機構也有各種不同的服務項目，因此對於潛在的志工，可以作一些市場區隔。也就是針對不同的招募對象，提出不同的訴求，例如，對於長青志工的訴求，可以放在樂齡學習或人力再開發；對於青少年志工的訴求，可以放在服務學習或體驗教育；對於單親志工的訴求，可以放在協助他人走過同樣的失落經驗。然後，根據這些訴求焦點，設計吸引人的海報、文宣或活動，並以最簡便的方式，接受報名，以確保在招募階段能找到適合及足夠的志工。

4.面談與協調：在此階段，是透過面談，來篩選出合適的志工。其實，面談是一種媒合（matching）的過程，其目的有二：一是讓機構了解志工的需求與期待，以便安排符合其需求與期待的服務項目；二是讓準志工了解機構預備安排的服務項目是否符合自己的期待。這樣，當面協調，使機構需求與志工期待相互配合，避免

雙方都投入一段時間之後，覺得不適合才離開，可能彼此都會受到傷害。尤其，第一次面談，機構是否留給準志工良好的印象，可能影響他決定是否在機構擔任志工的意願。因此，社會福利機構對於面談的安排必須慎重，無論接待、環境整潔、面談氣氛，都不能忽略。

5.引導與激勵：在此階段，主要是透過迎新與教育訓練，以引導志工及早進入志願服務的情境。其中，志工迎新說明會的目的，是讓志工了解社會福利機構的宗旨及任務，以及志願服務的運作情況。至於志工的教育訓練，則在協助志工充實服務必備的知識和技巧，並啟發其服務精神。否則，志工進到機構之後，不知為誰而戰？不知為何而戰？感受不到服務有何意義，很快就會打退堂鼓。再者，依據衛福部的規定，社會福利機構的志工，必須接受基礎訓練與特殊訓練，始能發給志願服務記錄冊及服務證，成為正式的志工。

6.獎勵：在此階段，是透過督導與激勵措施，協助志工解決服務過程中所遭遇的困擾或問題，使服務工作做得更好。通常，志工的管理者或督導人員必須提供行政支援、教育引導、情緒支持，以及適當的福利與獎勵，藉以激發志工持續參與服務工作的動力。如果缺乏督導與激勵，則志工可能變成一群沒有人關心的「孤兒」，只好自求發展，這就失去社會福利機構運用志工人力的原意。

7.評估：在此階段，透過志工的工作評量，協助志工檢討過去一段時間的服務成效，以便肯定自己的努力，或者改進自己的缺失，進而提昇服務的品質。志工管理者在完成工作評估之後，對於表現優良的志工，應該報請機構論功行賞，表達對志工的敬意和謝意。

至於表現欠佳的志工，則應加強志工督導與訓練，或者調整服務工作，甚至委婉辭退，以免影響其他志工的士氣，或者傷害到服務對象的權益。

此外，在圖6-3-1的右側，表示社會福利機構運用志工的整個過程，都需要機構員工的參與、機構主管的支持，以及社區民眾的共襄盛舉。尤其，機構管理階層是否支持，是運用志工人力成敗的重要因素，他們決定是否提撥經費支持志工方案、是否提供志工一個專屬的工作空間、是否提供志工適當的獎勵。如果缺乏高階管理的實質支持，往往讓熱心的志工及負責的督導感到心有餘而力不足（林明杰、張英陣，2000）。連帶著，志工人力的運用績效也可能受到一些不利的影響。

四、社會福利機構運用志工人力的問題及對策

站在人力資源的立場，志工人力的運用過程，可以歸納為：招募、訓練、激勵、維持等四個步驟。如果用比較通俗的話，就是對於志工人力，如何獲得他們（getting them）、裝備他們（preparing them）、激勵他們（stimulating them）、維繫他們（keeping them），以便社會福利機構可以在適當的時機，找到適當的志工，安排適當的工作，有效地協助機構推展各項福利服務。

檢視台灣社會福利機構對於志工人力的運用，最近幾年已經逐步建立制度，也展現出運用志工的績效。但是無論在志工的招募、訓練、激勵、維持，都還有一些問題或困擾，必須謀求因應對策。

以下各舉一例，藉觀一班：

1.志工人力需求不易預估的問題：在志工招募方面，有些機構只是大略估計所需志工的人數，缺乏進一步的資料，以致所招募的志工人力無法配合內部各單位的工作量。其實，對於志工需求的評估，應該設計一種結構化的調查表，詳列各單位、各時段所需志工的人數、資格、服務項目、服務內容、所需知識、技能等，並要求各單位核實填報，以確保志工人力的供需平衡，避免招募不足或過多。表6-3-1是有關志工需求調查表設計的一個案例：

表6-3-1　　○○機構各單位志工需求調查表

單位名稱						主管核章	
志工管理人						聯絡電話	
	時間	週一	週二	週三	週四	週五	特定時間
志工需求人數	8:30～11.30						
	13:30～16:30						
服務地點							
志工資格	年齡				學歷		
	專長				特殊條件		
	經驗						
服務項目	項目		服務內容		所需知識技能		
可提供之訓練	訓練項目				訓練內容		
志工管理之規定							
其他事項							

填表日期：　　年　　月　　日

2.志工教育訓練師資難求的問題：在志工的訓練方面，衛福部已經依據志願服務法之規定，訂頒社會福利類志工基礎訓練與特殊訓練的課程名稱，並邀請專家學者撰寫訓練教材。目前，實施志工訓練所遭遇的最大困擾，是師資安排的問題。尤其，偏遠地區或者規模較小的社會福利機構，幾乎都有良師難求的困擾。有時是找不到適當的師資來講授，即使找到，有時其所講授的內容與課程要求有所出入，或者在不同的課程卻重複出現類似的內容。另外，有些授課教師偏重理論，滿口學術名詞及外國語文，使受訓志工像「鴨子聽雷」、「霧煞煞」，其訓練效果也不如預期。論其因應對策，不妨參考下列做法（林勝義，1997b）：

(1)直接尋找：可以從附近大學教職員名錄、志願服務協會師資檔、志願服務相關期刊論文作者著手，直接洽請。

(2)間接尋找：向當地政府相關局處、學校輔導室、志願服務團體、其他曾經辦理志工訓練的機構或團隊接洽，請其擇優推薦。

(3)就地取才：師資之延聘，最好是就地取材，儘量由住在本地或附近地區的師資來擔任，以期授課內容能與實際需求密切結合，並取其聯絡及接送之方便。

(4)誠懇邀約：通常願意擔任志工訓練的師資，其本身或多或少都有志工的一些人格特質：熱心、投入、肯犧牲、好商量。因此，只要承辦人誠懇邀約，除非其時間衝突，否則多半會欣然答應，前來擔任講師。

(5)提早作業：師資洽定之後，應該提早聯絡講課老師，請其提供講義或簡報資料（ppt），以便發給受訓學員預習。如果發現講師所提供的資料與機構的預期有所落差，或者與其他課程有所重複，亦可委婉表達機構的期待，請其調整。

事實上，大家都知道任何教育訓練有無成效，師資的良窳是其關鍵。套一句股市名言：「好的老師，直接帶你上天堂；不好的老師，直接帶你住套房」。同樣的道理，好的老師可以透過教育訓練而帶領志工漸入佳境，不好的老師則可能影響志工持續服務的意願而中途流失。

3.志工不願接受工作評量的問題：在志工的激勵方面，社會福利機構通常是依據志工的服務情況，包括服務年資、服務時數、出勤記錄等，而給予適當的獎勵，以示肯定，並激勵士氣。近年，也有一些機構開始實施志工工作評量，但是許多志工對於「評量」或「評鑑」相當排斥。有些志工認為他們是自願前來服務，而反對機構透過工作評量來管制他們；另外有些志工則懷疑機構不信任他們，才藉由工作評量來決定他們的去留。為了消弭志工對於工作評量的反感，以落實志工評量工作，其因應對策包括：

(1)知後同意：社會福利機構的管理者，可以利用面談或志工訓練的時機，向志工說明工作評量的目的及實施方式，並徵得多數志工同意之後，付諸實施。

(2)參與規劃：對於志工工作評量的規劃設計，包括評量項目、配分比重、實施時間、實施方式，以及評量結果之運用等，

應該開放機會，讓志工代表參與規劃。或者，在規劃之前舉辦公聽會，接納志工建言，使評量更貼近實際情況。

(3)自我評量：在實施機構評量之前，增加自我評量的機會，以協助志工自我檢討，自我改進。同時，鼓勵志工自己跟自己比，不斷地追求自我成長。

(4)保持客觀：社會福利機構的管理者，對於工作評量的規劃、實施，以及評量結果的解釋、運用，都應保持客觀、中立，以建立公信力。

(5)賞罰分明：志工工作評量的最終目的，乃在協助志工改善服務品質，以確保服務對象能夠真正得到幫助。因此，對於工作評量優良的志工，應予適當的獎勵，以樹立榜樣。至於評量欠佳的志工，亦應助其改進，或者調整工作，以免引起其他志工的不滿。

4.志工服務工作缺乏規劃的問題： 在志工的維持方面，有些社會福利機構的志工流失率偏高，需要經常辦理志工招募以補充新員，其中一個原因是志工進入機構之後，不知道要做什麼？而督導人員也不知道應該安排志工做什麼？如果臨時找一些單調乏味的庶務性工作給志工，可能一陣子之後志工就待不下去了。論其因應對策，為每一個志工設計一份「志工職掌說明書」，是一個有效的工具，一方面可以協助志工了解自己的服務內容，另一方面透過職掌說明書的定期修改，讓志工了解自己在服務當中有所成長。可惜，國內的社會福利機構很少運用志工職掌說明書來規劃志工的服務工作。

表6-3-2是有關志工職掌說明書的一個案例：

表6-3-2　○○機構志工職掌說明書

工作職稱	關懷組志工		
服務時間	星期一上午8:00～12:00，計四小時。		
服務地點	本會二樓服務台。		
服務對象	1.本會已結案會友及其家屬。 2.申請本會獎助學金之新個案。		
服務項目	1.關懷個案現況（家庭狀況、就學、就業、就醫等）。 2.評估個案需求，擬定後續追蹤服務的方案。 3.家庭訪問及關懷服務。		
達成目標	1.每月電話關懷服務，至少一次。 2.每次值班服務量，至少二人次。 3.完成本年度新入學個案的就學狀況追蹤。 4.完成本年度申請獎助學金的開案評估。		
評量方式	1.服務量評量，每人每年達三十人次。 2.績效評估表，績效評估達八十分。		
具備資格	1.需接受本會職前訓練。 2.需接受關懷組在職訓練。 3.需有傾聽及溝通的能力。		
需配合的行動	1.遵守個案保密原則。 2.每次值班後接受督導。 3.定期接受在職訓練。 4.學習服務的相關資訊。		
福利	依本會志願服務團組織章程之規定。		
督導人員	社工師○○○	電話	（02）2507-xxxx

資料來源：自編。

五、結語

　　志工，通常被視為一種資源，相信社會福利機構之所以運用志工人力，也是希望為機構增加一些資源，而使業務推展更有績效。

　　但是，志工能否成為一種資源，還要看機構能否妥善運用。否則，「原料」進來之後，不能轉換成為「產品」，可能就變成「廢棄物」，令人頭痛。

　　為了避免志工成為機構裡令人頭痛的人物，而能成為機構最好的夥伴、最有效率的盟友，則志工督導或管理者，必須掌握運用志工每一個階段的經營要領。尤其，對於志工的招募、訓練、激勵、維持等方面經常遭遇的問題，包括志工人力需求的評估、志工訓練講師的尋求、志工工作評量的落實、志工職掌說明書的使用，都應及早謀求因應對策，使志工人力真正成為社會福利機構的有利資源。

6-4　志願服務與社會教育相輔為用

一、前言

　　有一年，台灣獅子會決定頒發「金獅獎」給當時中央研究院李遠哲院長，表揚他對社會的貢獻，同時獲獎的還有長期從事志願服務的名演員陳淑麗小姐等十三人。李院長在頒獎典禮代表受獎人致詞時表示，他原先拒絕接受這個獎項，後來評審委員會主任委員邱創煥親自到中央研究院看他，懇切地告訴他，頒獎給他，是希望借重他的聲望給社會大眾更大的鼓勵，所以他才勉強接受。

　　由這件事顯示，民間服務性社團—獅子會，至少做了兩件事：一是倡導服務，改善社會風氣，也就是推展志願服務；二是倡導教育，擴大影響層面，也就是推展社會教育。也許，獅子會所推動的服務項目不止於此，但是其所堅持的理念是「我們服務」，其做法

是「與人爲善」。這種理念和做法，事實上就是志願服務的精神，令人欽敬，更值得學習。

相信運用志工的單位，以及參與志願服務的志工，必然希望其努力服務，能引發社會各界更重視志願服務工作，並且帶動更多的熱心人士加入志願服務的行列，共同幫助有需要的人群，使我們的社會更加溫馨，更加祥和。質言之，從事志願服務工作，不能忽略它的社會教育作用，志願服務與社會教育應該可以相輔爲用，相得益彰。

二、志願服務與社會教育相近之特質

志願服務的定義很多，最簡單的說法，志願服務是一個人在本分工作之餘，自願奉獻餘時、餘知和餘力等，服務他人，也使自己不斷成長。

至於社會教育的定義，可以解釋爲：一個人離開學校之後，自動學習新的知識、技能、態度和行爲，使自己不斷成長，並用以服務他人。

由上述簡單的定義，我們不難發現志願服務與社會教育兩者之間，有一些相近的特質：

1.在本質上相同：兩者都是出於自願，而非外力所能強迫。就志願服務而言，一個人在工作之餘，本來正可好好休息，享受清閒，如今卻又奉獻時間和心力去服務他人，而且不計較報酬，這完全是基於自己的自由意志，心甘情願，投入服務。因此，有人認爲從

事志願服務工作,是「甘願做,歡喜受」。就社會教育而言,它是一種繼續教育,一個人在離開學校之後,本來正可以擺脫那種「三更燈火五更雞」爲了準備考試而晨昏顛倒的夢魘,現在卻又重拾書本去參加父母成長團體,就讀社區大學、長青學苑,或者參加其他社教活動。這也是出於自願,不同於國民教育可以強迫其入學。所以,無論參加志願服務或社會教育,都是自動自發,不須要別人在後面催促。

2.在對象上類似:兩者都是以全民爲對象,並優先著重於弱勢族群。就志願服務而言,它是在幫助有需要的人解決困難或化解危機,所以只要有人需要協助,志工都會欣然投入,眞誠提供服務,不因個人的好惡而有不同的對待方式。尤其,對於老弱婦孺,以及鰥寡孤獨廢疾等弱勢族群,通常會優先給予服務。就社會教育而言,它是一種全民教育,只要有繼續學習的意願,人人可以參與社會教育,終身學習。目前,社會教育的對象著重在成人基本教育(包括外籍配偶的識字教育)、婦女教育和老人教育,這些人可能家庭經濟因素或居住環境的限制,從小失去就學機會,或者未能充分參加學習活動,因而處於教育不利的地位。雖然,志願服務或社會教育,在理論上應該以全體國民爲實施對象,實際上則可能考量其輕重緩急,先以最需要幫助的弱勢族群爲重點對象,以符合社會正義。

3.在時空上相近:兩者都是隨時可參加,處處可展開。就志願服務而言,無論白天或夜間、假日或非假日、兒童時期或老人時期,一個人只要有愛心,有能力,隨時都可以幫助他人。再者,無論

在福利機構、環保單位、勞工組織、社區、醫院、學校、社教機構及其他任何場域，一個人只要有意願，有能力，處處都可以展開服務。就社會教育而言，它是一種終身教育，一個人自幼到老，都可以繼續學習，也就是我們常說的「活到老、學到老」。同時，社會教育的場所是廣泛的，在學校內或學校外，在地面或空中，都有接受教育的機會，例如空中教育就是透過傳播媒介將教育送上門，即使是窮鄉僻壤，也可以無遠弗屆。因此，無論參加志願服務或社會教育，只怕站，不怕慢，隨時可以著手，不必猶豫或觀望，而且到處都有機會，端視自己是否及時把握。

4.**在目的上相容**：兩者都在實現自我，改善生活品質。美國人本心理學家馬斯洛（Maslow）認為人的基本需求有五個層次：依序為生理的需求、安全的需求、愛與被愛的需求、自尊與被尊的需求、自我實現的需求。就志願服務而言，是在我們滿足生理需求與安全需求，衣食無虞之後，發揮愛心，誠懇助人，因而容易受到他人敬愛與尊重，更由於志工的真心奉獻，行善助人，而使得社會更加美好。就社會教育而言，它是一種生活教育，是我們在滿足物質生活之後，繼續參加各種學習活動，以探求知識真理，提昇審美觀念，最後止於至善。所以，參加志願服務或社會教育，其目的乃在追求一種高層次、高品質的生活滿足，實現自我理想，使得我們所處的社會，更真、更善、更美。

三、志願服務對社會教育之貢獻

近年來，國人參加志願服務的人數愈來愈多，服務的層面也愈來

愈寬廣。其中，志願服務對於社會教育的推展，主要有下列貢獻：

1.志工的投入增加社會教育資源：根據教育部一項有關社教機構需求調查結果顯示，台灣地區約有76.6%的社教機構感到人力和經費不足，補救之道是結合民間力量，爭取民眾參與。其具體做法，一是運用志工協助社教活動的推展，二是鼓勵民間捐款，成立基金會，以基金孳生利息，辦理社會教育活動。其中，志工的積極參與，可作為社教機構與社會大眾的溝通橋樑，一方面透過志工，反映社區的需求給社教機構，使得社教活動的規劃辦理，更能貼近民眾生活；另一方面，由於志工的投入，帶給社教機構嶄新的動力，促使社教活動更生動有趣，有形無形都增加了社會教育的各類資源。

2.志工訓練帶動民眾學習風氣：一般而言，運用志工的機構，在招募志工之後，都會辦理一系列的志工訓練，包括基礎訓練、特殊訓練，以及定期或不定期的在職訓練，藉以充實志工的服務知能，提高服務效果。根據中央政府近年委託社會大學辦理全國志願服務調查，推估全國1300萬成人之中，有16%，約208萬人曾經擔任志工，這些志工不斷接受訓練，直接間接帶動成人學習的風氣，對於「學習社會」（learning society）的形成，不無貢獻。尤其，台灣於二○○一年通過志願服務法之後，規定志工必須參加12小時的基礎訓練，其本身就是一種成人學習，也是一種社會教育。

3.促使工商企業贊助社教活動：台灣地區經濟快速成長之後，國人生活改善，許多工商企業基於「取之社會，回饋社會」的理念，

踴躍贊助公益事業，不但帶動志願服務的推展，也促使社會教育的活絡。舉例言之，中華民國志願服務協會與台北市志願服務協會，有一群熱心公益的企業家，出錢出力，致力於倡導志願服務工作，推動志願服務教育訓練。其他工商企業成立文教基金會，更不計其數，對於社會教育的推動，貢獻良多。如眾所知，台南奇美集團大力贊助文化與教育活動，就是其中顯例。

4.獲致政治領袖的重視：由於志願服務的推廣，已經為社會風氣帶來正面影響，對於落實社區文化，建立祥和社會具有積極作用，因而屢獲社會各階層政治領袖的肯定和支持。例如，總統及行政院長曾多次接見獲得全國性志願服務績優的個人與團體，包括金駝獎、文化義工金質獎、推動社教有功等類志工，這對於獲獎志工是無上的榮譽，對於社會教育的推展尤具鼓舞作用。

四、從社會教育檢視志願服務的問題

志願服務與社會教育兩者，特質相近，休戚相關。因此，我們也可以從社會教育的觀點，檢視志願服務目前所面臨的一些問題，進而提出改進對策。

1.志工的參與率偏低：從社會教育是一種全民教育的而言，理想的志願服務應該是一種全民參與的社會運動。奈何國人參與志願服務的人口，占總人口的比率仍然偏低。依行政院主計總處（2000）所發布的調查報告，台灣地區十五歲以上民眾在一年內曾參加義務性工作者，約占18%。這種情況，與美國十五歲以上居民有56%以

上做過志工的情況相互比較,似乎瞠乎其後,難望項背。

2.志工的流失率偏高:從社會教育是一種終身教育的觀點而言,理想的志願服務,應該是「一日志工,終身志工」。然而衡諸實際,運用志工的單位經常為志工流失所苦,有的單位志工流失率高達20~30%,必須經常辦理志工的招募與訓練,無形中增加運用志工的成本。當然,志工流失的原因很多,如果從參與志願服務的動機申言,主要原因包括:

(1)缺乏成就感:由於服務工作單調,無法滿足其充實精神生活的動機。

(2)缺乏滿足感:由於缺乏成長機會,與原先的期待不符。

(3)缺乏歸屬感:由於志工之間沒有深入交往,不能滿足其結交朋友的動機。

(4)缺乏認同感:由於機構員工與志工的溝通欠佳,志工對機構不了解,感覺上機構只知利用免費人力,而不知如何有效運用志工人力。

3.志工的教育訓練難以落實:從社會教育是一種繼續教育的觀點而言,理想的志願服務該是機構志工都能體會終身學習的重要性,了解志工訓練有助於澄清服務理念、精進服務技巧、提高服務效果,而願意持續參加訓練或自我學習。但根據實證調查,有些志工只願意參加服務,而不願意參加訓練,或者對於志工訓練的實施,認為偏重理論、單向傳授、缺乏互動,而不想繼續受訓。再者,運

用志工的單位在辦理志工訓練也遭遇許多困擾，包括（林萬億，1993）：

⑴志工的出席率不佳，造成訓練資源浪費。

⑵不知提供何種訓練內容。

⑶找不到適當的師資。

⑷不知採取何種訓練方式較好。

⑸志工的水準參差不齊，難以訓練。

4.志工的獎勵有待改善：從社會教育是一種生活教育的觀點而言，理想的志工獎勵應該是論功行賞，發揮啓示作用，一則肯定志工的努力，激發其持續服務的動力；二則啓示他人，帶動更多的民眾投入志工行列。不過，目前有關志工獎勵仍有相當大的改善空間，包括：

⑴獎勵名目繁多：全國性的獎項就有金駝獎、文化義工獎、社教有功獎、環保義工獎，這些獎項之中又各分類。至於各運用單位頒發的獎項，更有全勤獎、資深獎、貢獻獎等等，不勝枚舉。

⑵獎勵對象重疊：有些資深的志工，被重複推薦獲得各類獎項，錦上添花，得獎者不覺珍貴，卻又占去有限的獎勵名額，排擠其他志工得獎機會。

⑶頒獎典禮簡單欠隆重：得獎的人數眾多，頒獎的人也相對增

多，在有限的時間之內必須完成頒獎儀式，難免有缺乏隆重之感。而且獎項太多，也引不起媒體報導的興趣，獎勵的啓示作用有限。

五、從社會教育觀點看志願服務之改進途徑

無奈的批評，或無情的嘲諷，最多只是挖掘了志願服務的問題，並沒有提出處方。以下從社會教育的觀點對志願服務提出一些改進的途徑：

1.利用社教活動以開發志工資源：志願服務的參與率偏低，主要原因可能是社會大眾缺乏相關訊息，不知道爲何要參加志願服務？不知道如何去參加志願服務？論其改善之道，不妨利用各種社教活動的機會，傳佈志工招募的訊息，或者邀請現場志工現身說法，向參加活動的民眾說明其擔任志工的心得和樂趣，提供參加志願服務的管道和相關資訊，並主動邀請在場民眾報名參加機構的志願服務。此外，如果能從學校教育與家庭教育的途徑，培植潛在的志願服務人口，更是一種可長可久的扎根工作。其具體做法：

⑴鼓勵家長實施家事分工，讓家人養成勤勞習慣和服務精神。

⑵在中小學實施「服務學習」（service-learning），鼓勵學生運用所學知能，參與社區的志願服務。

⑶在大專院校開設「志願服務」，作爲選修課程或通識教育。

2.運用大眾傳播以宣導志願服務理念：現代社會是傳播的社

會，每人每天都會接觸一種以上的傳播媒體。無論廣播、電視、網路、報紙、雜誌，不但傳播速度快速，其影響層面亦相當深遠，可以說是社會教育的重要媒介，也是宣導志願服務的有利工具。為了志願服務人力的開源與節流，我們不妨將志願服務的重要活動，或者志工的優良事蹟、感人故事，主動提供給媒體，廣為傳播。至於行銷技巧，則可選擇在例假日較缺新聞的時機，舉辦富有趣味性、新奇性的志願服務活動，藉以吸引媒體採訪報導，而達到宣導志願務的效果。

3.運用社教方案以強化志工訓練：社會教育是一種有目的、有方法、有步驟的教育活動。為了解決志工訓練的困擾，不妨參考社教活動的方案設計來規劃志工訓練 。其具體做法：

(1)在訓練之前辦理志工需求評估，並邀請志工代表參加訓練課程的規劃，根據志工需求擬訂訓練內容，使志工受訓後能很快地進入服務的情境。

(2)參考社會教育多元化的方法，視實際情況的需要，彈性運用專題演講、陪席座談、分組討論、參觀訪問、角色扮演、競賽活動、書刊閱覽等方式，實施志工訓練。

(3)志工訓練的師資，可以由專家學者、機構人員、資深志工分別擔任，如此，師資不足的困擾應可獲得紓解。

(4)除了基礎訓練與特殊訓練之外，尚可參考祥和計畫志工隊的志工訓練模式，在基礎訓練與特殊訓練之後，增加成長訓練

與領導訓練，循序漸進，協助志工終身學習，持續成長。

4.加強志工獎勵以發揮社教功能：無論獎勵堅守服務崗位的資深志工，或者表揚服務認眞的優良志工，都具有社會教育的啓示作用，也具有推廣志願服務的標竿功能。同時，爲了避免各類志工獎勵淪爲氾濫之譏，我們鄭重呼籲志願服務中央主管機關能在所訂頒的「志願服務獎勵辦法」中，統籌規劃全國性志願服務獎勵的名目，提高獎勵位階，擴大頒獎規模。庶幾受獎志工人人都是實至名歸，稱頌鄉里，而社會大眾也可以引爲志工榜樣，仿傚學習，蔚爲志願服務的風氣。

六、結語

志願服務與社會教育，息息相關，可以相輔爲用。辦理社會教育，有賴志願服務提供人力資源；而推展志願服務工作，也可以借重社會教育活動來解決一些問題。

志願服務是一種助人的工作，助人工作的倫理是一種信任的倫理。在這種倫理規範之下，無論是運用志工的單位，或實際參加志願服務的志工，除了對本分工作盡心盡力，克盡職責之外，他還有一個社會責任，那就是傳承志願服務的經驗，擴大志願服務的影響，激發更多的民眾一起參與志願服務。

總之，志願服務與社會教育縝密結合，相輔爲用，始有利於祥和社會的營造，以及全民福祉的促進。

6-5 如何塑造志願服務文化

一、前言

本世紀第一年，二〇〇一年，聯合國訂為「國際志工年」（International Year Of Volunteers），其目標在增強認識志願服務、促進使用志願服務、建構志願服務網絡及倡導志願服務。

同一年，台灣公布實施「志願服務法」，其目的在整合社會人力資源，使願意投入志願服務工作之國民力量做最有效之運用，以發揚志願服務美德，促進社會各項建設及提昇國民生活素質。

推究聯合國積極倡導志願服務，以及我國強調發揚志願服務美德，其共同的用意，無非是希望在邁入新的世紀之後，能促使更多人養成自我奉獻的新道德，，志願參加公共服務，進而形成一種志願服務文化。

其實，有關於志願服務的美德，可以不假外求，台灣早期就有許多善行義舉，值得發揚光大。例如，在台灣光復初期，結婚喜宴大多在自宅舉行，並由鄰人互借桌椅、碗盤，即使自己在家裡要站著吃飯，也會提供桌椅，幫助鄰人順利辦妥喜宴。其他諸如插秧、割稻、整修屋舍，也都是大家「相幫伴」—以輪流的方式相互幫忙。這些，可以說是台灣最原汁原味的服務文化，目前在鄉間、離島、原住民部落，有時還可以感受到這種濃郁的服務美德。

不過，現今台灣的政經環境已經發生急遽變遷，志願服務必須

有所因應。在政治上，台灣由威權邁向民主化，強調高品質的服務；在經濟上，台灣由農業邁向工業化，強調企業文化。至於志願服務方面，也由早期的助人、互助，逐漸擴及社會議題的倡導及參與，志工相繼進入公部門、非營利組織及社區，參與各種公共事務的服務工作，而且也出現了企業志工。面對這樣的變遷，志願服務運用單位或志工團隊的領導者或管理者，應該也有一種新的使命感，就是將傳統的志願服務美德加以發揚光大，進一步塑造服務文化，提昇服務品質。

「他山之石，可以攻錯」，也許我們可以從其他領域塑造服務文化的一些做法，探討志願服務文化的塑造途徑。本文乃參考企業文化與社工專業文化的相關措施，從樹立服務觀念、建立服務態度及行為、加強志工服務訓練、實施服務品質管理等四個層面，申述如何塑造志願服務文化。

二、樹立正確的服務觀念

志願服務文化，是服務領域的一種文化，服務文化的塑造，不是短時間可以做到，必須長時間推行，經過潛移默化，形成組織中每一個人的共識，並且視為理所當然，必須如此，而不是嬌揉做作，刻意表演。

換句話說，在形成服務文化的過程中，組織中的每一個人，從高階的領導者到第一線的服務人員，都必須參與其中。領導者在這樣的任務中，占有舉足輕重的地位，他必須訂定大方向，提出服務

的價值觀,並促使此種服務觀念付諸實施。

本質上,志願服務是出於個人自由意願,而且以服務利他爲宗旨,必然有其追求的基本價值或核心價值。在志願服務核心價值之中,經常被提出討論的重點,包括:多元(diversity)、以學習爲基礎(learning-based)、以社會正義爲焦點(social justice focus)、合作(collaboration)、互惠(reciprocity)。據此申言,志願服務團隊的領導者在樹立正確的服務觀念時,可以從下列項目去考量:

1.歡喜服務:參加志願服務是出於個人的自由意願,而不是外力所能強迫。通常,志工可以有多元選擇的機會,包括對服務機構的選擇,以及從機構眾多服務項目之中選擇一、二項來做。既然是「選擇你所愛」,就應該「愛你所選擇」,抱持「歡喜做、甘願受」的觀念,只要機構或服務對象有需要,就歡歡喜喜地服務。志工喜歡服務,服務才會受到歡迎,也才比較有服務績效。

2.服務學習:志工可以自由選擇服務機構及服務項目,也意味著志工具有獨立思考的能力,知道自己有什麼專長可以服務他人,並且知道被服務者需要什麼服務。所以,志工應該有「服務學習」(service-learning)的觀念,充分運用自己過去所學去服務他人,並且從服務之中繼續學習,不斷成長。如果志工自己缺乏服務所需的知識和技能,則願意參加相關的教育訓練,或者向督導及其他志工夥伴虛心請教。志工必須具有服務所需的專長,始能獲得被服務者的信任。

3.就近服務:志願服務是部分時間的付出,比較適合在自己所居

住的社區附近，就近參與服務，並且優先服務鄰里的弱勢者。如果捨近求遠，本末倒置，爲了服務其他地區的人，反而忽略了本地或鄰人的需求，甚至因而疏於照顧本身的工作與家庭，則不僅不符社會正義，而且有交通及安全上的顧慮。在志願服務的理論之中，社區化理論就是強調任用草根志工，以落實在地服務。

4.合作服務：現代的志願服務，不再是個人默默行善，而需要結合志工共同的力量，經由群策群力的團隊活動，協助服務單位提高公共事務效能及增進社會公益。因爲，個別從事志願服務的力量，比較有限，如能透志工團隊組織，彼此分工合作，比較容易達成預期的服務目標，並延續服務的效果。況且，志工的任務就在助人，一旦志工團隊有需要，就應該積極參與。倘若志工團隊不能合作，志工各行其是，則對於組織整體的形象，可能帶來負面影響。

5.服務對象優先：志願服務是爲有需要的人群而提供服務，照道理應該是服務對象所獲得的好處大於志工本身的成長。至少，志願服務的結果，無論志工或服務對象，都可以受益，兩者之間是互惠的。因此，志願服務工作必須優先幫助服務爲對象完成他的心願，然後再完成志工本身想服務、想成長的心願。

對於上述服務觀念，有些志工可能不盡同意，或者會提出一些似是而非的服務觀念。如果有這種情況，團隊的領導者爲了澄清服務觀念，不妨將錯誤的服務觀念與正確的服務觀念進行對比。茲舉例說明如表6-5-1：

表6-5-1　錯誤與正確的服務觀念之對比

	錯誤的服務觀念	正確的服務觀念
1.歡喜服務 （以工作分配為例）	督導一下子叫我做這，一下子又叫我做那，喊來喊去，簡直把志工當成備人使喚，真想一走了之。	因為機構有需要，也相信你有能力，所以才找你做這做那，這是一種榮譽。而且，志工本來就是來「逗腳手」，又不是來「做頭家」，何必斤斤計較？
2.服務學習 （以受訓為例）	做志工，還要受訓？以我過去豐富的工作經驗，做這種簡單的服務，綽綽有餘，請我講課還差不多，要我聽課，免了。	志工有自己的專長，但不一定具備服務所需要的知識和技巧，機構要我們受訓練，也是要幫助我們把服務做得更好。而且，受訓也可以成長自己，何樂而不為？
3.就近服務 （以訪視為例）	我轉了好幾趟車，趕過來看她老人家，只差原先約定的時間半個小時，沒什麼大不了嘛，怎麼一直抱怨！真受不了。	一個人獨居，可能很無聊，她看到約定的時間快到，一定滿懷期待，志工應該信守承諾，準時到達，留下良好的印象。其實，可以考慮就近服務，省時間，又安全。
4.合作服務 （以值勤為例）	別的志工臨時請假，為什麼一定要找我代班？我又不是「英英美代子」，閒著沒事幹，等著幫人代班。	有緣共事，大家珍惜，何必生那麼大的氣呢？服務，本來就是志工本分，對陌生人都服務了，何況是志工夥伴？今天你幫她，改天她幫你，我們的服務會更好。
5.服務對象優先 （以愛心媽媽為例）	你不知道，在國小做愛心媽媽最好了，除了認識校長，還可以觀察哪一個老師教得最好，將來可以請校長把我的孩子編在好的老師那一班。	在學校做志工，除了為學校及學生提供服務之外，或多或少也帶有教育的作用。如果做了一些服務就要求享受「特權」，對自己的孩子可能是一種反教育，得不償失。

資料來源：自編。

　　對於上述服務觀念，還可以再歸納為一兩句類似「形象廣告」的核心觀念，以利宣導、行銷，進而塑造一定的服務形象。在企業文化中，有一些案例可供參考，例如，必勝客（Pizza Hut）：不只是最快時間送到，還能量身訂作口味；聯邦快遞（FedEx）：

不只是隔天送達，還提供上網追蹤包裹的服務；百視達（Block Buster）：不只是新片源源不絕，還保證一定租得到。其實，在志願服務領域，也有一些團體開始提出簡單的服務觀念，例如，教育部青發署的服務學習提出：從服務中學習，從學習中成長；慈濟功德會的服務志業提出：聞聲救苦，聞聲救難，第一個到，最後一個走。這些，也是樹立服務文化的一種方式。

三、建立優質的服務態度和行為

志願服務是一種講究實務的工作，有了正確的服務觀念之後，最重要的是能夠落實在服務之中，表現出優質的服務態度和行為，否則「說一套，做一套」，反而破壞整個志工團隊的形象。因此，志工團隊的領導者還須建立優質的服務態度和行為，作為志工共同遵守的規範。

志願服務與社會工作的關係相當密切，不但兩者都是以弱勢族群為優先服務的對象，而且社會工作的發展，是起源於慈善人士的志願服務，然後逐步邁向專業化。目前，社會工作仍然結合志工力量，共同推展各種服務。志工團隊的領導者，如果參酌社工界所規範的服務態度與行為，應該也是一種不錯的選擇。

在社會工作領域，對於助人工作者應有的服務態度與行為，提出了一些基本的原則，包括：個別化（individualization）、有目的之表達感受（purposeful expressions of feelings）、有控制的感情介入（controlled emotional involvement）、接納（acceptance）、不批

評的態度（non-judgmental attitude）、當事人自我決定權（client's self-determiniality）。志工團隊的領導者不妨參考這些原則，為志工建立一套優質的服務態度和行為，包括：

1.平等對待：志願服務的服務對象是人，人之不同，各如其面。因此，我們在提供服務時，應該尊重服務對象個人的特性，不分性別、年齡、膚色、宗教、地域、黨派，都能平等對待，並針對其個別情況，採用適當的方式去協助他，這樣的服務，其所產生的實質效果更大。

2.誠懇接納：志願服務的主要目的，乃在幫助別人解決問題或化解困難，因此別人有需要我們幫助的時候，我們就應該欣然表示接納，並誠懇地盡其所能給予必要的協助。這種接納，是不帶任何條件的，不能因為志工個人的好惡而有不同的態度與行為，這才是志願服務的精神。

3.適度同理：志願服務的對象，通常在遭受困難或遭受挫折的時候，才會找我們幫忙，我們應該設身處地，以「同理心」（empathy）去體會服務對象內心的感受，然後依其需求提供適當的協助。但是這種同感或同理，應該適可而止，以預防服務對象過度依賴，並避免志工迷失本身應有的立場。

4.願意傾聽：志願服務的對象，通常是處於不利地位的弱勢者，在觸及他的遭遇和問題時，可能會有一些消極的情緒反應，例如憤怒、抱怨、自責、哭訴。如果碰到這種情況，我們應該耐心地

傾聽，一方面讓服務對象的情緒獲得舒解，另一方面也藉此了解其
內心想法，再提供適切的協助。其實，傾聽服務對象吐苦水，或者
讓服務對象「倒垃圾」，也是一種服務。

5.不隨意批評：志願服務所提供的服務，是立基於服務對象有無
「需要」，而不是依據服務對象是否「值得」。一個人有困難，並
不可恥；遭遇挫折，也不是罪過，志工對於前來請求協助的人，應
該少批評，多服務。因為，批評只是揭發病症，服務才真正提供處
方。

6.不強人所難：自助而後人助，這是一句家喻戶曉的格言，其
用意乃在鼓勵個人自己解決問題，否則連自己都沒有解決問題的意
願，再多的協助也可能落空。所以，志工應該扮演的角色，是關
懷、建言，以及從旁協助，最後還是要由服務對象自我決定。如果
彼此對於事情的見解發生落差，志工不要一味地以自己的標準去衡
量別人的看法，以避免產生不愉快。如果強迫服務對象接受，不僅
犯了主客顛倒的錯誤，也可能造成服務對象的不滿。

7.不干預隱私：每一個人都有隱私權，有些私人的事，不喜歡
別人干預。志工一定要知道，不能因為我們幫助他，給了他服務，
就有權利去探究他的一切，或干預他的私人生活。換言之，我們從
服務過程中獲得服務對象的相關訊息，應予保密，不可隨意透露出
去，這是一種道德，也是從事志願服務必須遵守的準則。

對於上述服務態度和行為，志工團隊的領導者同樣可以採取對
比的方式，為成員作進一步澄清。茲舉例說明如表6-5-2：

表6-5-2　劣質與優質的服務態度和行為之對比

	劣質的服務態度和行為	優質的服務態度和行為
1.平等對待 （以服務外勞為例）	是一個泰國來的外勞，由於語言不通，被人誤會，活該挨揍，也不先學好國語再來台灣。反正是外國人，我們能敷衍就敷衍，何必那麼認真為他服務？	志願服務無國界，九二一震災，也有很多外國人老遠來台灣幫忙救災。我們應該重視每一個人的困難，珍惜每一次的服務機會，無論外勞或本勞，只要有需要，我們都應該盡心盡力服務。
2.誠懇接納 （以諮詢服務為例）	真倒楣，又來了，怎麼老是她出問題？我還不夠忙啊！都快下班了才來，真會挑時間，找麻煩！	民眾如果沒有難事，也不會找上門，「怕熱，就不要進廚房」，既然坐諮詢台，就要幫忙處理疑難雜症。其實，你不生氣的時候，有笑容，很可愛耶！
3.適度同理 （以送餐服務為例）	急什麼？叫他多等一下又會怎樣？那麼遠，我答應去送就不錯了，總得讓我先吃飽飯，才有力氣服務。	年紀大，一個人獨居，行動又不便，已經中午了，可能餓壞了，才會打電話來。其實，服務對象的小事，就是我們志工的大事，有緊急的狀況，我不上前線，誰上前線？
4.願意傾聽 （以服務老人為例）	每一次來看他，不是聽他說四、五十年前的豐功偉業，就是抱怨家人怎樣對不起他，都說幾十遍了，他不累，我可受不了，下一回帶個錄音機來，叫他自己錄，自己聽，煩不煩？	要服務老人，就應該有心理準備。老人家總是喜歡回憶過去，或者怕寂寞，怕家人不關心他，難免會嘮叨幾句，藉以引起注意。其實，服務之前，必須先傾聽。
5.不隨意批評 （以救難服務為例）	出車之前也不仔細檢查，看是誰的錯？司機？維修人員？先找出元兇，海K一頓，看他以後還敢不敢這樣粗心大意？	碰到這種突發事件，有誰願意？感謝上蒼，幸好乘客只有皮肉傷，司機一定也很難過，我們立刻出勤救援要緊，事故的責任，以後再說。
6.不強人所難 （以老兵服務為例）	我看老兵桌上這只茶壺，又醜又髒，而且壺口還有列痕，即使能裝水，喝了也不衛生，不如趁老兵不在，連同我們清出來的這些垃圾一起丟掉算了。	說不定這只茶壺對老兵有某種特別的意義，否則他也不會一直供在桌上，捨不得丟掉，我們還是先問問老兵的意見，再作處理比較好。
7.不干預隱私 （以家暴服務為例）	妳的老公真過份，他既然不體念夫妻情份，妳又何必一再讓步呢？下一次他敢再打妳的話，我教妳，利用晚上到廚房磨菜刀，看他敢不敢再作怪？	志工應該志願做好事，怎麼可以志願做壞事？看到人家夫妻發生衝突，應該協助她們化解，怎麼可以火上加油，製造更多事端？

資料來源：自編。

對於上述服務態度和行為，也可以更具體的納入志工團隊的「服務須知」或「志願服務工作手冊」之中，以便團隊志工可以留意及隨時運用。

四、加強志工的服務訓練

在志工團隊領導者策訂正確的服務觀念、服務態度和行為之後，必須提供機會讓在第一線服務的志工了解其中精義，以期溶入日常的服務之中，成為一種習慣。

如何讓志工了解服務觀念、態度和行為？一個比較正式的途徑是加強志工的服務訓練，包括在志願服務基礎訓練、特殊訓練、在職訓練之中，加強服務觀念、服務態度和行為的部分。或者，針對團隊所訂定的服務觀念、服務態度和行為，定期舉辦說明會、講習會、座談會，這也是一種服務訓練的方式。

通常，企業界為了強化員工的服務品質，會以「服務」為主題辦理員工訓練，並且隨時配合新「產品」，而加強不同的訓練重點，這種做法值得志工訓練參考。但是，志工所生產的是「服務」（service），不是企業的「產品」（goods），因而志工的服務訓練，應有不同的著重點。

其實，「服務」是一個相當空洞的詞彙，很難以文字來表達，我們不妨先從表6-5-3是有關「產品」與「服務」的對比（Zeithaml and Bitner, 1996），據以探討「服務」訓練應有的重點。

表6-5-3　產品與服務之對比

產品（goods）	服務（services）	服　務　的　特　質
有形	無形	服務無法儲存。 服務沒有專利。 服務不能被陳列。 服務定價不易。
標準化	異質性	服務的傳送和顧客滿意度視員工表現而定。 服務的品質，依靠相當多不可控制的因素。 適合服務傳送的計畫和促銷知識，未確定。
生產與消費分離	不可分割性	顧客參與並影響服務的傳遞。 員工影響服務的產出。 服務的提供和需求，不容易同時發生。 服務無法大量生產。
可儲存	不易儲存性	服務的提供必須當場使用。 服務不能被退回或再銷售。

資料來源：Zeithaml, Valarie A. and Mary Jo Bitner（1996）. Service marketing, McGraw-Hill.

　　由表6-5-3可知，服務的特質是無形、異質性、不可分割性、不易儲存性，因此，服務工作別強調服務品質。通常，決定服務品質的要素包括：可靠（reliability）、有形（tangibles）、反應（responsiveness）、保證（assurance）、同理心（empathy）等五項。這些可做為規劃服務訓練的重點，茲略加申述：

　　1.加強服務知能的訓練：志工的服務，具有「不易儲存」的特質，對於服務的使用有時間性的限制，不即時使用，就失去效用，如同旅館的房間，當天沒有人使用，就沒有服務可言。因此，為了讓服務對象安心，在接受服務時有踏實的感覺，我們必須加強志工服務知能的訓練，重點包括前面所述的服務觀念、服務態度和行為，以及傳達令人信賴與產生信心的能力。因為透過這樣的訓練，才足以「保證」服務的品質，確實發揮服務的效用。

2.加強服務流程的訓練：由於志工的服務具有「異質性」，常因不同的服務人員、不同的服務地點、不同的服務時間，使得接受服務的對象有不同的感受。為了維持服務品質的穩定性，我們不妨針對各個服務項目的情況，分別訂定標準化作業程序，並加強服務流程的訓練，使同一線上的志工，都能維持一致性的服務品質，不致於發生太大落差。同時，也要訓練志工，讓他們知道：任何一項服務，第一個流程最重要，第一次就要做好，這樣可以留下好的口碑，使服務使用者相信往後服務同樣「可靠」。其實，無論對人或對事，人生的第一次經驗，往往令人刻骨銘心，其影響也最深遠，志願服務應該也是如此。如果，志工的服務可以帶給人們愉悅的回憶，觸動被服務者的心靈，使其回味無窮，有機會，他一定期待再接受你的服務。

3.加強服務裝備的訓練：志工的服務，具有「無形」的特質，它是一種行為、努力或績效，而不是實體的物品，一般民眾很難在事前預估志工的服務品質是好是壞，只能從有形的裝備中去尋找有關服務品質的「信號」。因此，志工的服務訓練應著重在「有形」的服裝和設備等部分，例如，服務人員穿著得體、服務場所保持整潔、會場佈置美觀大方、服務器材維修良好、文宣資料印刷精美等。這些服務裝備也必須加強訓練，藉以增加服務對象的信心，樂於使用志工的服務。

4.加強快速反應的訓練：志工的服務，具有「不可分離」的特質，大多數的服務工作，必須志工與被服務的對象同時在現場，服務提供者必須與服務接受者緊密相連，因而必須加強志工「快速反

應」（quick responses）的訓練。透過這種訓練，養成志工積極主動的態度，以及隨時待命的行為，讓服務對象有任何問題時，都可以找到服務人員，而且能獲得快速的服務，不致於感到失望或挫折。

5.加強貼心服務的訓練：志工的服務，除了具有「不易儲存」、「異質性」、「無形」、「不可分離」等特質之外，還有一個有別於企業服務的特質，就是「關懷弱勢」。由於志工的服務對象以弱勢者居多，而弱勢者所擁有的資源較少，如果服務時多加一句貼心的稱呼（如稱呼兒童為可愛的小天使），或者多給一點貼心的關懷（如碰到下雨天，借他一把雨傘），往往會帶給服務對象意外的驚喜，服務也更加受到歡迎，而有更滿意的結果。所以，我們有必要對志工加強貼心服務的訓練，提醒志工多以「同理心」去關懷弱勢，以「人性化」去執行服務工作。

對於上述決定服務品質的五種因素，在許多獨立的研究中都發現服務對象最重視的是「可靠」一項。如果逐一檢視每項決定因素的相對重要性，以總分100分來分配，則「可靠」，得32分；「反應」，得22分；「保證」，得19分；「同理心」，得16分；「有形」，得11分（黃深勳等，1996）。如果據此推論，則志工服務訓練的重點，依序為：服務流程、快速反應、服務知能、貼心服務、服務裝備。

五、實施服務品質管理

本來，志工的基本特質，是出於自發性與自由意志，似乎不需

要管理。其實，志工也不願意「被管理」或「被控制」。

但是，爲了了解志工在接受服務訓練之後，是否能將正確的服務觀念、優質的服務態度和行爲，以及服務訓練所強調的重點，眞正落實在服務之中，而且能讓服務對象得到滿意的結果，則必須透過管理的機制，加強實施服務品質的管理。

通常，服務品質的管理可以納入志工團隊原有的管理制度之中，由督導人員一併實施。不過，服務品質的良窳，係來自服務對象接受服務之後的內心感受，尤其是第一次接受服務的經驗感受。事實上，本文在分析志工服務訓練的重點時，也提及人生的第一次經驗，往往刻骨銘心；強調任何一項服務，第一個流程最重要。因此，對於服務品質的管理，可能要將第一個重點放在服務對象進入服務部門的關鍵時刻。

以某機構諮詢服務台的志工服務爲例，其第一個關鍵時刻，是民眾進入機構前停車（有無停車空間）；第二個關鍵時刻，是民眾進入大門口時（有無明確的指標）；第三個關鍵時刻，是民眾詢問時（第一線志工的服務態度如何）；第四個關鍵時刻，是民眾詢問（有無獲得明確解答）。茲就關鍵時刻相關服務所產生正面與負面印象的情況加以對比如表6-5-4：

表6-5-4 關鍵時刻相關服務所產生正面與負面印象之對比

關鍵時刻	負面印象	正面印象
1.進入機構前停車	沒有停車場，停車十分不便。 有停車場，但已被停滿，不知何處可以停車。	有停車場，方便停車。 沒有停車場，但有標誌指引可停車的地點，路程及時間。
2.進入機構大門口	沒有志工指引。 沒有辦公處室指示標誌，很難找到詢問服務台在何處。	一進門就有志工主動指引。 沒有專人指引，但是遇到志工，很親切的指引。 有辦公處室指示標誌，很快就可以找到諮詢服務台，或所要尋找的單位在哪裡。
3.民眾詢問問題	值班志工忙於處理其他事務。 值班志工不在座位，其他在場志工視若無睹。 諮詢服務台全部座位空無一人，遠處有志工聊天。	值班志工立即接待。 值班志工不在座位，但在場志工很快接續處理。 一到服務台，就有服務人員招呼處理。
4.志工回答問題	一問三不知。 態度惡劣。 邊講邊與鄰座閒聊。 先處理其他事務。	馬上親切解答。 雖無法回答，但馬上請來其他人員快速處理。 相關業務嫻熟，態度親切。

資料來源：自編。

現代社會是一個重視服務文化的社會，無論政府、企業或非營利組織，都重視服務文化。面對這樣的趨勢，塑造志願服務文化有無必要，已不待多言。目前的課題，是如何塑造志願服務文化？

基本上，塑造志願服務文化，是漸進的心靈改造工程，不是一朝一夕所能完成，而且必須由組織或團隊所有成員分工合作，共同努力。

其中，志工團隊高階領導人的任務，是訂定服務文化的大方向，包括：樹立正確的服務觀念，建立優質的服務態度和行為；志工團隊中階領導人的角色，是承上啓下，推動執行，包括：加強志

工的服務訓練、實施服務品質的管理；至於第一線的志工，則在團
隊領導人的導引之下，力行實踐，提供優質的服務。如此，上下一
心，持續推展，庶幾可以形成卓越的志願服務文化。

　　一旦志願服務文化形成之後，由於服務循環，在民眾之間建立
良好的形象，對於倡導民眾參與志願服務，可以發揮正向推進的作
用。

6-6　志願服務與臨終關懷

一、前言

　　志願服務人員參與臨終病人的關懷服務工作，起源相當早。
一九六七年，英國桑德絲女士（Dame Cicely Saunders）以她曾經擔
任過護士和社會工作者的經驗，有感於醫院許多臨終病人受到不恰
當的護理，而其家屬也往往不知道如何照顧臨終的病人，因而在倫
敦創辦「聖克里斯多福安寧醫院」（Saint Christopher Hospice），並
運用志工參與臨終關懷的服務工作。

　　桑德絲女士認為，居家護理與志工的運用，對一個臨終關懷方
案是相當重要的。居家護理的推行可以幫助病人達成家庭與臨終關
懷機構之間的調適，安然度過人生最後的一個階段，而志工的運用
則可添加服務技巧的多樣性，並做好更深入的社區接觸（黃天中，
1988）。

　　一九七六年，臨終關懷的理念傳入美國及西方國家，各醫院紛紛實施緩和醫療（palliative medicine）、安寧照顧（hospice care）或末期照顧（terminal care）。一九八一年，日本亦開始創設安寧病房。台灣則於一九九〇年，由馬階醫院首先在淡水創辦安寧病房，後來陸續有些醫院設置類似的措施。表6-6-1所列的這些醫院，或多或少都有志工參與臨終關懷的服務工作。

表6-6-1　台灣醫療機構安寧病房

醫療機構	病房名稱	成立時間	床數
台大醫學院附設醫院	緩和醫療病房（六A病房）	1995.6	17
台北榮民總醫院	大德病房	1997.7	16
台北市立聯合醫院	祥禾病房	1995.7	11
台北市立關渡醫院	安寧病房	2001.6	12
三軍總醫院	寧境病房	2000.1	15
馬階紀念醫院	安寧療護教育示範中心	1990.2	63
天主教耕莘醫院	聖若瑟之家（5C病房）	1994.3	17
林口長庚醫院	緩和醫療病房（3B病房）	2001	12
衛福部桃園醫院	腫瘤中心病房	1997.7	16
桃園榮民醫院	安寧病房	2000.2	10
衛福部新竹醫院	腫瘤安寧病房	1999.12	35
中山醫學大學附設醫院	安寧病房	2000.5	18
台中仁愛綜合醫院	緩和醫療病房	2000.2	10
中國醫藥大學附設醫院	美德病房	2002.9	18
台中榮民總醫院	緩和療護病房	2003.9	16
光田綜合醫院	福田之家	2000.2	5
彰化基督教醫院	高仁愛紀念病房	2001.2	15
嘉義基督教醫院	戴德森紀念病房	1995.10	17
天主教聖馬爾定醫院	懷正紀念病房	2002.6	12
慈濟醫院大林分院	心蓮病房	2000.11	23
成功大學醫學院附設醫院	緣恩病房	1998.6	12
衛福部台南醫院	圓滿之家	2001.5	12

台南市新樓醫院	馬雅各紀念病房	1998.4	9
奇美醫院柳營分院	安寧病房	2005.1	22
高雄榮民總醫院	崇德病房	1998.11	20
天主教聖功醫院	聖方濟之家	1996.4	11
高雄醫學大學附設中和紀念醫院	心圓安寧病房	2004.6	20
屏東基督教醫院瑞光院區	傳愛之家	2000.7	12
屏東民眾醫院	一如病房		5
佛教慈濟綜合醫院	心蓮病房	1996.8	18
基督教門諾醫院	迦南病房	2006.1	12
衛福部花蓮醫院	安寧病房	2006.1	16
台東天主教聖母醫院	恩典家園	2004.4	8

資料來源：台灣安寧照顧協會網站，檢索日期：2006.6.3。

二、志工在臨終關懷機構存在的價值

　　志願服務是一種人人可參與、處處可展開的工作。但就其服務對象而言，較常看到的是志工針對處於弱勢地位的兒童、少年、婦女、老人、身心障礙者而提供服務，相對的似乎較少看到志工為臨終病人服務。

　　事實上，隨著醫學領域對於末期治療的變化，以照顧為主的安寧病房、緩和醫療病房、安寧居家護理等措施乃應運而生，志工也由一般病房的服務開始介入臨終關懷服務，而逐漸顯現其在臨終關懷機構的存在是有價值的。

　　1.分擔機構非醫療性的庶務工作：臨終關懷機構之所以運用志願服務人員，最主要的因素是人手不足。因為醫師和護士經常為著過多的業務忙得精疲力竭，因而招募志工前來幫忙。有些志工在

安寧病房的服務項目是協助病房中非醫療的行政工作，例如輪值服務台、接聽電話、接待訪客、整理病房區域的花園、維護環境整潔等。這些庶務性的工作，乍看之下似乎與臨終關懷沒有直接關係，事實上維護環境的安寧和整潔，讓病人在生命臨終之前有一段比較舒適的生活環境，也是臨終關懷的目標之一。況且，機構本身的醫護人員爲了病人的療護工作，經常忙不過來，志工適時協助處理庶務工作，等於讓醫護人員有較充裕的時間和心力，爲病人提供較佳的療護。志工在最需要的時機，及時付出，不一定要計較服務的項目是什麼，這就是志願服務的價值之所在。同時，志工的存在，也讓病人及其家屬在辛苦對抗疾病之時，知道機構中除了醫師和護士之外，還有一群熱心的志工在旁關懷她們，並隨時準備要爲她們服務，而不致陷於孤單、徬徨、無助。

2.促使臨終關懷機構與社區的互動：臨終病人住在安寧病房，時刻要和病魔搏鬥，但是隨著病情惡化和體力衰退，可能出現緊張不安的情緒。臨終關懷就是希望能幫助末期病人安然走完生命最後歷程。此時，來自社區的志工正可提供一種眞誠的關懷，使病人在接受醫療與護理之外，還可以獲得來自社區志工溫馨的關懷，以及一些社區或家鄉的訊息。山崎章郎（林眞美譯，1995）曾指出，志工的存在之所以顯得重要，那就是志工來自社區，只要透過他們，安寧病房和社區之間門窗是永遠是開著的。他並舉例說明其中道理，因爲醫療現場常常被醫師和護士所組成的專業集團所把持，以致變成一個封閉的社會，有些時候難免就會有一些特殊的價值觀橫行其間。但是，安寧病房因爲有了像社區志工這種非專業人員的參

與，它就不致變成一個封閉的場所。山崎章郎更強調志工是安寧病房非常重要的一環，如果安寧病房少了來自社區的志工參與，搞不好，安寧病房就有可能變成一個專收臨死者的特殊場所，這和眞正的安寧照顧可謂相去甚遠。據此可知，志工來自於社區，正可充作機構與社區之間雙向溝通的橋樑，一方面傳達社區的關懷給機構和病人，另一方面則向社區代言機構實施臨終關懷的理念，從而有利於臨終服務。其實，向各界宣導臨終關懷或安寧療護的理念，也是一種廣義的志願服務，不一定非得在病房服務才算志願服務（陳佩如，2001）。

3.協助病人與家屬之間進行眞情交流：無論中外，在病人面前談論死亡與善後事宜，常被視爲一種禁忌。即使罹患末期癌症、愛滋病或其它已被醫師診斷爲無法治癒的惡疾，病人的家屬或親人還是會試圖保密，不輕易向病人透露風聲，而病人有時對於病況不佳，自己心裡有數，但也不輕易向親人開口。固然，在臨終關懷機構，如果病人或家屬問起，醫師和護理人員就會誠實的告訴他們病名和病情，以便他們在所剩不多的時間裡，可以處理得更好一些。至於病人與親人之間的相互期待，可能要靠他們自己。此時，志工也許可以從中穿針引線，轉達他們彼此之間的心聲，或者促使他們能夠各自坦誠表露自己的眞情，讓臨終病人沒有遺憾地走完人生全程。本質上，臨終關懷的目的，是希望幫助臨終病人了解死亡，進而接納死亡的事實，而使自己活得更像眞正的自己；另一個目的，則是希望給予病人家屬精神上的支持，給予他們承受所有事實的力量，進而坦然接受一切即將面對的問題（黃天中，1988）。因此，志工

在臨終關懷機構的服務，包括對於病人的情緒支持，也包括對於家屬的情感慰藉，並促使病人與家屬之間情感眞實的交流。即使一起嘆息，一起流淚，也未嘗不可。因爲病人和家屬都有權利自由表達他們的想法和情緒。

4.**爲病人家屬供喘息服務**：對臨終病人提供照顧，是一項相當吃力的工作。尤其，病人的家屬在病人住進安寧病房之前，已經陪伴著病人接受長時間的檢查、醫療、護理，無論在經濟上、體力上或心情上，都可能受到許多挑戰和壓力。現在，面臨病人治癒無望，隨時可能死亡的危機，其所受的煎熬之苦，不難想像得知。志工在臨終關懷機構中，對於病人家屬的服務，除了傾聽家屬的心聲，適時給予精神上的支持之外，實質的幫助是撥出一些時間替家屬陪伴病人，或者幫忙他們處理一些事務，例如推輪椅、買東西、打電話、聯絡親友等，讓家屬有短暫的喘息時間。有時，志工所提供的喘息服務不限於在機構內實施，也可以安排在病人的家裡，類似家事服務員的在宅服務，以減輕家屬的後顧之憂，而安心地留在在病房照顧病人。如果病人或家屬選擇在住宅安寧照顧，則安排志工爲家屬提供喘息服務也是必要的。由於病人在自己的家比較容易任性、我行我素，就算家屬抱著相當覺悟在照顧病人，期間過長的照顧難免造成疲憊，而疲憊就會失去耐心，他們可能就會爲了一些小事起爭執。因此，讓家屬有休息的機會，就顯得相當重要，畢竟唯有照顧者的身心獲得喘息，才有可能讓病人獲得適切的照顧（山崎章郎著，林眞美譯，1995）。

三、志工在臨終關懷機構的服務項目

在臨終關懷機構的工作人員，包括醫師、護理師、藥師、臨床心理學家、營養師、社會工作師、神職人員和志願服務人員，他們相互協調，給予病人和家屬持續的照顧和支持。原則上，臨終關懷或末期照顧，是以病人的情況及需求為主要考量，不必然依循醫療照顧的常規。所以，志工的服務項目亦頗具彈性，以因應事實的需要。以下列舉四個案例，藉觀一斑：

1.英國聖克里斯多福的志工方案：英國聖克里斯多福臨終關懷醫院（Saint Christopher Hospice），是頗有歷史的臨終關懷機構，有一百多位志工，每週服務的時數總計約六百小時。該機構對志工的安排大致如下：

⑴未接受醫護訓練的志工：擔任非醫療性的服務工作，例如照顧機構內部或庭院的花草、協助準備餐食、幫病人寫信、打字或讀信、替病人或家屬代辦某些事務。

⑵具備簡易護理知能的志工：擔任一些類似助理護士的服務工作，幫助病人沐浴、餵病人進食，以減輕護理人員的負擔。

⑶受過醫護專業訓練的志工：可以參與病人日常的醫療服務，如果由醫師擔任志工，可以利用休假時間到機構義診；如果由物理治療師擔任志工，也可以定期來為病人服務。

此外，志工還參與一部分遺族的追蹤服務，在病人往生之後，前往訪視遺族，適時提供協助。訪視時間最多持續十二個月，並於

每個月和機構的工作人員聚會一次，將服務狀況及家屬互動情形提出報告（黃天中，1988）。

2.美國新港醫院的志工方案：美國康乃狄克州的新港醫院（New Haven Hospital），是美國較早實施臨終關懷的機構之一，其政策是將醫療技術、醫護專業及社區可用資源相互整合起來，爲處於癌症末期或患有類似疾病，身心正遭受劇痛折磨的病人，提供適切的服務。新港醫院的臨終關懷是以整個家庭爲單位，著重在居家服務，而志願服務是居家服務不可或缺的一部分。其作法是經由醫院各部門主管就現有的志工中，選出較能彈性處理意外事故，較能以眞誠、仁慈的態度面對病人的志工，接受十個小時的指導課程之後，正式參加臨終照顧服務。志工的服務項目常因病人和家屬所提出的需求而不盡相同，大致上包括：

⑴提供一些非專業性的服務：例如陪伴病人、幫助他們寫信、買東西，或做一些簡單的病床服務，以避免讓病人陷於恐懼與孤獨之中。

⑵由合格的護士志工協助醫護巡迴服務：居家護理是新港醫院臨終照顧的重點工作，有護士資格的志工就義務性協助正式的護理人員，定期前往病人家中探視，並提供護理服務。

依新港醫院的規定，所有志工必須與護士配合，因此志工要定期將服務或訪視的情形向護士報告，使其了解整個服務過程的進展。

3.日本櫻町病院的志工方案：日本醫師山崎章郎於一九九一年在聖約翰會櫻町病院擔任安寧病房部長，以其接觸末期患者及其家屬的經驗，出版《且讓生死兩相安》一書（林眞美譯，1995）。依據山崎醫師書中的說明，櫻町病院的志工約有一百人，其中三十人在安寧病房服務。這些志工幾乎都是女性，她們有的是家庭主婦，有的是上班族或學生。每天早上九點到晚上九點，都會有兩個志工留在安寧病房。志工的服務項目可以歸納爲：

⑴陪伴病人：留在病房和病人聊天，或是替那些手腳腫脹、麻痺的病人做做按摩。如果病人不良於行或體力太差，志工也會推著輪椅，帶他們在病院內或附近的公園散步。

⑵爲病人做一些事情：幫病人或家屬買一些東西，幫飲食有困難的病人餵食。如果病人在睡午覺，志工會靜靜地爲病人整理一些衣物。

⑶爲病人舉辦活動：安寧病房會利用新年、耶誕等節慶，辦理一些活動，志工與病房的工作人員一起準備及參加善後。

⑷參加機構募款活動：當安寧照顧機構舉辦募款演唱會或義賣活動，志工也會在現場幫忙。

另外，櫻町病房也有部分志工專門在幫助那些住不了院，卻又無法自行入浴的病人洗澡；也有志工是定期到醫院作合唱表演的。

4.台北榮民總醫院的志工方案：台北榮民總醫院在二十一樓設置安寧病房，稱爲大德病房，住院的都是癌症末期病患，並招募志工

參與關懷服務。無論新進志工或跨組服務的志工，都需接受臨終關懷基礎課程的訓練，以了解關懷服務的角色扮演與情境處理，然後在資深志工帶領下實習兩個月，始能在大德病房服務。根據大德病房志工的服務心得（留淑華等，2000），其服務項目包括：

(1)關懷陪伴：病房探訪，傾聽病友或家屬的訴苦、吐怨，讓他們發洩心中的委屈和苦悶，或者陪伴病友寒暄。如果病友願意，而且人、事、地、物、適切的情況下，有時也幫他們做生命的回顧。

(2)協助病床工作：幫病人翻身、推病床、推輪椅、餵食、按摩等。

(3)幫病友洗澡按摩：通常三、四個人幫病患洗澡、換衣，以維護起碼的身體整潔和舒適，並且輕輕地幫他們按摩手腳或美足護理。

(4)幫病友處理事情：病友面臨癌症末期的心情及看護工作是沉重的，同時要做往生的準備，所以志工也幫忙家屬看護、購物或處理雜事。

(5)訪客諮詢服務：在服務台輪值，答覆訪客的諮詢事項，接待訪客或電話轉接。此外，大德病房的志工也幫忙整理出院病患的資料，整理花園。如果病患往生，有時也協助家屬將遺體送到往生室，或參加助唸。

由上面所述，志工對於臨終病人的服務，大致上是依據病人及

其家屬的需求，隨時提供必要的協助。其中，在英美國家，有受過醫護專業訓練的志工利用休假時參與臨終服務，是其特色。而日本安寧病房的志工，參加義演、義賣；台灣安寧病房的志工，有時參加助唸，這可能是文化不同使然。

四、志工在臨終關懷機構的服務原則

美國臨終關懷運動的提倡者凱斯勒（David Kessler），以他從事將近二十年有關臨終關懷護理照顧及死亡教育的經驗，提出臨終病人的十七種權利。他強調臨終病人有生的權利、知的權利、免於痛苦、表達情緒、參與醫療決策等權利，病人更應擁有從事靈修、了解死亡，並能在親友陪伴下，安祥尊嚴往生的權利（陳榮基，2000）。

臨終關懷的宗旨，本來就在尊重病人的權利，提高病人生命的品質，所以參與臨終照顧的工作人員，都應循此原則提供服務，志工當然也不例外。茲擇要列舉志工的服務原則如下：

1.傾聽病人的心聲：臨終病人有權要求看護者具備同情心、細心及相關知識，並願意嘗試了解病人的需求。志工是臨終病人的看護者之一，必須細心地傾聽病人的心聲，從傾聽中了解病人的身心狀態及服務需求。其實，傾聽本身就是最佳的談話技巧，也是給病人及家屬最好的一種禮物。聽他們抱怨，聽他們哭泣，聽他們歡笑，聽他們緬懷過去，聽他們如何離開人世。在傾聽中，他們的壓力可以得到一些紓解。

2.尊重病人的生命：臨終病人有權要求大眾視他們為活生生的人，尊重他們的生命。同時，臨終病人有權要求從事靈性修行。臨終關懷的理念，強調生命的存在並非只有肉體活動，還有高尚的精神生活，所以對於臨終病人應視為一個人而非案件（knowing him as a person and not as a case），工作人員不能因為他的生命動力即將走到盡頭，而減低對他的尊重和關懷。當病人飽受病痛折磨或心裡有所不安時，可能需要宗教的力量來幫助自己。此時，從事臨終關懷的工作人員對宗教所抱持的態度，是尊重當事人的宗教信仰，絕不可趁人之危或一廂情願的推銷某種宗教。

3.支持病人的抉擇：臨終病人有權以自我的方式表達對死亡的感受和情緒，臨終病人有權參與決策，決定切身的醫療問題。基於尊重臨終病人自我抉擇的權利，臨終關懷機構應該讓病人知道自己病情的發展，而共同參與治療過程的討論。但是病人的需求不同，志工必須配合他的決定而提供相關服務。例如有些病人知道自己的病情，決定開始整理身邊的事物，作為人生劇場的閉幕；有些病人認為與其繼續接受沒有希望的治療，不如及早迎接死亡；但也有病人寧願接受極大的痛苦來延續生命。通常，基於年齡、人生經歷、宗教觀、價值觀的不同，病人對自己病情的接受度和治療方式的要求也就不同。臨終關懷的一切設施及服務工作，都以尊重病人權利和支持病人決定為基本原則。

4.配合病人的步調：臨終病人有權懷抱著安祥與尊嚴而過世，臨終病人有權要求所有的問題都能獲得誠實而詳盡的答案，臨終病人有權免受肉體痛苦。由於臨終病人的病症已經沒有辦法治好，病

情可能逐漸惡化，病人心中的問號難免愈來愈多。此時，我們的安寧照顧就會盡量用緩和的言詞，正確回答這些人的問題。因此，志工提供服務的方式，必須配合著每一個病人的步調走。通常，隨著病情的變化，病人的體力每況愈下，即使還能走動，每一個動作可能顯得緩慢而吃力，說話也可能變得口齒不清，語焉不詳。因此，志工在說話和動作上必須放慢步調，去配合病人的速度，讓他聽得懂，做得來。畢竟志願服務和臨終關懷的目的，都是在助病人一臂之力，好讓他平順地走完人生旅程。

5.達成病人的心願：臨終病人有權要求心存希望，即使希望的焦點一再地改變，臨終病人有權要求看護者心存希望，即使這份希望時時轉變。人死後，肉體不久就消失，能夠證明這個人曾經存在過的，可能是墓碑、戶政事務所的資料、這個人曾經寫過的文章，或者這個人曾經做過的事。如果病人知道自己來日無多，希望能夠在最後有限的日子裡完成某些心願，例如，好想聽聽家裡窗台上的鳥叫聲、再上一節課、再開一次演唱會，志工及臨終關懷的其他人員，都應該盡最大的努力幫他實現願望。也許，病人很可能在完成心願的當天過世，或者在第二天就死亡，但是讓病人的生命在最後階段還能如願地發光，正是臨終關懷的目標之一。

一言以蔽之，志工的服務原則就是要與臨終病人建立良好的關係。所以上述原則，與社會工作所強調的個別化、有目的表達感受、適度的情緒介入、接納、不批判、尊重自我決定、維護隱私等原則，可以說是同條共貫，如出一轍，不妨相互引用。

五、結語

臨終關懷可能是新世紀人類必須面臨的生命新課題，志願服務則是新世紀人類的一種新文化，兩者相互結合，可以相輔相成，使臨終照顧更加開放，也使志願服務更加擴展。

瞻望未來，對於臨終病人的療護，在場域上將由病房的緩和醫療，逐漸擴及在宅的安寧照顧，因爲事實證明家庭是最佳的治療場所（陳貞吟譯，2000）。同時在對象和時間上將由臨終病人的關懷，逐步延伸到對於遺族的追蹤服務，因爲病人死後，家屬將眞實地感受到長久和自己一起生活的人再也回不來了，這種寂寞、空虛將不斷地襲來，所以病人往生之後，仍應給家屬一些協助。

無論如何，志工參與臨終關懷服務，當然要配合臨終關懷的發展，盡其可能地對病人及其家屬提供最佳的服務。畢竟臨終關懷也是盡可能讓病人和家屬都得到最好的照顧。

第 7 篇

國際篇

　　推展志願服務，是現代國家共同的趨向之一。尤其一九七〇年代福利多元主義興起之後，先進國家乃加強運用非營利組織的資源，結合志願服務的力量，共同推展社會福利工作。

　　台灣於一九九五訂頒「祥和計畫」，即在廣結志工，拓展社會福利工作。二〇〇一年一月，志願服務法公布實施，祥和計畫亦於同年十二月因應修正，以加強志願服務的推展。

　　為了擴充視野，參考其他國家推展志願服務的經驗，本篇內容係列舉美、英、法、德、西班牙、日本等主要國家，略述其志願服務的重要組織、相關法案、工作內容、參與情況及主要特色。

7-1 美國的志願服務

美國是世界上將志願服務當作整個社會共同特徵的國家，並以志工制度完備著稱於世，許多國家在推展志願服務的過程，都以美國的志工制度作為典範。

一、美國志願服務的重要組織

1.和平工作團（Peace Corps）：成立於一九六一年，原屬於美國國務院國際開發總屬，其目的在促進國際合作，有計畫地將大學生送到第三世界的國家從事志願服務工作，協助當地居民有關教育、農業、衛生保健、住宅、公共建設、社區發展等服務工作。一九八一年，美國通過國際安全與發展合作法案，和平工作團變為一個獨立的機構。

2.美國志工團（American Corps）：一九九○年，美國國會通過「國家與社區服務法案」（National and Community Service Act）。次年，再通過「國家與社區服務信託法案」（National and Community Service Trust Act），並設立「國家與社區服務組織」（Corporation for National and Community Service），統籌規劃及推展全國的志願服務工作，其中一項重要的計畫，是於一九九三年成立美國志工團。美國志工團是全國性的志願服務組織，招募年滿十七歲的國民，參加教育、公共安全及環境方面的志願服務。美國志工

團在各地設有分會辦公室，協助地方推展志願服務方案，其主要工作項目包括：補助各地非營利組織推展志願服務的經費、與宗教性或社區組織進行方案合作，以解決貧窮問題（張英陣，2003）。

3.資深公民志工團（Senior Corps）：這也是美國「國家與社區服務組織」的計畫項目之一，目的在滿足各社區老年人的需求。目前，資深公民志工團經營一個全國性的服務網路，可連結五十萬個年齡在五十五以上的志工，提供各項志願服務。他們經營的主要服務方案，包括：退休老人志工方案（The Retired and Senior Volunteer Program）、義父母志工（Foster Grand Parents）、老伴方案（Senior Companions）。其中，退休老人志工方案提供美國年長者參與社區服務的機會，他們分佈在全國各非營利組織、公共機關及宗教社團，主要活動包括：輔導不良少年、組織守望相助隊、協助衛生單位測量水質、對新移民提供英語教學服務、對於社區弱小企業提供管理技術，以及緊急之社會服務（李宗派，2005）。

二、美國志願服務的相關法案

美國推展志願服務的主要法案，有二：

1.志願服務法案（Domestic Volunteer Service Act）：於一九七三年制定，並配合社會變遷之需求，定期修正，最近的版本是一九九九年十二月修正。根據此項法案，宣示美國的志願服務政策，成立「國家與社區服務組織」，統籌處理各項志願服務計畫，對於志工的招募、遴選、工作分配及福利補助等事項，建立了標準

化的規定。

　　2.志工保護法案（Volunteer Protection Act）：於一九九七年通過，目的在保障志願服務工作者的權益，規範政府機關及非營利組織對於志工的運用，並限制志工的不當行為。根據此項法案，取得認證的志工，其行為符合運用單位的規定而遭到傷害時，其權益應該受到法律保障。當然，志工行使職權有所不當，運用單位亦有檢舉或控告志工的公權力。至於有不法行為的志工，包括：有暴力犯罪行為、有跨國性恐怖行為、已宣判從事傷害性犯罪（hate crime）、已宣判涉入性侵害事件、已宣判涉入違反聯邦法律或州法律的不當行為、已宣判受酒精及藥物影響而涉入不當行為等，則依法限制其職權（張英陣，2003）。

三、美國志願服務的工作內容

　　美國志願服務的工作項目相當廣泛，幾乎遍及社區生活的各個層面。就社區福利而言，志願工作者在社區福利中所扮演的角色，是補充專業人力之不足，而非取代專業服務或政府法定的行政業務。依據二○○一年美國獨立部門（Independent sector）所作的全國性志願服務調查，顯示志願服務的工作內容，以直接服務所占比率最高，其餘依序為：募款、非正式的志願服務、宗教活動、諮詢與諮商、青少年活動、活動策劃、探訪問安、行政庶務、擔任董事、倡導，其比率如表7-1-1：

表7-1-1　美國志願服務的工作內容

服務內容	百分比
直接服務	23.6%
募款	16.0%
非正式的志願服務	15.0%
宗教活動	14.0%
諮詢、諮商	10.5%
青少年活動	10.5%
活動策劃	9.8%
探訪問安	8.6%
行政庶務	7.4%
擔任董事	4.5%
倡導	4.0%
其他	3.4%

四、美國志願服務的參與情況

依據二○○一年美國獨立部門（Independent sector）所作的全國性志願服務調查，美國人參與志願服務的情況，可以摘錄如表7-1-2：

表7-1-2　美國人參與志願服務的情況

項目	數量	備註
志願服務人口占總人口比率	55.5%	1998資料，18歲以上
每一志工每週平均服務時數	3.6小時	2001資料
志願服務時間之金錢總值	2390億美元	2001資料，每時15.4元
志工的性別比例	男性42% 女性46%	2001資料，女性參與率，男性參與率
志工年齡比率最高者	35-44歲	1998資料，占67%

五、 美國志願服務的特色

美國的志願服務，起源於殖民時期的利他精神，傳統上由社區居民對於急難者相互幫助。時至今日，社區互助的傳統，已形成美國文化的重要特徵。觀察美國推展志願服務的特色，可歸納爲下列數項（李宗派，2005）：

1.重視志願服務的組織：志願服務由非正式的鄰里社團，逐步發展爲正式登記的非營利組織或法人組織，因而志工團隊的組織日趨複雜，有時不是新進志工所能了解。

2.志工團隊日趨多元：爲了因應各種不同興趣、動機、理念、性別、語言、族群、職業與服務領域的志工，往往形成各種不同性質的志工團隊。

3.強化志工團隊的聯繫：全國性的志願服務組織，如紅十字會、YMCA、YWCA，在各地設有分會組織，並加入國際性聯盟。至於地方性的志工團隊，亦經常主動聯繫地區性、全國性與國際性的相關組織，藉以強化志願服務之成效。

4.重視志工的教育訓練：志工依其興趣參加各種領域的服務工作，雖然不支付薪資，但必須接受相當程度的教育訓練，才能加入服務團隊。有些受過訓練的志工，已具有支薪職工的專業知能，但志願服務的原始動機，並非要取代現有職工的地位。

5.忽略中下階層的參與機會：有些志工組織的參與條件，著重於鼓勵專業人員與中上社經地位者的參與，無形中排除中下社經地位

者的參與機會，而且志願服務的對象，也趨向於選擇具有相關條件的少數人。

由此可知，美國對於志願服務的推展，已逐步建立團隊組織，並依一定的制度運作，但是對於中下階層的參與機會，仍有改善空間。因為中下階層的國民，往往忙於生計，無暇參與志願服務，也較少獲得志願服務的訊息，這是志願服務推展的一個盲點，尚待設法突破。

7-2 英國的志願服務

英國的志願服務有相當久遠的歷史，志願服務也深受英國人的重視，各行各業的僱主往往要求前來求職者填寫志願服務的經驗。

一、英國志願服務的重要組織

在英國，政府與民間的志願部門都相當重視志願服務的推展。其中，地方的志工局（Volunteer Breaux），致力於志工的媒合工作，績效卓著。此外，對於兒童、青少年、家庭、社區，都有相關的志工組織，分別推展志願服務工作（李宗派，2005；李瑞金，2005）：

1.志願兒童照顧組織國家委員會（National Council of Voluntary Child Care Organizations）：包括100個以上的慈善團體，每年募集

超過400萬英鎊的捐款，用以改善兒童的生活品質，及其社區環境。此一委員會的服務項目，主要是提供兒童福利相關資訊、出版品，並代表中央與地方政府公佈兒童與家庭議題的觀點。

2.男童與女童服務隊（The Boy's Brigade and Girl's Brigade）：屬於基督教的青少年組織，針對6—18歲的男童，以及5—16歲的女童提供志願服務，包括娛樂、自我實現，以及能夠增加生活、智慧、精神上挑戰的反應能力。

3.最佳照顧協會（Well-care Association）：是一個志願組織，由志工對於生活在壓力下年輕人所組成的家庭提供支持性服務，包括定期家庭訪問、諮商服務、家庭工作坊，以預防家庭危機及家庭破碎。必要時，也對這些家庭的兒童，提供自我協助與技能團體。

4.社區服務志工（Community Service Volunteers）：是英國最大的志工安置中心，位於伯明罕市（Birmingham），透過各種社會福利方案，提供身心障礙者服務、居家服務、協助病人生活自理服務。

二、英國志願服務的相關法案

英國並沒有訂定明確的志願服務法案，而是隨著時代的需求而提出志願服務的政策。具體的說，英國的志願服務政策，在一九七〇年代是「好鄰居運動」（Good Neighbour Campaign），著重於關心年輕人的情緒；一九八〇年代是「積極公民」（Active Citizen）與「新風貌」（Make a Difference），著重於關心失業問題；一九九

○年代是「付出的年代」（Giving Age），著重於關心社會排除
（social exclusion）問題。

　　一九九九年，英格蘭政府與民間志願性部門組成「積極社區」
（Active Community）工作小組，完成一份志願服務調查報告，強
調志願服務必須與社區活動結合，政府、志願組織、媒體，必須
共同鼓勵志願服務。尤其，政府與志願組織應培植全國性、區域性
及地方性的志願服務中介組織，並設法去除民眾參與志願服務的障
礙，強化志工管理能力，鼓勵企業志工方案（張英陣，2003）。

　　此外，英國志願服務委員會（Council Volunteer Services）曾提
出參加志願服務的原則，共十八條，以規範志願工作人員與運用單
位的職責。其中，與機關推展志願服務相關的原則，包括（李瑞
金，2005）：

　　1.有關機關應該為所有國民提供機會使其成為志工，不分種
族、宗教、性別、身心障礙或貧窮。

　　2.有關機關應該向志工說明其組織概況，並使他們明白參加志願
服務工作的原因。

　　3.當機構進行有關志工的決策時，志工應有發言權，志工的想法
與經驗應予承認，並應列入會議記錄，或鼓勵志工參與相關會議。

　　4.志工因服務工作所墊付的費用，應由有關機關償還。

　　5.有關機關應使志工明白該組織內部所產生的工作機會。

三、英國志願服務的工作內容

　　根據英國一九九七年實施的全國志願服務調查（National Survey of Volunteering），以及二〇〇一年實施的公民調查（Home Office Citizenship Survey），英國志工所從事的工作，以募款或處理財務占最多數，其餘依序為：籌辦或協助辦理活動、擔任理監事或委員會的委員、訪視服務、交通服務、諮詢輔導、倡導等，其比率如表7-2-1：

表7-2-1　英國志願服務的工作內容

服務內容	百分比
募款或處理財務	32%
籌辦或協助辦理活動、	26%
擔任理監事或委員	17%
訪視服務	-
交通服務	-
諮詢輔導	-
倡導	-

四、英國志願服務的參與情況

　　依據前述一九九七年志願服務調查與二〇〇一年公民調查資料，英國人參與志願服務的情況，可以摘錄如表表7-2-2：

表7-2-2　英國人參與志願服務的情況

項目	數量	備註
志願服務人口占總人口比率	48%	1997資料，18歲以上
每一志工每週平均服務時數	4.05小時	1997資料
志願服務時間之金錢總值	17.9億英鎊	2001資料
志工年齡比率最高者	45-54歲歲	1997資料，占57%

五、英國志願服務的特色

在英國，只要是大英國協的國民或居民，都可以參加志願服務。有些年輕人願意奉獻時間，到有需要志願服務的地方參與服務工作。

二〇〇二年十二月，英國政府公布一份有關志願服務行動的文件，稱爲「英國志願服務與捐贈的下一步」（Next Steps on Volunteering and Giving in the UK），揭示英國志願服務的重點，將聚焦於促進志願服務、鼓勵年輕人投入志願服務、鼓勵企業投入志工方案（張英陣，2003）。觀察英國推展志願服務的特色，可歸納爲下列數項（李宗派，2005）：

1.強調招募青少年志工：英國有許多鼓勵年輕人參加志願服務的措施，例如「起而行」的青年網站（Do-It Youth Network）、千禧年志工（Millennium Volunteers）、暑假加值（Summer Plus）、青年融合方案（Youth Inclusion Program）、社區績優獎賞計畫（Community Merit Award Schemes）、飛浪方案（Splash Project）等，都大力提倡16-24歲的青少年投入社區的志工行列。

2.促進就業者參與志願服務：為強化企業與社區之間的聯繫，英國政府積極推動就業勞工參加志願服務，貢獻個人的專業技術與工作經驗，以協助社區解決其所面臨的困境。

3.鼓勵志工投入弱勢族群的服務：英國透過「黑人及少數民族合夥先導方案」（Black and Minority Ethnic Twining Initiative），提高為少數民族及弱勢族群服務的意識，並提供相關的資源，藉以改善志願服務的品質。

4.重視志願服務文化的形成：最近幾年，英國努力推動「積極社區」（Active Community）方案，鼓勵有志從事志願服務的居民，協助社區推展公共事務，藉以形成志願服務文化。

簡言之，英國在推展志願服務策略上，相當重視組織的力量，中央政府、民間志願部門及各類志工團隊，都強調健全組織，以發揮志願服務應有的功能。

7-3 法國的志願服務

法國政府相當重視志願服務的推展，自一九八五年政府開始撥款補助非營利組織從事志工訓練以來，對於志願服務的補助金額有增無減。例如一九九八年補助志工訓練經費是350萬歐元，一九九九年增加為600萬歐元（李宗派，2005）。

一、法國志願服務的重要組織

法國國家志工中心（Centre National du Valontarial），是法國推動志願服務的主要機構，其服務內容包括：支援國內各地區志工中心的財源、協助地區志工中心的人才培訓及志工管理，並出版志願服務相關刊務。

在法國，目前有71個區域性志工中心，範圍涵蓋社會福利、環境保護、體育、休閒及消費者保護等領域，並且形成聯盟，建立網絡，鼓勵國民參與志願服務，共同促進志願服務的發展。

二〇〇三年，法國國家志工中心與合作衛星（France Solidarite）合作，專門報導志願服務的新聞，並附設一座圖書館，提供志工使用，對於志願服務的推展，是一大利基。

二、法國志願服務的相關法案

法國在第二次世界大戰之後，有一段時間，志願服務工作被忽略，因而引發志工運動的推展，促使國會於一九九一年制定志願組織法，並通過一項法令，規定僱主每年有九日必須讓員工請假去參加其所屬志願組織的會議及活動。

二〇〇一年，法國總理與非營利組織協會理事長共同簽署一項法令，明文規定政府應支持民間的志願服務部門，成立基金支援非營利組織辦理社會公益活動，並定期評鑑非營利組織推展志願服務的成效。

三、法國志願服務的工作內容

　　法國志工服務的領域，包括：運動、休閒活動、文化、社會行動、意見表達與倡導、教育訓練與整合、創造行動、保健及經濟發展。依據二○○二年的調查資料，法國志願服務的工作內容摘錄如表7-3-1：

表7-3-1　法國志願服務的工作內容

服務內容	百分比
運動	28.1%
休閒活動	16.0%
文化	13.5%
社會行動	13.1%
意見表達與倡導	10.8%
教育訓練與整合	6.4%
創造行動	5.4.%
保健	4.2.%
經濟發展	1.8%
其他	0.7.%

四、法國志願服務的參與情況

　　法國人參與志願服務的情況，可以摘錄如表7-3-2：

表7-3-2　法國人參與志願服務的情況

項目	數量	備註
志願服務人口占總人口比率	23%	2003資料
志工的性別比例	男性55% 女性45%	2001資料
志工年齡比率最高者	25-55歲	占49%，2001資料

五、法國志願服務的特色

法國的志願服務，與非營利組織有非常密切的關係。依據二〇〇三年的資料，法國有將近九十萬個非營利組織，大部分都運用志工，顯得非常有活力。法國志願服務的特色，包括（李宗派，2005）：

1.志願服務的招訓資訊化：法國透過電視與衛星網絡，作為志工招募與培訓的重要管道。

2.鼓勵志工參加海外服務：法國為了促進國際合作，每年約有二千名志工參加海外服務，包括亞洲、非洲、拉丁美洲及歐洲地區。法國政府也特別撥款支援青年學生到歐盟國家擔任志工，學習他國志願服務的優點，返國後為社區服務。

3.鼓勵志願服務研究：由政府撥款支援志願組織，鼓勵他們從事對國家利益有關的志願服務研究。

4.重視志工獎勵：由政府機關、社會團體及企業頒發獎狀、證書、禮物，給傑出的志工。

5.建立志工學苑制度：志工在完成一定服務時數之後，由志工學苑依志工服務的領域，分別頒發不同的「學分證書」，以資鼓勵。

在法國，無論老少，許多人都有強烈的動機參加志願服務，因為從志願服務可以找到自己的自信心，可以認識新朋友，還可以增加工作技巧和專業知識。許多志工表示，透過志願服務，可以更了解所住社區的實際需要。

7-4 德國的志願服務

在歐洲大陸，德國是相當重視志願服務的國家。尤其，在社會福利體制下，志願部門在一九八〇年代約有80%的經費來自政府補助，幾乎成為政府服務的代工者，志願服務乃迅速發展開來（Bode, 2003；張英陣，2003）。

一、德國志願服務的重要組織

在德國，非營利組織是推動志願服務的主力。在一九九六年，由非營利組織推出「行動先鋒」（Aktion Gemeinsinn），集結市民的力量，協助有需要幫助的個人和家庭，以改善生活環境，維護社會正義。

事實上，此項「行動先鋒」所關心的議題，還擴及青年、運動、環保、消防，以及德國境內之外國人適應當地生活的問題，其對德國志願服務的推展是多面向的。

根據基格爾志工學苑（Thomas Kegil of the Volunteer Academy）的研究，德國志願主義的轉變，始自一九六八年德國大規模的抗爭運動，人民不願等待政府來處理社會問題，乃相繼組織各種社團和協會，自動自發走上街頭，參與處理社會問題，爭取公共利益（李宗派，2005）。

二〇〇二年八月，德國東部發生水災，人民自動自發投入救災工作，並透過電視將救災活動播出，使全國人民感受到互助的重要

性，也激起了社會大眾參與志願服務的熱潮。

二、德國志願服務的相關法案

德國民眾熱衷參加志願服務工作，可以歸功於一九六四年所制定的兩個法案：

1.獎勵志願社會年法：以媒介社會經驗與提高公益責任及意識為目標，主要內容包括：獎勵條件、志願服務工作、國外志願社會年、志願服務機構、合約及證明書、資訊保護等。

2.獎勵志願生態年法：以提供發展人格及環保意識，為自然環境奉獻心力為其目標，主要內容是鼓勵14歲至27歲的青少年暫時離開校園或工作崗位六至十二個月，而去參與社會服務或環保服務，在服務期間可以同時接受教育輔導，以加強對於服務領域之認識。

這兩項法案於二○○二年七月修正，而擴大志願服務的範圍，除了原有的社會服務之外，亦可選擇參加圖書館、博物館、音樂廳等文化方面的服務工作，而且服務地點也可以選擇到歐洲以外的地區去從事志願服務。此外，新法規定中學畢業生可以直接參加志願服務役，並取消年齡下限之規定。

三、德國志願服務的工作內容

德國的志工，主要投入於健康與社會照顧，以及廣義的休閒領域，包括運動、文化及休閒等類的志願服務工作。

依據約翰霍普斯金（John Hopkins）研究中心跨國性的比較研究結果，德國志願服務的工作內容，主要傾向於文化、社會服務、健康照顧等項，其比率如表7-4-1：

表7-4-1　德國志願服務的工作內容

服務內容	百分比
文化	40.9%
社會服務	10.1%
健康照顧	8.7%
環境	5.7%
社會倡導	5.7%
專業服務	4.8%
國際合作	2.9%
社區發展	2.0 %
一般基金會	2.0%
教育	1.5 %
其他	15.8 %

四、德國志願服務的參與情況

依據德國聯邦家庭老人婦女青年部二〇〇一年的統計，以及歐盟志願服務資料庫（Eupo-volunteer Information Pool, EVIP）的研究，德國人參與志願服務的情況，可以摘錄如表7-4-2：

7-4-2　德國人參與志願服務的情況

項目	數量	備註
志願服務人口占總人口比率	34%	2001資料，14歲以上
志工的性別比例	男性58% 女性42%	1996資料
志工年齡比率最高者	26-45歲	1996資料，占42.3%

五、德國志願服務的特色

德國現階段推展志願服務的策略，是採取雙元途徑（twofold），一方面持續鼓勵成人擔任志工，尤其積極開發及運用提早退休的人口參與志願服務工作；另一方面動員新世代（new generation）成為志工。觀察德國推展志願服務的特色，有三項（張英陣，2003；李宗派，2005）：

1.承襲同業工會志願主義的傳統：德國的同業工會在會員有急難之時，可以適時提供協助，以解決其生活需求。後來，同業工會這種互助功能被政府接收，政府在福利改革的過程中，強調與非營利組織發展夥伴關係，志願服務乃在此歷史脈絡中蓬勃發展。

2.積極鼓勵民眾參加志願服務：在二〇〇一年聯合國志工年，柏林當局即利用這個機會要求國人參與社區服務，差不多每一個聯邦的政府都提出方案，鼓勵人民參加志願服務。

3.特別重視新世代志工的開發：在德國，所有年輕人在中學畢業後，必須入伍服兵役或參加志願服務役。同時，德國為了吸引年輕人投入志願服務，在其整體志願服務網絡之下，設置三十個以上的志工中心，並鼓勵年輕人提出創新方案。增加新志工的對話機會，促其思考參加志願服務的意義和價值。

最近，德國婦女的就業率升高，成人志工的參與有下滑的趨勢，但是提早退休的人口正好可以彌補此一缺口，因之德國正致力於「老人志工」的開發與運用。

7-5 西班牙的志願服務

西班牙的志願服務有悠久的歷史，不但普及於全國，成為社會的主流活動，而且是世界上第一個完成志願服務立法的國家，早在一九九六年即通過志願工作法（The Voluntary Work Act）。

一、西班牙志願服務的重要組織

西班牙在佛郎哥將軍（General Franco）統治時期，大部分的社會服務是由傳統的慈善組織所提供。佛郎哥去世之後，隨著民主制度的建立，政府對於志願組織開始鬆綁，加以近年來國家財政欠佳，政府乃轉而支持志願服務組織，推動志願服務行動，藉以分擔社會服務供給的一部分工作。

其中，紅十字會是西班牙大型的志願服務組織之一，在全國有五十二個省級辦公室，九百多個地方分支辦公處，志工人數已超過二十萬人。

根據二○○一年的資料，西班牙紅十字會有一般志工141694人，青年志工39653人，監察員及替代役役男23524人（替代役制度於二○○二年終止），捐款而未實際服務的會員及捐款者605605人，並且發行全國性的志工刊物，對於西班牙志願服務的推展頗具影響力。

二、西班牙志願服務的相關法案

西班牙國會於一九九六年一月十五日通過志願工作法，全文分為四篇十六條，其要點包括（袁筱麗，1996）：

1.立法宗旨：提倡與促進公民參與公、私立組織之志願服務工作。

2.志工概念：強調符合公眾利益及助人的特性。

3.適用範圍：係由各類公、私立組織所推展的志願服務方案，排除基於友誼、善心、睦鄰等原因而實施個別或零星的服務活動。

4.志工運用：強調自由意願的選擇。

5.志工權利：無任何型態的經濟報酬，但可參加保險，並支領從事志願服務活動必要的津貼。

6.志工義務：需接受訓練、督導、尊重服務使用者。

此外，西班牙對於促進志願服務，也有一系列的規定，涵蓋激勵辦法、服務認抵、服務證明等具體措施（立法院，2003）。

三、西班牙志願服務的工作內容

依據約翰霍普斯金（John Hopkins）研究中心跨國性的比較研究結果，，西班牙志願服務的工作內容，與前述德國的情況頗為類似，都是以社會服務與廣義的休閒志工為主，其詳細情況及比率如表7-5-1：

表7-5-1　西班牙志願服務的工作內容

服務內容	百分比
社會服務	28.8%
文化	21.7%
教育	12.3%
社會倡導	10.7%
環境	8.0%
健康照顧	7.3%
社區發展	5.5%
國際合作	3.9 %
專業服務	1.7%
一般基金會	0.1 %

四、西班牙志願服務的參與情況

　　有關西班牙志願服務的參與情況，依現有文獻（張英陣，2003）顯示，在二〇〇一年，西班牙全國約有2536000人參加志願服務工作，約占總人口的15%，而西班牙紅十字會秘書長Suarez指出：西班牙二十五歲以下，以及六十歲以上的人口群，是志願服務蓬勃發展的一群。

五、西班牙志願服務的特色

　　西班牙於一九九六年通過志願工作法，隨即於一九九七年起連續實施兩次各為期四年的志願服務工作推展計畫，有計畫地整合勞動、社會、環保、教育、文化、體育、內政、衛生及消費等部會，一起推展志願服務工作。據此計畫，顯示西班牙推展志願服務有三

個主要特色（張英陣，2003）：

1.提昇公民對志願服務的知覺：透過全國性的志工刊物、志願服務相關著作，以及媒體對志願服務議題的報導，提昇社會大眾對於志願服務價值的知覺，並廣開弱勢族群參與志願服務的機會和管道。

2.鼓舞社會各界推動志願服務：由政府支援非營利部門的設施、人力及辦理志願服務活動的相關資源，並促進商業部門的社會投入（social involvement），以喚起企業服務社會的責任。

3.協力合作推展志願服務：倡導非營利組織之間的協力合作，藉由聯合方案（joint projects），促進非營利組織參與公共服務的供給，並協調公私部門共同參與國際社會的相關服務。

由此可知，西班牙對於志願服務的推展，除了制定志願工作法，用以規範及推動公民共同參與公、私立非營利組織的相關志願服務工作之外，還有相關的推動計畫，促使志願服務得以大幅擴展。

7-6 日本的志願服務

日本在一九四五年第二次世界大戰失敗之後，開始出現志願服務的活動。一九五三年全國社會福祉協議會舉行「志願服務研討會」，正式使用「志願服務」一詞。一九六二年設立「慈善銀

行」及主管志願服務的機關，志願服務乃開始普及於全國各地。一九九五年日本發生「阪神大地震」，許多民眾及學生自動投入救災活動，參加志願服務的人數大量增加。

一、日本志願服務的重要組織

日本於一九五一年創設社會福祉協議會（National Council of Social Welfare），是日本最早開始促進志願團體發展的一個組織，也是整合及推動全國性志願服務工作最積極的組織。

日本社會福祉協議會下設「全國志願服務活動振興中心」，並積極推動全國各地建立志工中心，目前從都、道、府、縣，以及特定都市的市町村，90%都設有志工中心，形成全國性的志願服務網絡（張英陣，2003）。

自一九六二年起，日本社會福祉協議會經常針對志願服務的政策及制度建構，而與民間各類型的非營利組織進行充分溝通，然後向政府提出建言，成為日本推展志願服務的重要依據。其中，較具影響力的建言有三：一是促使日本政府於一九六八年制定「志願服務者養成基本要領」，二是一九九三年策劃「推動志願服務活動七年計畫」，推動志工督導的養成；三是於二○○一年策定「第二次志願服務市民活動推動的五年計畫」。這些，對於志願服務的推展，建構了有利的條件。

二、日本志願服務的相關法案

日本推展志願服務的主要法案，有二：

1.志願服務振興法：一九九〇年，日本政府鑑於高齡社會來臨，身體健康而想參加志願服務的老人也愈來愈多，尤其以志願服務作為生涯規劃的老人日益增加，因此制頒「志願服務振興法」，這是促進日本志願服務活動興盛的主要原因。

2.特定非營利活動促進法：於一九九七年制定，是判定哪些團體屬於非營利組織，而可以招募及運用志願服務人員的重要依據。在此一法案的總則中，界定非營利組織（或志願服務組織）是指從事特定非營利活動的法人團體，以及人民出於志願性質而進行社會貢獻活動的團體。同時，各級政府必須依據此一法案，以支援志願服務為契機，大力推動志願服務工作，尤其是配合一九九五年阪神救災的經驗，積極培養救災志工，以及教導各種救災器材與配備的使用方法。

三、日本志願服務的工作內容

日本社會福祉協議會是推動志願服務的重要組織，其所抱持的志願服務理念與角色，是培養國民參與志願服務的思想，以保護自然環境、文化材、傳統技藝。影響所及，日本人對於道路、公園的打掃或都市整頓之類的志願服務活動參與率較高，其次是資源回收、防災、交通安全宣導等類的服務活動。依據日本總務省二〇〇一年的調查統計，各項志願服務工作項目（占總人口數）的比率如

表7-7-1：

表7-7-1　日本志願服務的工作內容

服務內容	百分比
社區、城市再造	14.0%
守護自然環境	8.0%
創造安全的生活	5.5%
兒童服務	5.3%
老人服務	5.1%
健康；醫療服務	4.6%
運動、藝文	3.1%
身心障礙者服務	2.2%
災害防治	1.4%
其他	3.3%

＊本表%是各項服務內容占總人口的比率

四、日本志願服務的參與情況

　　依據日本全國社會福祉協議會一九九六年全國志願服務活動實況調查，以及日本總務省二〇〇一年的統計資料，日本人參與志願服務的情況，可以摘錄如表7-7-2：

表7-7-2　日本人參與志願服務的情況

項目	數量	備註
志願服務人口占總人口比率	28.9%	2001資料，全部人口
志工的性別比例	男性14.9% 女性85.1%	1996資料
志工年齡比率最高者	40-65歲	1996資料，占42.3%

五、日本志願服務的特色

日本的志願服務活動，從第二次世界大戰失敗後開始發展，一九九〇年頒訂志願服務振興法之後，逐步建立志願服務制度，目前志願服務已普及於各個人口群。歸納日本推展志願服務的特色，有下列數項（江亮演，2001）：

1.有明確的志願服務政策：日本推展志願服務活動的目的，在於營造國民自立與社區連帶的責任。

2.兼顧直接服務與間接服務：日本的志願服務內容，在直接服務方面著重老人、單親家庭及身心障礙者的福利服務；在間接服務方面則著重環境整理、保護自然、文化財及傳統技藝的服務。

3.志願服務發展相當迅速：日本於一九七〇年開始有女性志工團體，一九七七年積極鼓勵兒童及學生參加志工活動，一九九〇年推動企業志願服務活動。志願服務團體與志工人數年年增加。

4.志工來源以婦女與學生居多：日本志願服務活動的參與者，女性占85,1%，而且以無職業的40-65歲婦女為主，志工的流失率相當低。日本政府近年來又鼓勵各級學校的學生參加志願服務，在申請入學、甄選入學，以及公、民營企業用人，均參考志工經驗，因而學生參加志願服務的人數大增。

5.志願服務面臨轉型期：日本由於快速的「高齡化」與「少子化」，而產生「有酬」服務，導致志願服務變質。將來，日本可能形成「有酬」與「無酬」二類並行的志工制度。

近年來，日本各省廳相繼設立「志願服務聯絡協議會」，檢討志工活動振興政策。尤其為了因應高齡化社會的來臨，日本政府開始協助偏遠的市町村設置與志工有關的飲食服務與緊急通報系統等設備，對於推展志願服務是一大助力。

參考文獻

1. 山崎章郎著，林真美譯（1995）。《且讓生死兩相安》。台北：方智出版社。

2. 王麗容（1992）。《方案設計在志願服務中的運用》。志願服務專業訓練教材之八。台北：台北市志願服務協會。

3. 朱美珍（2005）。《93年國內青年參與志願服務及服務學習現況調查》。台北：行政院青輔會。

4. 朱麗蓉（2004）。〈志願服務法執行之研究──以台南市祥和計畫社會福利類志工隊為例〉。南華大學非營利事業管理研究所碩士論文。

5. 江亮演（2001）。〈日本志願服務的現狀與特色〉。《社區發展季刊》，93，頁236-244。

6. 江明修（2003）。《志工管理》。台北：智勝。

7. 伊莉莎白與大衛著，張美惠譯（2006）。《用心去活──生命的十五堂必修課》。台北：張老師出版社。

8. 呂朝賢（2002）。〈對我國志願服務法的若干反思與建議〉。《台大社會工作學刊》，7，頁203-241。

9. 李芳銘（1998）。〈志願工作者對督導認知及其滿意程度之研究〉。東海大學社工研究所碩士論文。

10. 李宗派（2005）。〈各國志願服務推展現況與趨勢〉。《激發參與意願推展全民志工會議手冊》（7-40）。台北：中華救助

總會。

11. 李政恩（2000）。〈宗教性志願侍奉與非營利組織研究：以台灣慈濟功德會與韓國純福音教會為例〉。政治大學社會研究所碩士論文。

12. 李瑞金（2005）。〈各國志願服務推展現況與趨勢〉。《激發參與意願推展全民志工會議手冊》（43-49）。台北：中華救助總會。

13. 李鍾元（1993）。《建立文化機構義工制度之研究》。台北：行政院文建會。

14. 利明坤（2001）。〈志願服務推動之探討──以台中市志工隊為例〉。東海大學社工研究所碩士論文。

15. 林明杰、張英陣（2000）。《工商企業輔導服務推廣計畫──中小企業榮譽指導員制度推動策略研究專案計畫》。台北：中華民國管理科學學會。

16. 林東泰、林勝義、陳金貴、楊孝濚（1997）。《青年對志願服務的看法民意調查報告》。台北：行政院青輔會。

17. 林勝義（1986）。《激勵理論在社會福利行政上之應用──兩因素工作滿足理論調查研究》。新竹：楓城出版社。

18. 林勝義（1990）。《建立社教機構義工制度之研究》。台北：教育部社教司。

19. 林勝義（1994a）。〈國內志願服務整體規劃──全國性義工調查綜析〉。《社區發展季刊》，65，頁11-16。

20. 林勝義（1994b）。〈志願服務與社會教育〉。《社區發展季刊》，67，頁339-342。

21. 林勝義（1996）。〈如何塑造服務文化，健全志願服務制度〉。《迎向二十一世紀志願服務會議實錄》（155-165）。台北：中華民國志願服務協會。

22. 林勝義（1997a）。〈志工的生涯規劃〉。《社教資料雜誌》，232，頁1-2

23. 林勝義（1997b）。〈志願服務的教育訓練〉。《社區發展季刊》，78，頁14-18。

24. 林勝義（1998）。〈公共圖書館義工資源的開發與訓練〉。《台北市立圖書館館訊》，16（2）:1-7。台北：台北市立圖書館。

25. 林勝義（2000）。〈志願服務立法之芻議〉。《強化志願服務功能分區研討會手冊》（5-13）。台北：中華民國志願服務協會。

26. 林勝義（2001a）。〈國內志願服務教育訓練之評鑑〉。《社區發展季刊》，93，頁213-215。

27. 林勝義（2001b）。〈臨終關懷與志願服務〉。《社區發展季刊》，96，頁46-53。

28. 林勝義（2001c）。〈如何強化志願服務教育訓練〉。《2001國際志工年全國志願服務高峰會議會議手冊》（9-13）。台北：中華民國志願服務協會。

29. 林勝義（2002a）。《服務學習指導手冊》。台北：行政院青輔會。

30. 林勝義（2002b）。〈志願服務倫理〉。《志願服務基礎教育訓練教材》（58-76）。台北：內政部、中華民國志願服務協會。

31. 林勝義（2003a）。〈社會資源及志願服務〉。《社會福利類志工特殊訓練教材》（61-76）台北：內政部。

32. 林勝義（2003b）。〈圖書館義工教育訓練模式之分析〉。《台北立圖書館館訊》（20）4:14-23。

33. 林勝義（2004）。〈人力運用與社區照顧〉。《志願服務與社區照顧國際研討會論文集》（45-48）。台南：台南市基督教青年會社會福利基金會。

34. 林勝義（2005a）。〈志願服務的意涵與未來發展〉。《非營利組織培力指南》，3,79-90。台北：行政院青輔會。

35. 林勝義（2005b）。〈如何塑造志願服務文化〉。《社會福利類志工領導訓練教材》（205-225）台北：內政部。

36. 林勝義（2005c）。〈志工台灣的理念及其實現〉。《激發參與意願推展全民志工會議手冊》（89-94）。台北：中華救助總會。

37. 林勝義（2006a）。〈青少年服務學習之內涵〉。《青少年服務學習研討會手冊》（7-10）。台北：台北市敦安社會福利基金會。

38. 林勝義（2006b）。〈志工社會〉。《國家文官培訓所文官培訓教材》（315-322）。台北：國家文官培訓所。

39. 林勝義、施教裕（2000）。《推動社會福利社區化實務工作手冊──社區組織參與》。台北：內政部。

40. 林萬億（1992）。《現行公務機關義工人力運用情形之探討》。台北：行政院研究發展考核委員會。

41. 林萬億（2013）。《當代社會工作──理論與實務》。台北：五南。

42. 張青芬（2004）。《92年國內青年從事志願服務暨服務學習現況調查》。台北：行政院青輔會。

43. 張英陣（1997）。〈激勵措施與志願服務的持續〉。《社區發展季刊》，78，頁54-64。

44. 張英陣（2000）。《志願服務倫理》。內政部（編），《志願服務專業教材II──進階訓練》（4.1-4.28）。台北：內政部。

45. 張英陣（2001）。《公部門運用志工之現況研究報告》。台北：行政院青輔會。

46. 張英陣（2004a）。《世界主要國家志願服務推展現況與策略之研究》。台北：內政部。

47. 張英陣（2004b）。〈志工團隊的統合及協調〉。內政部、中華民國志願服務協會（同編），《社會福利類志工成長訓練教材》（96-114）。台北：內政部。

48. 張美美（2005）。〈台北市執行志願服務法之情形及修法建議〉。《激發參與意願推展全民志工會議手冊》（69-73）。台北：中華救助總會。

49. 張添洲（1997）。《生涯發展與規劃》。台北：五南。

50. 徐震、林萬億（1983）。《當代社會工作》。台北：五南。

51. 袁筱麗（1996）。〈各國法案簡介——志願服務法〉。《國會圖書館館訊》，（2）:1,123-135。

52. 萬育維（2001）。〈志願服務的誘因與倫理〉。中華志願服務工作人員協會（編），《如何落實志願服務法研討會會議實錄》（73-77）。台北：該會。

53. 連加恩（2004）。《愛呆西非連加恩——攝氏45度下的小醫生手記》。台北：圓神。

54. 陳金貴（1994）。《美國非營利組織的人力資源管理》。台北：瑞興圖書公司。

55. 陳金貴（2001）〈志願服務的未來發展〉。《國際志工年公部門推動志願服務研習會手冊》（87-90）。台北：行政院人事行政局。

56. 陳金貴（2002）。〈志願服務的內涵〉。《志願服務基礎訓練教材》（27-44）。台北：內政部。

57. 陳金貴（2004）。〈志工團隊的統合及協調〉。內政部、中華民國志願服務協會（同編），《社會福利類志工成長訓練教材》（78-95）。台北：內政部。

58. 陳芳姿（2003）。《一個老人福利社區的營造》。台北：行政院文建會。

59. 陳武雄（2015）。《志願服務理念與實務》。台北：揚智。

60. 陳佩如（2001）。《兒童安寧療護之志願服務方案》。蔡漢賢（編）。《關心兒童的志願服務短線及人之幼的再開拓》（284-294）。台北：中華社會行政協會。

61. 陳榮基（2000）。《臨終者的權利——夏花與秋葉》。凱斯勒著，林貞吟譯（2000）。《臨終關懷》（7-10）。台北：商流文化事業。

62. 陳淑貞（1999）。〈文化義工生涯規劃之研究〉。台灣師範大學社會教育研究所碩士論文。

63. 黃一峰、何慧青（2003）。〈志工之績效管理〉。江明修主編，《志工管理》（173-188）。台北：智勝文化。

64. 黃天中（1988）。《臨終關懷理論與發展》。台北：業強出版社。

65. 黃皇凱（1997）。〈非營利組織人力資源管理個案研究——以高雄市文教基金會為例〉，中山大學人力資源管理研究所碩士論文。

66. 黃源協（2003）。《社會工作管理》。台北：揚智。

67. 黃深勳（1996）。《行銷管理》。台北：國立空中大學。

68. 黃旒濤（2004）。〈志願服務方法與技巧〉。《社會福利類志願服務特殊訓練教材》（26-38）。台北：內政部。

69. 陸　光（1994），〈我國志願服務推展之過去、現在及未來〉。《社區發展季刊》，65，頁4-10。

70. 陸宛蘋（2009）。《非營利組織的人力資源規劃與管理》。蕭

新煌（主編）。《非營利部門組織與運作》（205-226）。台北：巨流。

71. 畢達士、華特曼著，胡瑋珊譯（2009）。《追求卓越：探討成功企業的特質》。台北：天下文化。

72. 曾中明（2005）。〈志願服務法實務執行現況說明〉。《激發參與意願推展全民志工會議手冊》（65-68）。台北：中華救助總會。

73. 曾華源（1992）。〈督導志願工作者的原則與技巧〉。《志願服務專業訓練教材之七》。台北：台北市志願服務協會。

74. 曾華源（2004）。〈志願服務方法與技巧〉。《社會福利類志願服務特殊訓練教材》（6-25）。台北：內政部。

75. 曾華源、曾騰光（2003）。《志願服務概論》。台北：揚智文化。

76. 凱斯勒著，林貞吟譯（2000）。《臨終關懷》。台北：商流文化事業。

77. 湖中鴨（1993）。〈談志願服務人員的參與動機〉。《社會福利月刊》，82，頁25-29。

78. 葉良琪（1999）。〈醫院志願服務管理內在動態系統之研究——以國立成功大學附設醫院為例〉。暨南國際大學社會政策與社會工作學系碩士論文。

79. 葉肅科（2001）。〈澳洲志願服務的發展〉。《社區發展季刊》。93，255-271。

80. 賴兩陽（2002）。〈志願服務的內涵〉。《志願服務基礎訓練

教材》（7-26）。台北：內政部。

81. 賴兩陽（2004）。〈志願服務法規：理念與規範〉。《志願服務與民主社會研討會論文集》（37-47）。台北：東吳大學。

82. 楊淑玲（1996）。〈台北市義勇消防大隊義工制度之研究〉。國立政治大學公共行政研究所碩士論文。

83. 潘中道（1997）。〈志願服務的人力組織與運作〉。《社區發展季刊》，78，頁48-53。

84. 潘正德（2003）。《諮商理論、技術與實務》。台北：心理出版社。

85. 楊集濤（1994）。《甄選人才的有效方法》。梁偉康、黃玉明（編）。《社會服務機構管理新知》（183-193）。香港：集賢社。

86. 劉　墉（2014）。《抓住心靈的震顫》。台北：中國計量出版社。

87. 劉香梅（1997）。〈推展志願服務的困境與展望〉。《社區發展》，78，頁73-77。

88. 劉香梅（2001a）。〈志願服務獎勵表揚之我見〉。《社區發展》，93，頁200-205。

89. 劉香梅（2001b）。〈志願服務的誘因與倫理〉。中華志願服務工作人員協會（編），《如何落實志願服務法研討會會議實錄》（79-86）。台北：該會。

90. 劉淑芬（2001）。《慈悲清靜——佛教與中古社會生活》。台北：三民。

91. 留淑華（2000）。〈大德病房實習心得〉。台北榮總社工組志工隊（編）。《榮總志工》，11。台北：榮民總醫院。

92. 歐育誠（2001）。〈公部門運用志工之策略〉。《國際志工年公部門推動志願服務研習會手冊》（33-36頁）。台北：行政院人事行政局。

93. 熊智銳（2000）。〈甘願當志工、健康福自來〉。蔡宜津、鄭純宜、桂雅文等譯，《幫幫忙──義工管理求救指南》（3-4）。台北：五觀藝術管理有限公司。

94. 鄭勝分（2003）。〈志工之法制議題〉。江明修主編，《志工管理》（47-96）。台北：智勝。

95. 鄭貴夏主編（1994）：《志工樂──服務心得寫作比賽得獎作品專輯》。南投：台灣省政府社會處。

96. 鄭錫鍇（2003）。〈志工之領導議題〉。江明修主編，《志工管理》（23-46）。台北：智勝。

97. 鄭讚源（2003）。《台北市民參與志願服務之探討》。台北市政府委託研究。

98. 鄧佩瑜（1996）。〈非營利機構的經營與管理──兼談志工運用與管理〉。《85年度文化機構義工幹部研習會成果報告》（11-19）。台北：行政院文建會。

99. 蔡漢賢（1996）。〈擴大民間參與、促進社會福利〉。《志願服務論見選集》（16-26）。台北：中華民國志願服務協會。

100.蔡漢賢編（2001）。《關心兒童的志願服務──及人之幼的再開拓》。台北：中華社會行政學會。

101. 蔡漢賢（2004）。《志願服務十二講》。台北：中華社會行政學會。

102. 蔡漢賢（2005）。〈愛深責切：對我國志願服務法的檢討與建議〉。《激發參與意願推展全民志工會議手冊》（55-64）。台北：中華救助總會。

103. 謝碧玉（2003）。〈志工人生〉。長庚醫院基隆分院社會志工隊（編）：《采河》3，頁36。

104. 台南市志願服務協會編（2000）。《府城溫馨情——89年度志工徵文比賽專輯》。台南：台南市政府。

105. 行政院文化建設委員會（1997）。《八十六年全國文化機構義工業務研討會會議記錄》。台北：行政院文建會。

106. 行政院主計處（2002）。台灣地區國民生活狀況的調查。

107. 國立自然科學博物館（1996）。八十五年度文化機構義工幹部研習會成果報告。

108. 董氏基金會（2004）。《幸福的模樣——農村志工服務&侍親故事》。台北：董氏基金會。

109. 陽光社會福利基金會（2005），九十四年度績優志工團隊推薦報告。

110. 慈濟醫院（1998）。《快樂志工行——慈濟醫院菩薩行履》。花蓮：慈濟文化志業中心。

111. Brown & Bourne著，江盈誼等譯（2000）。《社工督導》。台北：學富文化事業。

112. Egan著，鍾瑞麗譯（2004）。《助人歷程與技巧——有效能的助人者》。台北：雙葉書廊。

113. McCurley & Lynch,著，李淑珺譯（2000）。《志工實務手冊》。台北：張老師文化事業。

114. Skidmore著，蔡啟源譯（1998）。《社會工作行政》。台北：雙葉書廊。

115. Billis, D. & Harris, M. (1996) *Voluntary Agencies: Challenges of Organization and Management*. London：Macmillan Press.

116. Bode, I. (2003). A new agenda for European charity: Catholic welfare and organizational change in France and German. Voluntas: *International journal of voluntary and nonprofit organization*, 14 (2),205-225.

117. Cnaan, R. A., Femida, H. & Margaret, W. (1996). Defining who is a volunteer: Conceptual and empirical consideration. *Nonprofit and Voluntary Sector Quarterly*, 25 (3), 364-383.

118. Dunn, P.C. (1995). Volunteer management. *In Encyclopedia of Social Work* (19th). PP.2483-2490.

119. Ellis, S.J. & Noyes, K.K. (1990). *By the people: A history of American as volunteers* (re. ed.). San Francisco：Jossey-Bass. Publisher.

120. Fischer, L.R. & Schaffer, K. B. (1993). *Older volunteers-A guide to research and practice*. Newbury Park, California： Sage

Publications.

121. Heiderich, K. W. (1991). *Working with volunteers: In Employee services and recreation programs*. Champaign, IL: Sagamore Publishing, Inc.

122. Jacobson, A. (1990). *Volunteer management handbook for effective development of volunteer programs*. Kansas City, Missouri: Ann Jacobson and Associates.

123. Lucas, C. P. M. Mejjs. (1996). Management is not always the right word. *The Journal of Volunteer Administration*, 9 (3), 25-31.

124. Macduff, N. L. (1993). *Volunteer recruiting : A marketing approach*. Walla Walla , MBA Publishing.

125. Martin, L., & Kettner, P. (1996). *Measuring the performance of human service programs*. Thousand Oaks, CA: Sage.

126. Naylor, H. H. (1992). Behind managing volunteers. *The Journal of Volunteer Administration*, 11(1), 2-4.

127. Oster, S. M. (1995). *Strategic management for nonprofit organization: Theory and case*. NY: Oxford

128. Robbins, S. (1996). *Management*. New York: Hall.

129. Senge, P. M. (1990). *The fifth discipline : The art And practice of the learning organization*. NY : Doubleday / Currency.

130. Skidmore, R. A. (1995). *Social work administration: Dynamic management and human relationship*. Boston: Allyn & Bacon.

131. Sokolowski and Associates (1999) *Global Civil Society: Dimensions of the Nonprofit Sector*. Bultimore, MD.:The Johns Hopkins Center for Civil Society Studies.

132. Smith, D.H. (1982) Altruism, volunteer, and volunteerism. *Journal of Voluntary Action Research*, 10(1), pp21-36.

133. Smith, J. D. (1996). Should volunteers be managed ? in D. Bills and Harris, M., (eds.) *Voluntary agencies : Challenges of organization & management*. (pp.187-199). London: Macmillan.

134. Wellins, R. S., Byham, W. C. & Wilson, J. M. (1991). *Empowered teams: creating self-directed word groups that improve quality, productiority, and participation*. San Francisco: Jossey-Bass.

135. Weinbach, R. W. (1998). *The social worker as manager: A practical guide to success*, (3rd ed.), Boston: Allyn and Bacon.

136. Zeithaml, V. A. & Mary J.B. (1996). *Service marketing*. McGraw-Hill,

137. Points of Light Foundation (2001). *Family matters : Engaging families in community- oriented volunteering*. （http://www.points of light.org/family matters / family- matters-about as.html）(2001.12.11)

138. United Nations Volunteers (1999). *The international year of volunteers*. http://www. iyu2000.org/iyv-eng/policy/unitednations/supporting-docs/soc.rec.htm. (2002.5.20)

國家圖書館出版品預行編目資料

志願服務與志工管理：做快樂的志工及管理者
／林勝義著. －－二版. －－臺北市：五南，
2017.02
　面；　公分
ISBN 978-957-11-9030-3（平裝）

1.志願服務　2.志工

547.16　　　　　　　　　　106000405

1JBD

志願服務與志工管理——
做快樂的志工及管理者

作　　者 ― 林勝義（136）

發 行 人 ― 楊榮川

總 編 輯 ― 王翠華

主　　編 ― 陳姿穎

責任編輯 ― 徐慧如　李敏華

封面設計 ― 童安安

出 版 者 ― 五南圖書出版股份有限公司

地　　址：106台北市大安區和平東路二段339號4樓

電　　話：(02)2705-5066　　傳　　真：(02)2706-6100

網　　址：http://www.wunan.com.tw

電子郵件：wunan@wunan.com.tw

劃撥帳號：01068953

戶　　名：五南圖書出版股份有限公司

法律顧問　林勝安律師事務所　林勝安律師

出版日期　2006年9月初版一刷
　　　　　2015年3月初版六刷
　　　　　2017年2月二版一刷

定　　價　新臺幣550元